2024 全国一级建造师执业资格考试经典题荟萃

建设工程经济
百题讲坛

主 编 黄金芳

中国建材工业出版社

北 京

图书在版编目（CIP）数据

建设工程经济百题讲坛/黄金芳主编. --北京：中国建材工业出版社，2024.5

2024全国一级建造师执业资格考试经典题荟萃

ISBN 978-7-5160-4128-4

Ⅰ.①建… Ⅱ.①黄… Ⅲ.①建筑经济-资格考试-习题集 Ⅳ.①F407.9-44

中国国家版本馆CIP数据核字（2024）第079875号

建设工程经济百题讲坛
JIANSHE GONGCHENG JINGJI BAITI JIANGTAN
主　编　黄金芳

出版发行：中国建材工业出版社
地　　址：北京市西城区白纸坊东街2号院6号楼
邮　　编：100054
经　　销：全国各地新华书店
印　　刷：北京印刷集团有限责任公司
开　　本：787mm×1092mm　1/16
印　　张：15.75
字　　数：360千字
版　　次：2024年5月第1版
印　　次：2024年5月第1次
定　　价：69.80元

本社网址：www.jccbs.com，微信公众号：zgjcgycbs
请选用正版图书，采购、销售盗版图书属违法行为
版权专有，盗版必究。本社法律顾问：北京天驰君泰律师事务所，张杰律师
举报信箱：zhangjie@tiantailaw.com　　举报电话：（010）63567684
本书如有印装质量问题，由我社事业发展中心负责调换，联系电话：（010）63567692

序言

"2024全国一级建造师执业资格考试经典题荟萃"系列丛书共5册，分别为：

《市政公用工程管理与实务百题讲坛》　　胡宗强　主编

《建筑工程管理与实务百题讲坛》　　龙炎飞　主编

《建设工程经济百题讲坛》　　黄金芳　主编

《建设工程项目管理百题讲坛》　　李娜　主编

《建设工程法规及相关知识百题讲坛》　　唐忍　主编

本系列丛书以"百题讲坛"的形式，筛选出历年有价值的经典真题，并根据最新考纲编写了有针对性的模拟题，对其精准剖析，帮助考生掌握考点、全面了解命题思路及考试趋势，同时提高学习效率。

公共基础科目

"建设工程经济""建设工程项目管理"和"建设工程法规及相关知识"三门公共基础科目，全部为客观题，以下面这四大编写原则，形成公共基础科目的"百题讲坛"。

① 紧跟命题趋势，直击得分核心；

② 甄选热点真题，全新精解精讲；

③ 考点分门别类，知识系统全面；

④ 更新标准规范，依据最新考纲。

建筑工程管理与实务科目

本书通过对历年真题和2024版考纲的深入研究和把控，做了较大规模修改。本书共分为三个部分：第一部分为案例题知识点索引，对应关联98道经典案例题，全面系统梳理关键考点；第二部分为98道经典案例题，结合最新考纲、标准规范和命题趋势，精准剖析，举一反三，对知识点纵横引申；第三部分为住房城乡建设部规定和国家标准重点条文节选，着重攻克每年都会出现的近20分超纲和最新标准规范考点。

市政公用工程管理与实务科目

本书自2017年改版为"百题讲坛"以来，深受行业人士和广大考生好评。作者根据2024版考纲体系，对2023版"百题讲坛"进行了全面修订和更新。本书分为两部分：第一部分包括51道一建经典案例题，涵盖了2013—2023年的精选案例题；第二部分包括49道经典案例模拟题。

本系列丛书的作者均为在教学一线工作多年的权威、资深专家，对考试和考生学习情况都十分了解，解析内容经反复推敲，力争精练准确。

在"2024全国一级建造师执业资格考试经典题荟萃"系列丛书编写过程中，虽经反复推敲核正，仍不免有疏漏和不妥之处，恳请广大读者提出宝贵的意见和建议。

编 委 会
2024年3月

目录

第1篇 工程经济

第1章 资金时间价值计算及应用 ... 1
- 考点1 利息的计算 ... 1
- 考点2 名义利率与有效利率计算 ... 3
- 考点3 资金等值计算及应用 ... 4

第2章 经济效果评价 ... 12
- 考点1 经济效果评价内容 ... 12
- 考点2 经济效果评价的指标体系★ ... 13
- 考点3 指标计算 ... 15
- 考点4 多方案比选 ... 22

第3章 不确定性分析 ... 24
- 考点1 盈亏平衡分析 ... 24
- 考点2 敏感性分析★★★★★ ... 26

第4章 设备更新分析 ... 32
- 考点1 设备磨损与补偿 ... 32
- 考点2 设备经济寿命确定 ... 34
- 考点3 设备更新方案经济分析 ... 35
- 考点4 设备租赁方案经济分析★★★★ ... 38

第5章 价值工程 ... 41
- 考点1 价值工程原理 ... 41
- 考点2 价值工程实施步骤 ... 43

第2篇 工程财务

第6章 财务会计基础 ... 47
- 考点1 会计要素组成及计量 ... 47
- 考点2 财务会计工作的基本内容 ... 49
- 考点3 会计假设与会计基础 ... 49
- 考点4 会计核算过程与会计等式 ... 51

第7章 成本与费用 ... 54
- 考点1 费用与支出的关系 ... 54
- 考点2 施工企业费用确认与计量 ... 57
- 考点3 工程成本核算 ... 60
- 考点4 施工企业期间费用核算 ... 61

第8章 收入 ... 62
- 考点1 收入的分类、确认及计量 ... 62
- 考点2 建造合同收入 ... 65

第9章 利润与所得税费用 ... 70
- 考点1 利润 ... 70
- 考点2 所得税费用 ... 72

第10章 财务分析 ... 75
- 考点1 财务报告构成及列报基本要求 ... 75
- 考点2 财务分析方法 ... 84

第11章 筹资管理 ... 91
- 考点1 筹资主体 ... 91
- 考点2 筹资方式 ... 93
- 考点3 资金成本 ... 94
- 考点4 资本结构 ... 95

第12章 营运资金管理 ... 98
- 考点1 现金管理 ... 98
- 考点2 应收账款管理 ... 100
- 考点3 存货管理 ... 101
- 考点4 短期负债管理 ... 102

第3篇 工程计价

第13章 建设项目总投资 ······ 105
- 考点1 建设工程项目总投资 ······ 105
- 考点2 设备及工器具购置费的构成及计算 ······ 106
- 考点3 建筑安装工程费构成及计算 ······ 108
- 考点4 按造价形成划分的建安费用项目组成 ······ 114
- 考点5 工程建设其他费构成及计算 ······ 118
- 考点6 预备费计算 ······ 120
- 考点7 增值税计算 ······ 121
- 考点8 建设期利息与流动资金计算 ······ 122

第14章 工程计价依据 ······ 124
- 考点1 工程造价管理标准体系与工程定额体系 ······ 124
- 考点2 人工、材料与施工机具台班消耗量确定 ······ 126
- 考点3 人工、材料与施工机具台班单价确定 ······ 132
- 考点4 预算定额、概算定额与概算指标 ······ 135
- 考点5 工程造价指标与指数 ······ 138

第15章 设计概算与施工图预算 ······ 140
- 考点1 设计概算编制 ······ 140
- 考点2 施工图预算编制 ······ 148
- 考点3 设计概算与施工图预算的审查 ······ 152

第16章 工程量清单计价 ······ 156
- 考点1 工程量清单计价原理 ······ 156
- 考点2 工程量清单的编制 ······ 161
- 考点3 最高投标限价的编制 ······ 171
- 考点4 投标价的编制 ······ 175
- 考点5 合同价款的约定 ······ 180

第17章 工程计量与支付 ······ 182
- 考点1 工程计量 ······ 182
- 考点2 合同价款调整 ······ 185
- 考点3 工程变更价款确定 ······ 192
- 考点4 工程索赔 ······ 197
- 考点5 合同价款期中支付 ······ 206
- 考点6 合同价款争议的处理 ······ 217

第 18 章　工程总承包计价 ·· 218
　　考点 1　工程总承包计价原理 ·· 218
　　考点 2　工程总承包最高投标限价和投标报价编制 ·············· 223
　　考点 3　工程总承包合同价款约定 ······································· 225
　　考点 4　工程总承包合同价款调整与索赔 ···························· 227

第 19 章　国际工程投标报价 ·· 230
　　考点 1　国际工程投标报价构成及程序 ······························· 230
　　考点 2　国际工程投标报价编制 ·· 231
　　考点 3　国际工程投标报价的技巧 ······································· 235

第 20 章　工程计价数字化与智能化 ······································· 237
　　考点 1　BIM 在工程计价中的应用 ····································· 237
　　考点 2　人工智能在工程计价中的应用 ······························· 239
　　考点 3　大数据在工程计价中的应用 ··································· 240

第1篇 工程经济

第1章 资金时间价值计算及应用

 **利息的计算**

◆ 利息和利率

利息	利率
在资金债权债务关系中，债务人支付给债权人的资金总额超过其最初从债权人所获资金数额的部分称为利息，即 $I=F-P$	利率又称利息率，是单位时间内应得或应付利息额与本金之比，一般用百分数表示，即 $i=\dfrac{I}{P}$

◆ 利息对经济活动的影响

① 影响企业行为；
② 影响居民资产选择行为；
③ 影响政府行为

◆ 利率的影响因素

① 社会平均利润率（与利率同方向变化，是利率的最高界限）；
② 借贷资本供求状况（供过于求导致利率下降；供小于求导致利率上升）；
③ 风险（风险导致利率上升）；
④ 债务资金使用期限长短（与利率同方向变化）；
⑤ 政府宏观调控政策（经济过热，提高利率，反之降低利率）；
⑥ 经济周期（扩张期利率升高，衰退期利率降低）

1.【2023】关于影响利率高低因素的说法，正确的有（　　）。
A. 社会平均利润率的高低直接影响利率的高低
B. 通常借贷资本供过于求时，利率会呈上涨趋势
C. 政府通过信贷政策调控宏观经济，影响利率市场波动

D. 借出资本的风险越高其利率可能越高

E. 通常借贷资本的期限越长其利率越低

【答案】ACD

【解析】本题考查利率的影响因素。

A选项正确，社会平均利润率的高低直接影响利率的高低，与利率同方向变化，社会平均利润率是利率的最高界限。

B选项错误，利率是借贷资本的使用价格，其高低是由借贷资本的供求关系决定的，当借贷资本供过于求时，利率会下降；当借贷资本供小于求时，利率会上升。

C选项正确，政府的宏观调控政策影响利率的波动。通常，经济过热时，政府通常会采用加息手段进行宏观调控，反之，采用降息手段进行宏观调控。

D选项正确，借出资本要承担一定的风险，风险越大，利率越高。

E选项错误，借贷期限越长，不可预见因素越多，风险越大，利率越高；反之利率就越低。

◆计息方式（掌握）

单利（利不生利）	$F=P(1+n\times i)$	F——终值； P——现值； ★i——计息周期利率； ★n——（所求期限内）计息周期个数
复利（利生利）	$F=P(1+i)^n$	

2.【2021】 某公司年初借入资金1000万元，期限3年，按年复利计息，年利率10%，到期一次还本付息，则第三年末应偿还的本利和为（ ）万元。

A. 1210　　　　　　　　　　B. 1300

C. 1331　　　　　　　　　　D. 1464

【答案】C

【解析】本题考查复利计算终值的公式，是高频考点。

利息的计算有两种方式——单利计息与复利计息，两种计息方式下本利和F的计算公式见上文。

本题考查复利的计算公式：$F=P\times(1+i)^n$。式中，i为计息周期利率；n为所求期限内的计息周期个数。

因此，$F=1000\times(1+10\%)^3=1331$万元，选择C选项。

3.【2020】 某企业拟存款200万元。下列存款利率和计息方式中，在第5年末存款本息和最多的是（ ）。

A. 年利率6%，按单利计算　　　　　B. 年利率5.5%，每年复利一次

C. 年利率4%，每季度复利一次　　　D. 年利率5%，每半年复利一次

【答案】B

【解析】本题考查本利息计算的两个公式，是高频考点。

根据考点2单利、复利情况下本利和 F 的计算公式，以及公式中的字母含义：单利 $F=P(1+n\times i)$；复利 $F=P(1+i)^n$。式中 i 为计息周期利率；n 为所求期限内计息周期个数。四个选项5年末的本利和分别是：

A：$200\times(1+5\times 6\%)=260$ 万元

B：$200\times(1+5.5\%)^5=261.39$ 万元

C：$200\times(1+4\%\div 4)^{20}=244.04$ 万元

D：$200\times(1+5\%\div 2)^{10}=256.02$ 万元

故选择B选项。

考点2　名义利率与有效利率计算

◆ 名义利率与有效利率的关系

名义利率	（银行）公布的年利率
计息周期	"多长时间"计一次息（年、半年、季度、月）
有效利率★	年有效利率与年名义利率是否相等取决于计息周期（计息周期等于1年时，年有效利率等于年名义利率；计息周期短于1年时，年有效利率大于年名义利率）

◆ 两点结论

结论1	当计息周期等于1年时，年有效利率=年名义利率
结论2	当计息周期小于1年时（半年、季度、月），年有效利率>年名义利率

★有效利率$=(1+$计息周期利率$)^m-1$。m 为所求期限（问题）内的计息次数

4.【2021】 某公司同一笔资金有如下四种借款方案，均在年末支付利息，则优选的借款方案是（　　）。

A. 年名义利率3.6%，按月计息

B. 年名义利率4.4%，按季度计息

C. 年名义利率5.0%，半年计息一次

D. 年名义利率5.5%，一年计息一次

【答案】A

【解析】本题考查有效利率的计算，是高频考点。

公司借款的四种方案中，应当选择年有效利率最低的方案。

A方案的年有效利率：$(1+3.6\%/12)^{12}-1=3.66\%$

B方案的年有效利率：$(1+4.4\%/4)^4-1=4.47\%$

C方案的年有效利率：$(1+5\%/2)^2-1=5.06\%$

D方案的年有效利率：$(1+5.5\%/1)^1-1=5.5\%$

A方案的年有效利率最低，公司借款偿还的利息最少，对公司最有利。

考点3 资金等值计算及应用

◆**资金时间价值的影响因素（掌握）**

① 资金使用时机（★对投资人而言，即要本着晚支出、早回收的资金使用原则）；
② 资金的使用时长（使用时间越长，时间价值越大）；
③ 投入运营资金数量的多少（资金数量越大，时间价值越大）；
④ 周转速度（周转速度越快，时间价值越多）

5.【2023】 关于资金时间价值的说法，正确的是（　　）。
A. 资金周转速度的加快，对提升资金的时间价值有利
B. 资金的时间价值与资金的使用时间长短无关
C. 资金的时间价值与资金的数量无关
D. 资金总额一定，前期投入越多，资金的正效益越大

【答案】A

【解析】本题考查资金时间价值的影响因素，是高频考点。

A 选项正确，资金的时间价值与资金周转速度同方向变化，周转速度越快，资金时间价值越大。

B 选项错误，资金的时间价值与资金的使用时间同方向变化，使用时间越长，资金时间价值越大。

C 选项错误，资金的时间价值与资金的数量同方向变化，资金数量越大，资金时间价值越大。

D 选项错误，资金总额一定，前期投入多，有悖于"晚付早收"的资金使用原则，不利于资金正效益的积累。

6.【2021】 甲、乙、丙和丁四个公司投资相同项目，收益方案如下表（单位：万元）。若社会平均收益率为10%，根据资金时间价值原理，其投资收益最大的是（　　）。

公司	第1年	第2年	第3年	合计
甲公司	200	500	300	1000
乙公司	200	400	400	1000
丙公司	300	500	200	1000
丁公司	300	400	300	1000

A. 甲公司　　　　　　　　　　　B. 乙公司
C. 丙公司　　　　　　　　　　　D. 丁公司

【答案】C

【解析】本题考查资金时间价值影响因素，是高频考点。

资金时间价值影响因素有：① 资金量的大小；② 使用时间；③ 使用时机；④ 周转速度。本题利用的是其中第③点，即对投资人而言，在资金总量一定的情况下，前期投入的资金越多，资金的负效益越大；反之，后期投入的资金越多，资金的负效益越小。而在资金回收额一定的情况下，离现在越近的时间回收的资金越多，资金的时间价值就越多；反之，离现在越远时间回收的资金越多，资金的时间价值就越少。简单理解就是，对投资人而言，资金的支出越迟越有利，回收越早越好，即投资人应当本着"晚支出、早回收"的资金使用原则，应当从时间价值的角度考虑资金的使用效率。题目中的表格记录的是投资人回收的金额，在回收总量一定的情况下，应当本着"回收越早越有利"的原则选择题目选项，丙公司回收资金是最早的，故选择C选项。

◆ 现金流量

现金流量	符号	含义
现金流入	CI_t	（投资人）往回收钱
现金流出	CO_t	（投资人）往外花钱
净现金流量	$(CI-CO)_t$	与利润相似

★ 现金流量及现金流量图的绘制（掌握）

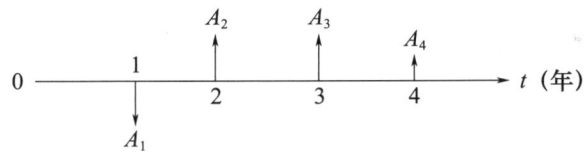

★规则	内容
规则1	横轴表示时间轴，向右延伸表示时间的延续（0点出发，n点结束，每个点代表当期末下期初）
规则2	垂直箭头线代表不同时点的现金流量情况（对投资人而言，箭线向上表示流入，向下表示流出）
规则3	箭线长短与现金流量数值大小成比例
规则4	箭线与时间轴的交点为现金流量发生的时点（当期末下期初）

7.【2007】 某企业计划年初投资200万元购置新设备以增加产量，已知设备可以使用6年，每年增加产品销售收入60万元，增加经营成本20万元，设备报废时残值10万元，对此项投资活动绘制现金流量图，则第6年的净现金流量可以表示为（　　）。

A. 向上的现金流量，数值为50万元　　B. 先下的现金流量，数值为30万元

C. 先上的现金流量，数值为30万元　　D. 向下的现金流量，数值为50万元

【答案】A

【解析】本题考查现金流量图的绘制规则，画出现金流量图：

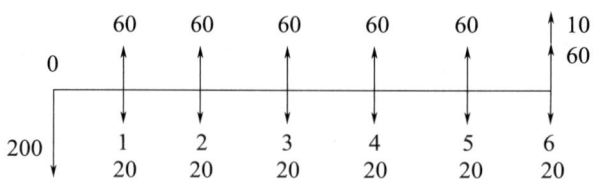

第6年的净现金流量 $(CI-CO)_6 = 60+10-20 = 50$，所以选择 A 选项。

◆ 资金等值计算
◆ 等值：不同时期、不同数额、价值等效的资金称为等值
◆ P、F、A 字母含义（结合现金流量图）

P	F	A
现在一笔钱（0点出发）	将来一笔钱（n点出发）	等额、系列流量（1~n 这 n 个点出发）

◆ 六个公式

	公式名称	已知项	未知项	系数符号	公式
计算公式	一次支付终值	P	F	$(F/P, i, n)$	$F = P \times (1+i)^n$
	一次支付现值	F	P	$(P/F, i, n)$	$P = \dfrac{F}{(1+i)^n}$
	年金终值	A	F	$(F/A, i, n)$	$F = A \times \dfrac{(1+i)^n - 1}{i}$
	偿债基金	F	A	$(A/F, i, n)$	$A = F \times \dfrac{i}{(1+i)^n - 1}$
	年金现值	A	P	$(P/A, i, n)$	$P = A \times \dfrac{(1+i)^n - 1}{i(1+i)^n}$
	资金回收	P	A	$(A/P, i, n)$	$A = P \times \dfrac{i \times (1+i)^n}{(1+i)^n - 1}$

◆ 注意：6个公式中 n、i 的含义不同

前两个公式	n 代表计息周期个数，i 代表计息周期利率
后四个公式	n 代表 A 的个数，i 代表两个 A 之间时间段的有效利率

8.【2023】 某公司年初存入银行 100 万元，年名义利率 4%，按季复利计算利息，第 5 年末该笔存款本利和约为（　　）万元。

A. 117.258　　　　　　　　　　　　B. 121.665

C. 122.019　　　　　　　　　　　　D. 126.973

【答案】C

【解析】本题考查复利的计算，是高频考点。

复利的计算公式为 $F=P\times(1+i)^n$。公式中的 i 为计息周期利率，n 为所求期限内的计息周期的个数。根据题意，计息周期为季度，计息周期利率为季度利率，即 $i=\dfrac{4\%}{4}=1\%$，n 为 5 年内计息周期的个数，5 年里有 20 个季度，即 $n=20$，所以 $F=100\times(1+1\%)^{20}=122.019$ 万元。

9.【2023】 某公司希望所投资项目在第 5 年末回收 1000 万元资金，若年复利率为 6%，则公司现在需要投入约（　　）万元。

A. 747.258　　　　　　　　　　　　B. 769.231

C. 792.094　　　　　　　　　　　　D. 806.452

【答案】A

【解析】本题考查等值计算，是常见考点。

根据题意，本题的计算符合已知终值求现值的情况，使用公式 $P=\dfrac{F}{(1+i)^n}$，F 为终值。

本题中 $F=1000$ 万元，i 代表计息周期利率，n 代表所求期限内计息周期个数。依题意，本题中的计息周期是年，因此 i 为年利率，$i=6\%$，n 为 5 年内的计息周期数，$n=5$，所以 $P=\dfrac{F}{(1+i)^n}=\dfrac{1000}{(1+6\%)^5}=747.258$ 万元，故选择 A 选项。

10.【2022】 企业年初借入一笔资金，年名义利率为 6%，按季度复利计息，年末本利和为 3184.09 万元，则年初借款金额是（　　）万元。

A. 3003.86　　　　　　　　　　　　B. 3000.00

C. 3018.03　　　　　　　　　　　　D. 3185.03

【答案】B

【解析】本题考查等值计算，是常见考点。

根据题意，本题是已知 F 求 P，利用公式 $P=\dfrac{F}{(1+i)^n}$，另外，还需要注意的是公式中 n 和 i 的含义不同（见上文），前两个公式中，n 代表计息周期个数，i 代表计息周期利率。因此，$n=4$，$i=1.5\%$，代入公式，则 $P=\dfrac{3184.09}{(1+1.5\%)^4}=3184.09\times1.015^{-4}=3000$ 万元。

11.【2022】关于一次支付现值、终值、计息期数和折现率相互关系的说法，正确的是（　　）。

A. 现值一定，计息期数相同，折现率越高，终值越小
B. 现值一定，折现率相同，计息期数越少，终值越大
C. 终值一定，折现率相同，计息期数越多，现值越大
D. 终值一定，计息期数相同，折现率越高，现值越小

【答案】D

【解析】本题考查对终值计算和现值计算两个公式的理解，是常见考点。

终值计算：$F = P \times (1+i)^n$

现值计算：$P = F \times \dfrac{1}{(1+i)^n}$

A 选项错误，现值（P）一定，计息周期数（n）相同，折现率（i）越高，终值（F）越大。

B 选项错误，现值（P）一定，折现率（i）相同，计息期数（n）越少，终值（F）越小。

C 选项错误，终值（F）一定，折现率（i）相同，计息期数（n）越多，现值（P）越小。

12.【2015】每半年末存款 2000 元，年利率 4%，每季复利计息一次，2 年末存款本息和为（　　）万元。

A. 8160.00
B. 8243.22
C. 8244.45
D. 8492.93

【答案】C

【解析】本题比较综合，将等值计算与有效利率结合起来考查。

首先，由题意可以判断此题属于等值计算中的已知 A 求 F 问题，回忆等值计算 4 个公式中 n 和 i 的含义：

前两个公式	n 代表计息周期个数，i 代表计息周期利率
后两个公式	n 代表 A 的个数，i 代表两个 A 之间时间段的有效利率

本题使用第 3 个公式，则 n 是 A 的个数，n=4；i 是两个 A 之间时间段（本题是半年）有效利率。题目中强调"每季度复利一次"，则半年的有效利率 = $(1+1\%)^2 - 1 = 2.01\%$。每半年末存款一次，则 2 年共存款 4 次，因此 n=4，第二年末的本息和为每次存款的本息和之和；套用已知 A 求 F 的公式，其中 A=2000，i=2.01%，n=4，计算求出 F=8244.45 万元。

◆6 个公式的进一步解读

6 个公式成立的条件：在现金流量图中，要求画在一张图上会出现的结论（直接套公式的条件）：

P	F	A
现在一笔钱（0点出发）	将来一笔钱（n点出发）	等额、系列流量（1~n这n个点出发）

结论1：最后一个A的出发点要和F的出发点重合。
结论2：第一个A的出发点要和P的出发点间隔一个时期

13.【2018】 某施工企业每年年末存入银行100万元，用于3年后的技术改造，已知银行存款年利率为5%，按年复利计息，则到第3年末可用于技术改造的资金总额为（　　）万元。

A. 331.01　　　　　　　　　　　B. 330.75
C. 315.25　　　　　　　　　　　D. 315.00

【答案】C
【解析】本题考查直接套公式的等值计算。
根据题意，本题符合已知A求F的计算公式，所以套第3个公式即可。
$A=100$，$i=5\%$，$n=3$，$F=315.25$。故选择C选项。

思考：将13题题目条件稍做改变：将"每年年末"改为"每年年初"（间接套公式）。

某施工企业每年年初存入银行100万元，用于3年后的技术改造，已知银行存款年利率为5%，按年复利计息，则到第3年末可用于技术改造的资金总额为（　　）万元。

【解析】画出此题对应的现金流量图：

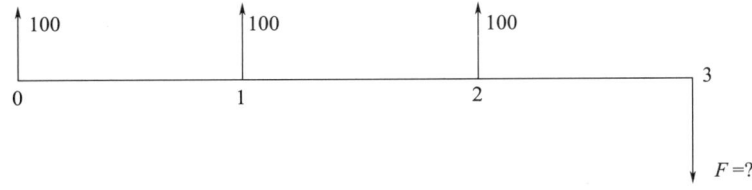

从上面的现金流量图中可以发现此题F、A的出发点并不满足直接套公式的条件，因为"最后一个A没有与F重合"，要想利用已知A求F的公式，需要做一下变换，那就是"将年初的100万等值平移到当年年末去"

此时就可以继续利用等值计算已知A求F的公式了，$A=105$，$n=3$，$i=5\%$，求出$F=331.01$。

14.【2015】某企业第 1 年年初和第 1 年年末分别向银行借款 30 万元，年利率均为 10%，复利计息，第 3~5 年年末等额本息偿还全部借款，则每年年末应偿还金额为（　　）万元。

A. 20.94　　　　　　　　　　　　B. 23.03
C. 27.87　　　　　　　　　　　　D. 31.57

【答案】C

【解析】此题考查间接套公式的等值计算。

根据题意画出现金流量图：

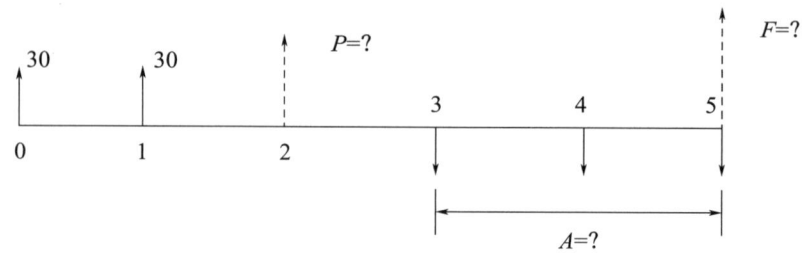

本题不符合直接套公式的条件，本题问题求年金 A，依据 4 个公式可以使用的是后两个公式，"已知 F 求 A 或者已知 P 求 A"，所以有两种做法。

（1）若使用 F 求 A 的公式，F 的出发点应该在第 5 点出发，现目前图中没有这个 F，因此可以将图中两个向上的 30 万元先等值计算出第 5 年年末的数值 F：

$30 \times (1+10\%)^5 + 30 \times (1+10\%)^4 = 92.2383$。然后利用 F 求 A 的公式，其中 $n=3$，$i=10\%$ 求得结果是 27.87，故选择 C 选项。

（2）先求出图中两个 30 万元等值的第 2 年年末的数值 P：

$30 \times (1+10\%)^2 + 30 \times (1+10\%)^1 = 69.3$。再利用已知 P 求 A 的公式，计算结果。

◆6 个公式对应的系数

公式	系数	公式
$F = P \times (1+i)^n$	$(F/P, i, n) = (1+i)^n$	$F = P \times (F/P, i, n)$
$P = \dfrac{F}{(1+i)^n}$	$(P/F, i, n) = \dfrac{F}{(1+i)^n}$	$P = F \times (P/F, i, n)$
$F = A \times \dfrac{(1+i)^n - 1}{i}$	$(F/A, i, n) = \dfrac{(1+i)^n - 1}{i}$	$F = A \times (F/A, i, n)$
$A = F \times \dfrac{i}{(1+i)^n - 1}$	$(A/F, i, n) = \dfrac{i}{(1+i)^n - 1}$	$A = F \times (A/F, i, n)$

续表

公式	系数	公式
$P=A\times\dfrac{(1+i)^n-1}{i(1+i)^n}$	$(P/A,\ i,\ n)=\dfrac{(1+i)^n-1}{i(1+i)^n}$	$P=A\times(P/A,\ i,\ n)$
$A=P\times\dfrac{i\times(1+i)^n}{(1+i)^n-1}$	$(A/P,\ i,\ n)=\dfrac{i(1+i)^n}{(1+i)^n-1}$	$A=P\times(A/P,\ i,\ n)$

15.【2013】 某企业现在每年末对外投资 100 万元，5 年后一次性收回本金和利息，若年收益率为 i，则总计可收回投资（　　）万元。已知：$(P/F,\ i,\ 5)=0.74$，$(A/P,\ i,\ 5)=0.24$，$(F/A,\ i,\ 5)=5.64$。

A. 133　　　　　　B. 417　　　　　　C. 564　　　　　　D. 668

【答案】C

【解析】本题考查等值计算对应系数的理解。

根据题意，本题符合已知 A 求 F，所以该使用 $(F/A,\ i,\ n)=5.64$。

根据 $F=A\times(F/A,\ i,\ n)=100\times5.64=564$。故选择 C 选项。

第2章 经济效果评价

考点1 经济效果评价内容

◆经济效果评价

经济效果评价——采用科学的分析方法，对技术方案的财务可行性、经济合理性进行分析论证，为选择技术方案提供科学的决策依据。

◆经济效果评价包括财务评价（又称财务分析）和经济分析（略）

财务分析的内容	经营性项目分析：① 盈利能力；② 偿债能力；③ 财务生存能力
	非经营性项目分析：财务生存能力

◆经济效果评价方法

	分类角度	评价方法	要点
经济效果评价方法分类	未来风险	（1）确定性评价（不考虑未来风险） （2）不确定性评价（考虑未来风险）	同一个技术方案需要同时进行确定性评价和不确定性评价
	性质	（1）定量分析 （2）定性分析	技术方案经济效果评价中，应坚持定量分析与定性分析相结合，以定量分析为主的原则
	时间因素	（1）静态分析（不考虑时间价值） （2）动态分析（考虑时间价值）	在技术方案经济效果评价中，应坚持动态分析和静态分析相结合，以动态分析为主的原则
	融资	（1）融资前分析 （2）融资后分析	融资前分析，应编制技术方案投资现金流量表。融资前分析以动态分析为主，静态分析为辅； 融资后分析，应编制资本金现金流量表和投资各方现金流量表。融资后的盈利能力分析也包括动态分析和静态分析
	评价的时间	（1）事前评价 （2）事中评价 （3）事后评价	事前分析具有一定的预测性，有一定的不确定性和风险性

◆ 项目计算期及运营期

计算期（寿命）	包括：① 建设期；② 运营期
运营期	包括：① 投产期；② 达产期

16.【2022】 对于经营性项目，通过财务报表分析，计算财务指标，进行经济效果评价的内容有（ ）。

A. 盈利能力分析　　　　　　　　　B. 经济敏感分析
C. 偿债能力分析　　　　　　　　　D. 财务生存能力分析
E. 经济费用效益分析

【答案】ACD

【解析】本题考查经济效果评价的基本内容。

经济效果评价的内容应根据技术方案的性质、目标、投资者、财务主体以及方案对经济与社会的影响程度等具体情况确定，一般包括方案盈利能力、偿债能力、财务生存能力等评价内容。在实际应用中，对于经营性方案，经济效果评价应分析拟定技术方案的盈利能力、偿债能力、财务生存能力；对于非经营性方案，经济效果评价应主要分析拟定技术方案的财务生存能力。

17.【2022】 关于技术方案经济效果评价的说法，正确的是（ ）。

A. 经济效果评价应定性分析和定量分析相结合，以定性分析为主
B. 经济效果动态分析不能全面地反映技术方案整个计算期的经济效果
C. 融资前经济效果分析通常以静态分析为主，动态分析为辅
D. 方案实施前经济效果分析通常存在一定的不确定性和风险性

【答案】D

【解析】本题考查经济效果评价方法。

A 选项错误，在技术方案经济效果评价中，应坚持定量分析与定性分析相结合，以定量分析为主的原则。

B 选项错误，动态分析考虑资金时间价值，可反映技术方案整个计算期的经济效果。

C 选项错误，融资前分析，应编制技术方案投资现金流量表。融资前分析以动态分析为主，静态分析为辅。

考点2　经济效果评价的指标体系★

◆ 指标类型

价值型指标	时间性指标	比率型指标	偿债能力评价指标	盈利能力评价指标
财务净现值 费用现值 净年值 费用年值	静态回收期 动态回收期	投资收益率；利息备付率 偿债备付率；资产负债率 流动比率；速动比率 净现值率；内部收益率	利息备付率 偿债备付率 资产负债率 流动比率 速动比率	投资收益率；静态回收期 财务净现值；净现值率 费用现值；净年值 费用年值；内部收益率 动态回收期；效益费用比

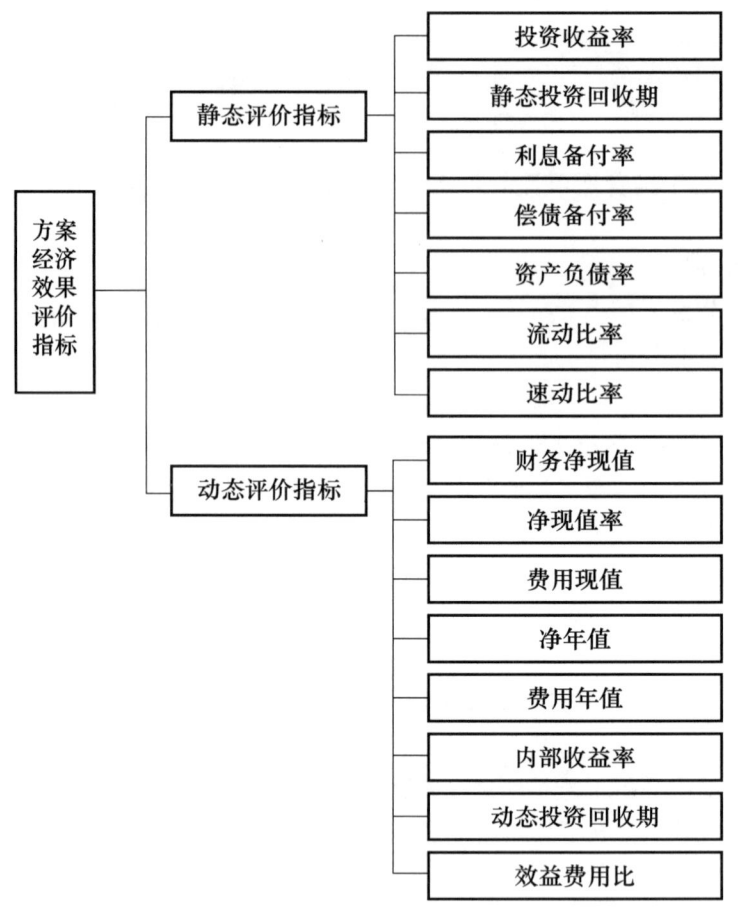

18.【2023】 下列技术方案经济效果评价指标中，属于盈利能力分析的动态指标有（　　）。
A. 资本金净利润　　　B. 财务内部收益率　　　C. 财务净现值
D. 速动比率　　　　　E. 利息备付率
【答案】BC
【解析】 本题考查技术方案经济效果评价的指标体系，是高频考点。
A 选项错误，属于盈利能力静态指标。
B 选项正确，属于盈利能力动态指标。
C 选项正确，属于盈利能力动态指标。
D 选项错误，属于偿债能力静态指标。
E 选项错误，属于偿债能力静态指标。

19.【2021】 下列经济效果评价指标中，属于动态指标的（　　）。
A. 财务净现值　　　　　　　　　　　B. 流动比率
C. 资本金净利润率　　　　　　　　　D. 投资收益率
【答案】A

【解析】 本题考查经济效果评价指标体系，是高频考点。

在经济效果评价指标体系中，静态指标不考虑时间因素，计算方便，动态指标强调利用复利方法计算时间价值，更加真实可靠。上述指标体系中动态指标有两个：财务内部收益率和财务净现值，其余皆为静态指标。故选择 A 选项，B、C、D 三个选项都是静态指标。

考点3 指标计算

★基准收益率

	基准收益率又称基准折现率，投资者动态测定的，可接受的最低标准收益率，用 i_c 表示	
i_c 的确定	（1）产出物由政府定价的方案——根据政府政策导向确定	
	（2）产出物由市场定价的方案——投资者自行确定	★i_c 不低于①单位资金成本和②单位机会成本，同时考虑③投资风险和④通货膨胀
		境外投资方案，首先考虑国家风险

20.【2022】 关于财务基准收益率的说法，正确的是（ ）。

A. 境外投资项目基准收益率的测定，可忽略国家风险因素
B. 财务基准收益率必须由政府投资主管部门统一确定
C. 财务基准收益率的确定应考虑资金成本、投资机会成本、通货膨胀和风险因素
D. 财务基准收益率是投资项目可能获得的最高盈利水平

【答案】 C

【解析】 本题考查基准收益率的概念及其影响因素，是高频考点。

A 选项错误，在中国境外投资的技术方案财务基准收益率的测定，应首先考虑国家风险因素。

B 选项错误，基准收益率又称基准折现率，是企业或行业投资者以动态的观点所确定的、可接受的技术方案最低标准的收益水平。

D 选项错误，财务基准收益率是投资决策者对技术方案资金时间价值的判断和对技术方案风险程度的估计，是投资资金应当获得的最低盈利率水平。

★财务净现值

财务净现值（FNPV）——反映技术方案在计算期内盈利能力的动态评价指标。它用一个设定的折现率（一般采用财务基准收益率 i_c），计算的方案计算期内各年的净现金流量都折现到方案开始实施时（计算期期初）的现值之和，是直接用货币单位表示的绝对指标

$$FNPV = \sum_{t=0}^{n} (CI - CO)_t (1 + i_c)^{-t}，n 为方案计算期$$

21.【2023】 某技术方案现金流量如下表，设基准收益率为8%，则该技术方案的财务净现值约为（　　）万元。

年份	1	2	3	4	5
现金流入（万元）	—	—	5000	6000	7000
现金流出（万元）	2000	2500	3000	3500	4500

A. 1221.018　　　　　　　　　　B. 1131.498
C. 1701.458　　　　　　　　　　D. 2500.000

【答案】 B

【解析】 本题考查财务净现值的计算，是高频考点。

$$FNPV = (CI-CO)_0 + \frac{(CI-CO)_1}{(1+i_c)} + \frac{(CI-CO)_2}{(1+i_c)^2} + \cdots + \frac{(CI-CO)_n}{(1+i_c)^n}$$

首先，依据表中数据计算出净现金流量。

年份	1	2	3	4	5
现金流入（万元）	—	—	5000	6000	7000
现金流出（万元）	2000	2500	3000	3500	4500
净现金流量（万元）	−2000	−2500	2000	2500	2500

因此，$FNPV = -2000 \times 1.08^{-1} - 2500 \times 1.08^{-2} + 2000 \times 1.08^{-3} + 2500 \times 1.08^{-4} + 2500 \times 1.08^{-5} = 1131.498$ 万元，故选择 B 选项。

22.【2021】 某技术方案现金流量表如下表，若基准收益率为8%，则该方案财务净现值为（　　）万元。

现金流量（万元）	第0年	第1年	第2年	第3年	第4年
现金流入	—	1000	6000	3000	6000
现金流出	3700	4000	2000	3000	2000

A. −1300　　　　　　　　　　　B. 100.4
C. −108.3　　　　　　　　　　　D. 126.91

【答案】 C

【解析】 本题考查财务净现值的计算，是高频考点。

财务净现值的计算公式：

$$FNPV = \sum_{t=0}^{n} (CI-CO)_t (1+i_c)^{-t}$$

在题目中的现金流量表下面补充一行净现金流量的数值，如下表所示。

现金流量（万元）	第0年	第1年	第2年	第3年	第4年
现金流入	—	1000	6000	3000	6000
现金流出	3700	4000	2000	3000	2000
净现金流量	−3700	−3000	4000	0	4000

因此，FNPV=−3700−3000×1.08^{-1}+4000×1.08^{-2}+4000×1.08^{-4}=−108.3 万元。
故选择 C 选项。

★财务净现值判别准则及优缺点

★判别准则：FNPV≥0，方案可行	
优点	缺点
（1）考虑时间价值且全面考虑了技术方案在整个计算期内现金流量的时间分布的状况； （2）经济意义明确、直观，以货币额表示技术方案的盈利水平	（1）基准收益率取值困难； （2）互斥方案比选时，不同技术方案需要相同的计算期； （3）难以反映单位投资的使用效率； （4）不能直接说明技术方案在运营期内各年的经营成果； （5）不能反映投资回收的速度

23.【2014】 某企业拟新建一项目，有两个备选方案技术均可行。甲方案投资 5000 万元。计算期 15 年，财务净现值为 200 万元；乙方案投资 8000 万元，计算期 20 年，财务净现值为 300 万元。则关于两方案比选的说法，正确的是（　　）。
A. 甲乙方案必须构造一个相同的分析期限才能比选
B. 甲方案投资少于乙方案，净现值大于零，故甲方案较优
C. 乙方案净现值大于甲方案，且都大于零，故乙方案较优
D. 甲方案计算期短，说明甲方案的投资回收速度快于乙方案

【答案】A
【解析】本题考查 FNPV 公式中 n 的含义。

$$FNPV = \sum_{t=0}^{n}(CI-CO)_t(1+i_c)^{-t}$$

此公式中 n 的含义是计算期（全寿命周期），也就是说 FNPV 的经济含义是一个技术方案在寿命期内的超额收益折现值总和，因此要直接比较两个方案 FNPV 的大小选择方案的话，需要构造一个相同的 n，否则比较是没有意义的。故选择 A 选项。

★内部收益率

概念：技术方案在整个计算期内，使各年净现金流量的现值累计等于零时的折现率，用 FIRR 表示
★内部收益率判别准则（掌握）：FIIR≥i_c，方案可行

★财务内部收益率考试常见的两类考试题型：
（1）内部收益率的取值范围（内插法——相似三角形找交点位置）；
（2）内部收益率与财务净现值两个指标之间的关系（较综合）

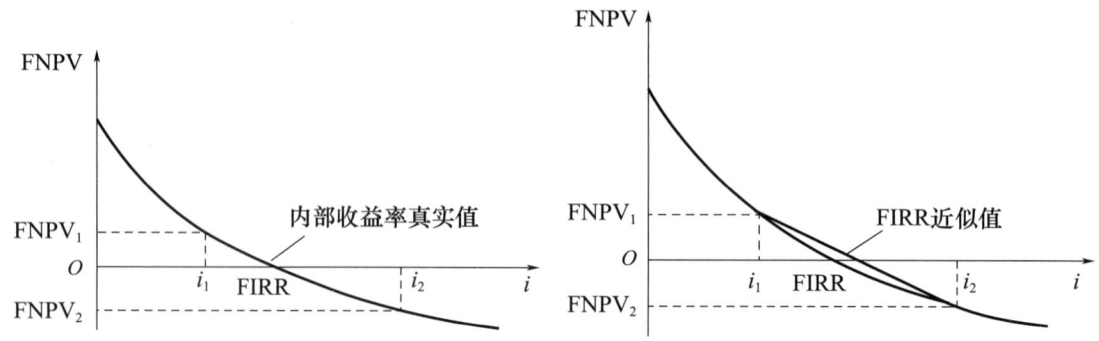

24.【2012】 某常规技术方案，FNPV（16%）= 160 万元，FNPV（18%）= −80 万元，则方案的 FIRR 最可能为（　　）。

A. 15.98%　　　　　　　　　　　B. 16.21%

C. 17.33%　　　　　　　　　　　D. 18.21%

【答案】C

【解析】本题考查利用内插法计算 FIRR 的近似值，是高频考点。

最可靠的做法是使用"内插法"，通过在坐标系中已知坐标描点并且连一条直线，看图找到直线与横轴交点的位置。

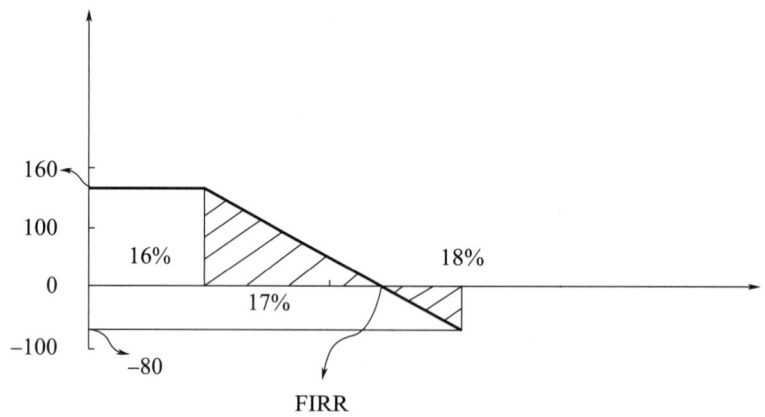

另一种方法是看上下相似三角形的大小，判断交点在中点的左侧还是右侧，此题中上方的三角形要比下面的三角形面积大，因此交点应当在中点 17% 的右侧，所以只有 17.33% 的结果正确。故选择 C 选项。

25.【2010】对于特定的投资方案，若基准收益率增大，则投资方案评价指标的变化规律是（　　）。

A. 财务净现值与内部收益率均减小　　　B. 财务净现值与内部收益率均增大

C. 财务净现值减小，内部收益率不变　　D. 财务净现值增大，内部收益率减小

【答案】C

【解析】此题考查 FNPV、FIRR、i_c 三者之间的关系，比较综合。

三者之间的关系是：i_c 的大小影响 FNPV 的大小，FNPV 与 i_c 呈反比例关系，i_c 增加，FNPV 减小；FIRR 与 i_c 没有关系，FIRR 只受项目自身的净流量情况影响，与其他外部参数没有关系。故选择 C 选项。

★内部收益率优劣

优点	缺点
① 考虑了资金的时间价值以及技术方案在整个计算期内的经济状况，可以反映投资全过程的收益； ② 大小不受外部因素影响，完全取决于技术方案投资过程净现金流量系列的情况； ③ 不需要事先确定基准收益率，只需要知道内部收益率的大致范围即可	① 计算麻烦； ② 非常规方案会出现不存在或多个内部收益率，难以判断； ③ 不能直接用于互斥方案之间的比选，适用于独立的、具有常规现金流量的技术方案的经济评价及可行性判断（注：投资仅在初期发生，进入生产运营期后不再进行后续投资的项目称为常规现金流量方案）

26.【2021】关于财务内部收益率的说法，正确的是（　　）。

A. 其大小易受基准收益率等外部参数的影响

B. 任一技术方案的财务内部收益率均存在唯一

C. 可直接用于互斥方案之间的比选

D. 考虑了技术方案在整个计算期内的经济状况

【答案】D

【解析】本题考查财务内部收益率的优缺点。

A 选项错误，内部收益率的计算过程决定了其不受外部参数的影响，其大小取决于技术方案投资过程净现金流量系列的情况。

B 选项错误，常规方案只有一个内部收益率，非常规方案会出现多个或者没有内部收益率的情况。

C 选项错误，内部收益率的一个缺点是不能直接用于互斥方案之间的比选，适用于独立的、具有常规现金流量的技术方案的经济评价及可行性判断。

★静态投资回收期

概念：在不考虑资金时间价值的条件下，以技术方案的净收益回收其总投资（包括建设投资、建设期利息和流动资金）所需要的时间

计算公式：① $P_t = I/A$（使用条件：0期花钱，从第1期开始回收，而且以后回收数字相等）

② ★$P_t = （累计净现金流量首次出现正值或零的年份数-1） + \dfrac{上一年累计净现金流量的绝对值}{出现正值年份的净现金流量}$

27.【2023】 某投资方案的现金流量如下表，该方案的静态投资回收期为（　　）年。
注：表中数据均不考虑税收影响。

年份	0	1	2	3	4	5	6	7
现金流入（万元）	—	—	—	130	260	450	480	550
现金流出（万元）	—	560	270	80	150	220	230	250

A. 6.36　　　　　　　　　　　　　　B. 6.56
C. 6.63　　　　　　　　　　　　　　D. 6.79

【答案】C
【解析】本题考查静态投资回收期的计算，是高频考点。
计算过程如下：首先依据表中数据，计算出净现金流量及累计净现金流量，如下表所示。

年份	0	1	2	3	4	5	6	7
现金流入（万元）	—	—	—	130	260	450	480	550
现金流出（万元）	—	560	270	80	150	220	230	250
净现金流量（万元）	—	-560	-270	50	110	230	250	300
累计净现金流量（万元）	—	-560	-830	-780	-670	-440	-190	110

依据静态回收期的计算公式：

$P_t = （累计净现金流量首次出现正值或零的年份数-1） + \dfrac{上一年累计净现金流量的绝对值}{出现正值年份的净现金流量}$

静态投资回收期 $= 7 - 1 + \dfrac{190}{300} = 6.63$ 年，故选择C选项。

28.【2021】 某技术方案净现金流量和财务净现值如下表，根据表中数据，关于该方案评价的说法，正确的是（　　）。

年份	1	2	3	4	5	6	7
净现金流量（万元）	-420	-470	200	250	250	250	250
财务净现值（折现率8%）	24.276 万元						

A. 累计净现金流量小于零　　　　　　B. 财务内部收益率可能小于8%
C. 静态投资回收期大于6年　　　　　　D. 项目在经济上可行

【答案】D

【解析】本题比较综合，考查了财务净现值、内部收益率、静态回收期三个指标的相关内容。

A选项错误，累计净现金流量=-420-470+200+250+250+250+250=310>0。

B选项错误，参见下方财务净现值函数示意图，内部收益率应大于8%。

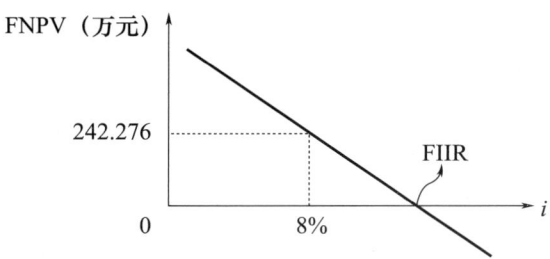

C选项错误，静态回收期的计算过程，如下表所示。

年份	1	2	3	4	5	6	7
净现金流量（万元）	-420	-470	200	250	250	250	250
累计净现金流量（万元）	-420	-890	-690	-440	-190	60	—

根据静态回收期的计算公式：

$P_t = $（累计净现金流量首次出现正值或零的年份数-1）$+ \dfrac{\text{上一年累计净现金流量的绝对值}}{\text{出现正值年份的净现金流量}}$

$P_t = 6-1+(190/250) < 6$ 年。

D选项正确，因为FNPV=242.276≥0，表明技术方案在经济上可行。

★静态回收期的判别准则及优劣

静态回收期的判别准则（掌握）：$P_t \leq P_c$（基准回收期），方案可以接受	
优点	缺点
① 易理解，计算简便； ② 反映了资本的周转速度（静态回收期越短代表风险越小，代表技术方案抗风险能力越强）	没有全面考虑技术方案在整个计算期内的现金流量，只考虑了回收之前的效果，没能反映资金回收之后的情况；只能作为辅助指标

29.【2020】 某技术方案的静态投资回收期为5.5年，行业基准值为6年，关于该方案经济效果评价的说法，正确的是（　　）。

A. 该方案静态投资回收期短于行业基准值，表明资本周转的速度慢

B. 从静态投资回收期可以判断该方案前 5 年各年均不盈利
C. 静态投资回收期短于行业基准值，不代表该方案内部收益率大于行业基准收益率
D. 静态投资回收期短，表明该方案净现值一定大于零

【答案】C

【解析】本题考查静态回收期指标的含义，见上文分析的此指标的优劣。

A 选项错误，该方案静态投资回收期短于行业基准值，表明资本周转的速度快于标准值。

B 选项错误，根据回收期指标的判别准则 [$P_t \leq P_c$（基准回收期），方案可行]，不能断定该方案的盈利情况。

C 选项正确，虽然本题中静态投资回收期短于行业基准值，但是不能推断内部收益率指标的判别准则成立。毕竟，鉴于静态回收期的缺点，此指标只能作为辅助指标使用，需要与其他指标结合使用。

D 选项错误，错误原因与 C 选项类似。

考点 4 多方案比选

◆根据多方案之间的经济关系类型，一组方案之间的关系有三种：独立关系、互斥关系、相关关系

独立关系	互斥关系（关注）	相关关系
各个方案现金流量独立，其中任一方案的采用与否与方案自身的可行性相关，而与其他方案采用与否没有关系（一般是通过计算方案的经济效果指标加以判断）	互斥关系是指各个方案之间存在着互不相容、互相排斥的关系。进行方案比选时，在各个备选方案中只能选择一个，其余的均必须放弃，不能同时存在	相关关系是指各个方案之间，某一方案的采用与否对其他方案的现金流量带来一定的影响，进而影响其他方案的采用或拒绝，包括正相关和负相关两种

30.【2023】 关于经济效果评价中独立型方案和互斥型方案的说法，正确的是（   ）。
A. 独立型和互斥型是经济效果评价中最常见的两类方案
B. 独立型在经济上是否接受，不取决于方案自身的经济性
C. 互斥型意味着各方案间彼此不能互相替代
D. 互斥型的经济比选，无须考查各方案自身的经济效果

【答案】A

【解析】本题考查经济效果评价方案。

A 选项正确，经济效果评价方案的类型较多，常见的主要有独立型方案和互斥型方案。

B 选项错误，独立型经济方案的评价，是在"做"与"不做"之间进行选择，取决于技术方案自身的经济性，当技术方案的经济指标达到或超过预定的评价标准或水平，经济方案是可行的；否则予以拒绝。

C选项错误，互斥型方案是指在备选方案中，各个方案彼此可以相互替代，具有排他性，选择其中一个方案，其他技术方案必然会被排斥。

D选项错误，互斥型方案的比选，需要满足两个原则，首先是各个方案的经济性，以及方案的经济指标是否达到或超过预定的评价标准或水平，即进行"绝对经济效果检验"；之后进行"相对经济效果检验"，以比选出最优且可行的方案来。

◆互斥方案比选的两个阶段

阶段一：方案的绝对效果分析。阶段二：方案的相对效果分析。

◆互斥方案比选方法

互斥方案比选方法	（1）评价指标 注意：必须采用价值型指标，如①净现值、②净年值、③费用年值、④年折算费用等	① 计算期相同的方案比选：选择 FNPV≥0，且最大的方案。 ② 计算期不同的方案比选：年值法、最小公倍数法和研究期法等
	（2）增量指标 选用指标：增量财务净现值、增量投资财务内部收益率、增量静态投资回收期等	计算步骤： ① 将方案按照投资额从小到大的顺序排列。 ② 确定基础方案，即满足指标评判准则要求的投资额较小的方案。 ③ 计算相邻两个方案的增量现金流量的评价指标，若满足评判准则的要求，则投资较大的方案优于投资较小的方案；反之，投资较小的方案优于投资较大的方案。 ④ 以确定的较优方案为基础方案，重复计算步骤，直至所有方案都计算完毕。 ⑤ 确定最优方案优选序列

第3章 不确定性分析

考点1 盈亏平衡分析

◆ 盈亏平衡分析的类型
（1）线性盈亏平衡分析；（2）非线性盈亏平衡分析。
◆ 为了简化数学模型，对线性盈亏平衡分析做了假设（前提条件）

① 产量等于销售量；
② 产销量变化，单位可变成本不变，总成本费用是产销量的线性函数；
③ 产销量变化，销售单价不变，销售收入是产销量的线性函数

◆ 盈亏平衡点的表达形式
（1）产量和生产能力利用率表示的盈亏平衡点（常用）；
（2）价格表示的盈亏平衡点（个别项目）。
★ 基本的量本利分析图

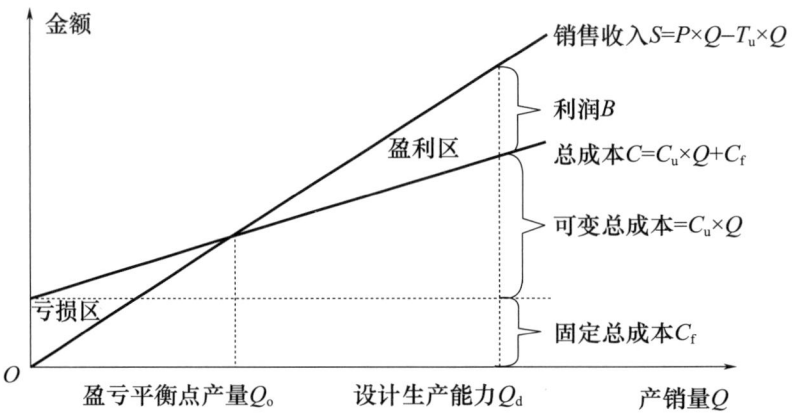

盈亏平衡点公式：

★（1）绝对数公式　　$BEP(Q) = \dfrac{C_f}{P - C_u - T_u}$

★（2）相对数公式　　$BEP\% = BEP(Q)/Q_d$　　（$BEP\% \leqslant 70\%$，代表技术方案运营基本是安全的）

- （3）价格表示的盈亏平衡点：$P = \dfrac{C_f}{Q_d} + C_u + T_u$

盈亏平衡点越低，表明方案适应市场价格下降的能力越大，抗风险能力越强

公式字母	对应含义
P	产品单价
Q	产量或销量（模型假设两者相等）
T_u	单位产品税金（不包括增值税）
C_u	单位可变成本
C_f	固定成本
Q_d	设计生产能力（年）

◆ 盈亏平衡分析的优缺点

优点	缺点
计算简便，可直接对方案最关键的盈利性问题进行初步分析，还可预先估计方案对市场需求变化的适应能力，有助于了解方案可承受风险的程度，也可以检测方案规模（如设计生产能力等）确定是否经济合理	不能揭示产生方案风险的根源

31.【2023】 某投资项目有四个互斥的方案，设计生产能力和盈亏平衡点产量如下表。仅从方案抗风险能力的角度考虑，投资者应选择的方案是（　　）。

方案	甲	乙	丙	丁
设计生产能力（万吨/年）	1000	900	800	700
盈亏平衡的产量（万吨/年）	600	650	500	500

A. 甲
B. 乙
C. 丙
D. 丁

【答案】A

【解析】本题考查盈亏平衡点的计算，是高频考点。

盈亏平衡点的计算公式有绝对数公式（盈亏平衡点产量）及相对数公式（生产能力利用率表示的盈亏平衡点）两种。当备选方案的设计生产能力相同时，可以通过比较绝对数的盈亏平衡点选择最优方案；当备选方案的设计生产能力不同时，就需要比较相对数的盈亏平衡点选择方案，无论是绝对数的盈亏平衡点还是相对数的盈亏平衡点，都要选择数字低的那个方案，盈亏平衡点越低代表方案未来适应市场变化的能力越强，抗风险能力也越强。

本题中，需要分别计算甲、乙、丙、丁四个方案的相对数的盈亏平衡点：

甲方案盈亏平衡时的生产能力利用率 = 600/1000 = 60%；

乙方案盈亏平衡时的生产能力利用率=650/900=72.22%；
丙方案盈亏平衡时的生产能力利用率=500/800=62.5%；
丁方案盈亏平衡时的生产能力利用率=500/700=71.43%。
甲方案的数字最小，故选择 A 选项。

32.【2022】某技术方案年设计生产能力为 3 万吨，产销量一致，销售价格和成本费用均不含增值税。单位产品售价为 300 元/吨，单位产品可变成本为 150 元/吨，单位产品税金及附加为 3 元/吨，年固定成本为 280 万元，用生产能力利用率表示的盈亏平衡点为（　　）。

A. 31.11%   B. 63.49%
C. 31.42%   D. 62.22%

【答案】B

【解析】本题考查盈亏平衡点的计算，是高频考点。

量本利模型下盈亏平衡点计算的"相对数公式"为 $BEP\% = \frac{BEP(Q)}{Q_d}$。其中，$BEP(Q)$

$$= \frac{C_f}{P-C_u-T_u} \quad BEP\% = \frac{BEP(Q)}{Q_d} = \frac{C_f}{Q_d(P-C_u-T_u)} = \frac{280}{3\times(300-150-3)} = 63.49\%$$

33.【2021】某方案设计生产能力为 1000 万吨/年，预计达产年的单位产品售价 2000 元/吨，产品税金及附加 100 元/吨（不含增值税），可变成本 900 元/吨，年总固定成本 600000 万元，以上成本及售价等均不考虑增值税，该方案以产品价格表示的盈亏平衡点为（　　）元/吨。

A. 1580   B. 1600   C. 1590   D. 1610

【答案】B

【解析】本题考查盈亏平衡点的计算，是高频考点。

价格表示的盈亏平衡点：$P = \frac{C_f}{Q_d} + C_u + T_u = \frac{600000}{1000} + 900 + 100 = 1600$ 元/吨。

考点2　敏感性分析★★★★★

◆敏感性分析类型

（1）单因素敏感性分析；（2）多因素敏感性分析。

★单因素敏感性分析的步骤（掌握）

① 确定分析指标；
② 选择需要分析的不确定性因素（选择主要的）；
③ 分析前两者的变化幅度；
④ 确定敏感因素（S_{AF} 及临界点）；
⑤ 选择方案。

◆选择方案

如果进行敏感性分析的目的是对不同的项目进行选择，一般应选择：

（1）敏感程度小；

（2）承受风险能力强；

（3）可靠性大的项目或方案（S_{AF} 的绝对值小的）。

★敏感度系数（S_{AF}）

S_{AF} 为评价指标 A 的相应变化率与不确定因素 F 的变化率的比值（掌握）

① $S_{AF}>0$，评价指标与不确定因素同方向变化；

② $S_{AF}<0$，评价指标与不确定因素反方向变化；

③ S_{AF} 绝对值越大，指标 A 对不确定因素 F 越敏感

★单因素敏感性分析示意图（掌握）

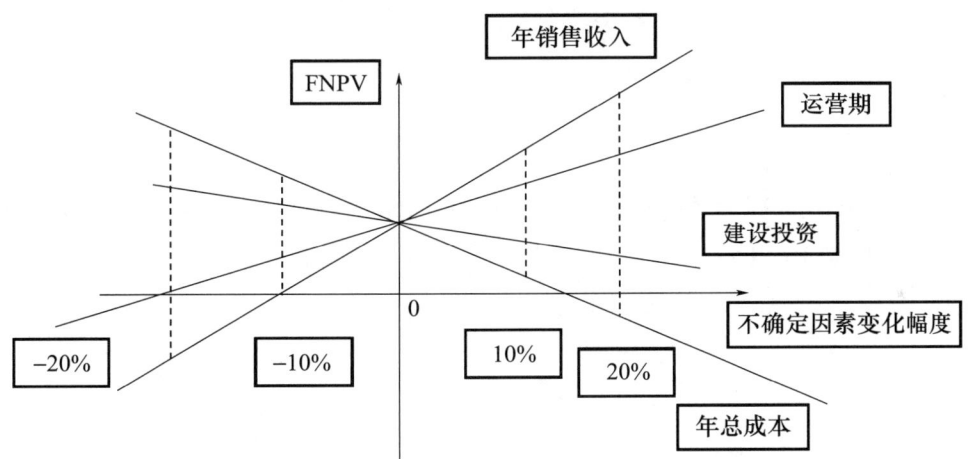

◆临界点

定义：是指技术方案允许不确定因素向不利方向变化的极限值。超过极限，技术方案的经济效果指标将不可行。

★上图两点结论

① 斜率等于敏感度系数 S_{AF}（直线越平缓表示抗风险能力越强，反之越弱）；

② 直线与横轴（注意：FNPV 做评价指标）的交点代表临界点（临界点绝对值越大表示抗风险能力越强，反之越弱）

◆敏感性分析的局限性

敏感性分析虽然可以找出方案分析指标对之敏感的不确定因素，并估计其对方案分析指标的影响程度，却并不能得知这些影响发生的可能性有多大，还要借助概率分析等方法

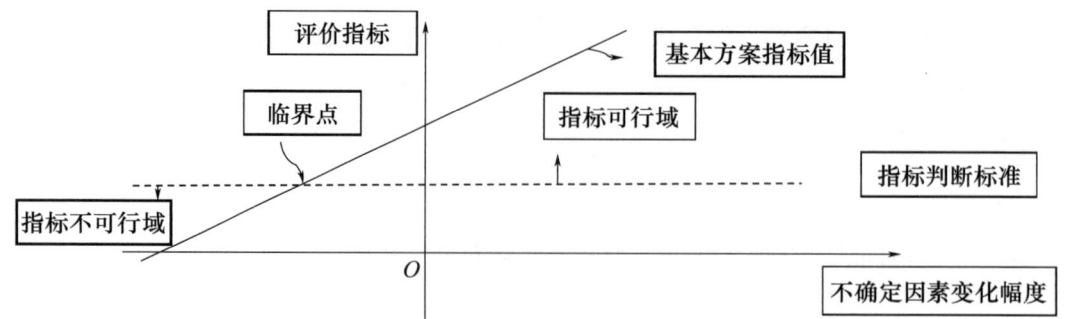

34.【2023】关于投资项目敏感性分析中临界点的说法，正确的是（   ）。

A. 临界点是不确定因素变化使项目由可行转为不可行的临界数值

B. 随着设定的投资项目基准收益率提高，临界点也会变高

C. 利用临界点判别敏感因素的方法是一种相对测定法

D. 通过敏感性分析图可以直接得到临界点的准确值

【答案】A

【解析】本题考查对敏感性分析中临界点的理解，是高频考点。

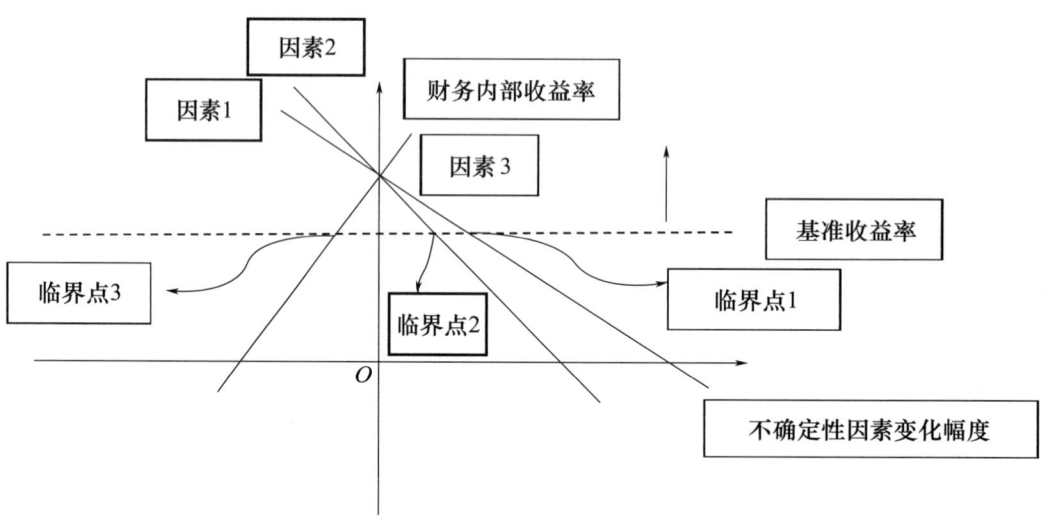

A 选项正确，根据临界点的定义，临界点是指技术方案允许不确定因素向不利方向变化的极限值。超过极限，技术方案的经济效果指标将不可行。

B 选项错误，参考上图，基准收益率提高，临界点会降低。

C 选项错误，临界点可用临界点百分比（相对测定）或临界值（绝对测定）分别表示某一变量的变化达到一定百分比或者一定数值时，技术方案的经济指标将从可行转变为不可行。

D 选项错误，临界点可用专用软件的财务函数计算，也可由敏感性分析图直接求解得近似值。

35.【2022】关于技术方案敏感性分析的说法，正确的是（　　）。

A. 不确定因素的临界点越低，该因素对技术方案的评价指标影响越小

B. 敏感性分析可以通过计算敏感度系数和临界点确定敏感因素

C. 敏感度系数大于零，表示评价指标与不确定因素反方向变化

D. 敏感度系数的绝对值越大，表明评价指标对于不确定因素越不敏感

【答案】B

【解析】本题考查敏感性分析，是高频考点。

A 选项错误，不确定因素的临界点（绝对值）越低，该因素对技术方案的评价指标影响越大；

C 选项错误，敏感度系数大于零，表示评价指标与不确定因素同方向变化；

D 选项错误，敏感度系数的绝对值越大，表明评价指标对于不确定因素越敏感。

36.【2021】已知某投资方案财务内部收益率（FIRR）为 10%，现选择 4 个影响因素分别进行单因素敏感性分析，计算结果如下：当产品价格上涨 10%时，FIRR＝11.0%；当原材料价格上涨 10%时 FIRR＝9.5%；当建设投资上涨 10%时，FIRR＝9.0%，当人民币汇率上涨 10%时，FIRR＝8.8%。根据上述条件判断，最敏感的因素是（　　）。

A. 建设投资　　　　　　　　　　B. 原材料价格

C. 人民币汇率　　　　　　　　　D. 产品价格

【答案】C

【解析】本题考查单因素敏感性分析的过程及感度系数的含义，是高频考点。

单因素敏感性分析是对单一不确定因素变化对技术方案经济效果的影响进行分析，即假设各个不确定因素之间相互独立，每次只考查一个因素变动，其他因素保持不变，以分析这个可变因素对经济效果评价指标的影响程度和敏感程度。

敏感性分析的目的在于寻求敏感因素，可以通过计算敏感度系数和临界点来判断。敏感度系数表示技术方案经济效果评价指标对不确定因素的敏感程度，敏感度系数 S_{AF} 为评价指标 A 的相应变化率（%）与不确定因素 F 的变化率（%）的比值。敏感度系数的绝对值越大，表示该敏感性因素就越敏感。经计算，产品价格、原材料、建设投资、人民币汇率四个不确定性因素的敏感度系数分别为 1、−0.5、−1、−1.2，最敏感的不确定性因素是绝对值最大的人民币汇率。

37.【2020】某方案单因素敏感性分析示意图如下图。根据该图，可以得出的结论有（　　）。

A. 销售价格的临界点小于 10%　　　B. 原材料成本比建设投资更敏感

C. 建设投资的临界点大于 10%　　　D. 销售价格是最敏感的因素

E. 建设投资比销售价格更敏感

【答案】ACD

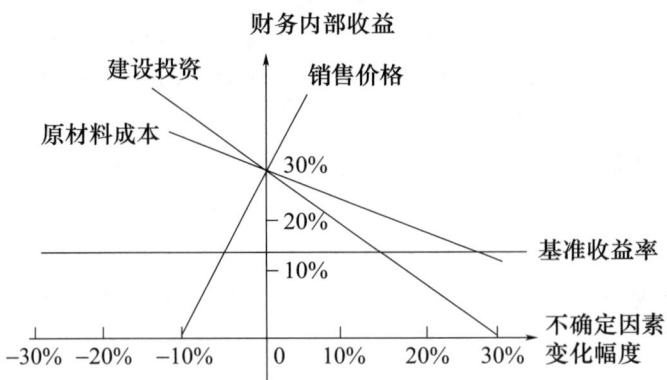

【解析】本题考查单因素敏感性分析示意图的理解，具有一定难度。

题目中的图形纵轴上的指标，代表敏感性分析第一步选择的分析指标是内部收益率FIRR，坐标系中三条倾斜的直线旁边的"原材料成本""建设投资""销售价格"是敏感性分析中的第二步。这张图给出的信息是对一个方案进行敏感性分析，选择内部收益率作为分析指标，分别选择了"原材料成本""建设投资""销售价格"三个不确定性因素，分析其对内部收益率的影响程度。根据内部收益率指标的判别准则，$FIRR \geq i_c$的方案可行，所以图形中i_c的这条水平线应该是判别临界点位置的标准。单因素敏感性分析示意图形的两点结论如下：

（1）图形中不确定性因素线的斜率等于敏感度系数S_{AF}（直线越平缓表示抗风险能力越强）。

（2）直线与基准收益率水平线的交点代表临界点（临界点绝对值越大表示抗风险能力越强）。

A选项正确，因为销售价格直线与基准收益率直线的交点即临界点，小于10%；

B选项错误，因为原材料成本直线比建设投资直线平缓，即原材料成本没有建设投资对内部收益率敏感；

C选项正确，建设投资线与基准收益率的交点为临界点，图形中大于10%；

D选项正确，销售价格线最陡峭，因此最敏感；

E选项错误，建设投资线比销售价格线平缓，因此根据越陡峭越敏感的结论，不确定因素销售价格比建设投资对内部收益率指标更敏感。

38.【2020】关于技术方案不确定因素临界点的说法，正确的是（ ）。

A. 若基准收益率固定，某不确定因素的临界点百分比越小，说明方案对该因素就越敏感

B. 对同一个技术方案，随着基准收益率的提高，临界点也会变高

C. 不确定因素临界点的高低，不能作为判定风险的依据

D. 临界点是客观存在的，与设定的指标判断标准无关

【答案】A

【解析】本题考查临界点概念的理解。

临界点这个概念有些抽象。结合上文的"单因素敏敏感性分析示意图"理解临界点更

直观,在"单因素敏敏感性分析示意图"中,临界点一般为不确定因素直线与判别标准(更准确地说是评价指标判别准则成立的最低下限,比如指标是 FNPV,根据 FNPV≥0 的要求,横轴就是 FNPV=0 的水平线;若评价指标为内部收益率,根据 FIRR≥i_c 的要求,判别标准应为 i_c 水平对应的横线)的交点。这个交点可以为正,也可以为负,交点的绝对值越大,对应的直线就越平缓,不确定因素对评价指标就越不敏感;反之,就越敏感。

A 选项正确,临界点可以用临界点百分比或临界值两种表示方法,临界点百分比越小意味着在"单因素敏敏感性分析示意图"中直线就越陡峭,评价指标对该因素就越敏感。

B 选项错误,若敏感性分析选择 FIRR,此时"单因素敏敏感性分析示意图"中判别标准应为 i_c 水平线,若基准收益率 i_c 提高,临界点对应的绝对值应当减小。

C 选项错误,不确定因素临界点的高低,直接影响"单因素敏感性分析示意图"中直线的陡峭和平缓程度,直线越陡峭,不确定因素对分析指标就越敏感。

D 选项错误,临界点的高低与设定的判别标准直接相关,此选项的理解可以参见 B 选项的解析。

第4章 设备更新分析

考点1 设备磨损与补偿

◆设备磨损

设备磨损分为三种类型：（1）有形磨损；（2）无形磨损；（3）综合磨损。

（1）有形磨损	① 外力作用产生的磨损（用的），属于可消除有形磨损
	② 自然力产生的磨损（放的），属于不可消除有形磨损
（2）无形磨损（技术进步造成）	① 技术进步，设备成本下降以致市场价格下降，导致贬值
	② 技术进步出现更先进的设备，导致贬值
（3）综合磨损	设备的综合磨损是指设备同时存在有形磨损和无形磨损的情况

39.【2021】 下列设备磨损情形中，属于无形磨损的有（　　）。
A. 设备使用过程中产生的变形　　　　B. 技术进步导致设备贬值
C. 设备闲置过程中遭受腐蚀　　　　　D. 制造工艺改进导致设备降价
E. 自然力作用时设备构件老化

【答案】BD

【解析】本题考查磨损类型，是高频考点。
A 选项错误，设备使用过程中产生的变形属于有形磨损第①种；
B 选项正确，技术进步导致设备贬值属于无形磨损；
C 选项错误，设备闲置过程中遭受腐蚀属于有形磨损第②种；
D 选项正确，制造工艺改进导致设备降价属于无形磨损第①种；
E 选项错误，自然力作用时设备构件老化属于有形磨损第②种。

◆补偿方式

补偿分局部补偿和完全补偿，设备有形磨损的局部补偿是修理，设备无形磨损的局部补偿是现代化改装。有形磨损和无形磨损的完全补偿是更新。

确定恰当的补偿方式	① 对于材料和能耗等消耗高、性能差、使用操作条件不好、对环境污染严重的设备，应当用较先进的设备更新
	② 对整机性能尚可，有局部缺陷，个别技术经济指标落后的设备，应选择吸收新技术，不断地加以改造和现代化改装

续表

确定恰当的补偿方式	③ 若设备磨损主要是有形磨损所致，在磨损较轻时可以通过修理进行补偿
	④ 若设备有形磨损较严重，需花费较高的修复费用，则应对其进行经济分析比较，以确定恰当的补偿方式
	⑤ 若设备磨损太严重而无法修复，或虽然修复但其精度仍达不到要求的，则应该采取更新补偿方式
	⑥ 若设备磨损主要由无形磨损所致，则应采取现代化改装或全部更换

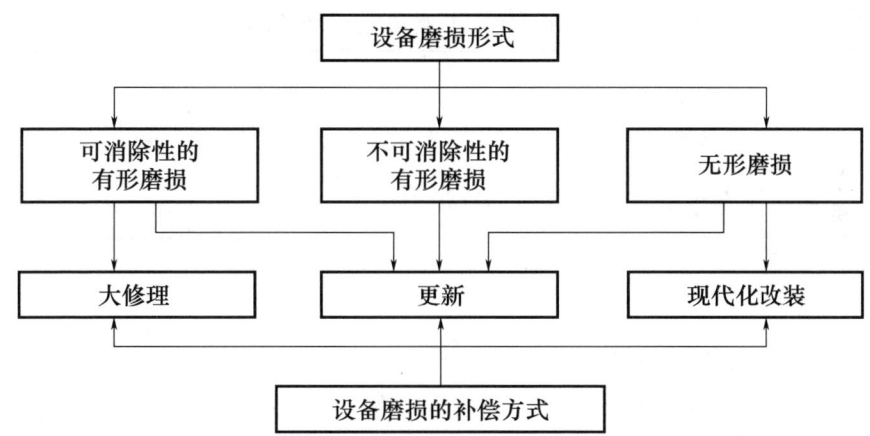

40.【2023】 企业现有设备出现第一种无形磨损时对设备及其管理产生的影响是（　　）。
A. 需要更换磨损的零部件　　　　　　B. 需要提前更换现有设备
C. 导致现有设备原始价值贬值　　　　D. 导致现有设备折旧增加

【答案】C

【解析】本题考查磨损类型，是高频考点。

无形磨损是由于社会经济环境的变化造成的设备价值贬值，是技术进步的结果。无形磨损分两种：

① 技术进步，设备成本下降以致现有设备市场价格下降，即现有设备原始价值部分贬值，但设备本身的技术性能和使用价值没有发生变化，不会影响现有设备的使用，不产生提前更换现有设备的问题

② 技术进步出现更先进的设备，导致原有设备经济效益相对降低而发生贬值。这种磨损由于技术上出现更先进的技术设备使原有设备的使用价值局部或全部丧失，就产生了是否用新设备替代陈旧设备的问题

故选择 C 选项。

考点 2 设备经济寿命确定

◆设备寿命

（1）自然寿命；（2）技术寿命；（3）经济寿命（掌握）。

（1）自然寿命	物质寿命，用到报废的时间，是由有形磨损所决定的；自然寿命不能成为设备更新的主要决策依据
（2）技术寿命	技术寿命：有效寿命，用到技术淘汰的时间，是由无形磨损决定的
★（3）经济寿命	是设备继续使用在经济上不合理的时间，由有形磨损和无形磨损共同决定；经济寿命是由维护费用的提高和使用价值的降低决定的

◆经济寿命第一种算法

静态模式下设备经济寿命的确定方法——在不考虑资金时间价值的基础上计算设备年平均使用成本 $\overline{C}_N$ 最小时对应的年限为设备的经济寿命。

$$\overline{C}_N = \frac{P - L_N}{N} + \frac{1}{N}\sum_{t=1}^{N} C_t$$

式中 $\overline{C}_N$ ——N 年内设备的年平均使用成本；

　　　P——设备目前实际价值；

　　　C_t——第 t 年的设备运行成本；

　　　L_N——N 年末设备的残值

如下图所示，N_0 就是经济寿命。

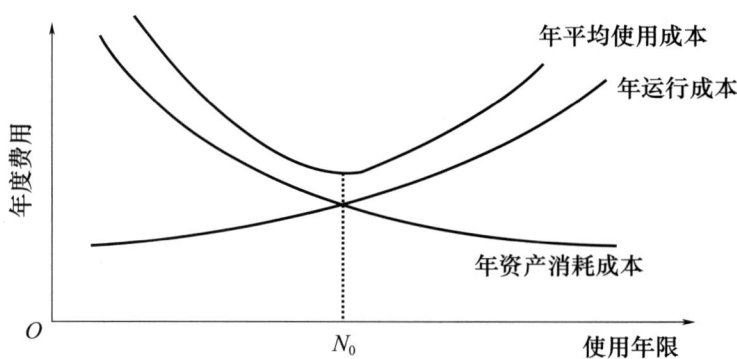

◆经济寿命的第二种算法：套公式
◆设备经济寿命的确定原则

（1）使设备在经济寿命内平均每年净收益（纯利润）达到最大；
（2）使设备在经济寿命内一次性投资和各种经营费总和达到最小

$$N_0 = \sqrt{\frac{2(P-L_N)}{\lambda}}$$

式中 N_0——设备的经济寿命；
  λ——设备的低劣化值。

41.【2020】某设备目前实际价值为 30000 元，有关资料如下表所示，则该设备的经济寿命为（   ）年。

继续使用年限（年）	1	2	3	4	5	6	7
年末净残值（元）	15000	7500	3750	3000	2000	900	600
年运行成本（元）	5000	6000	7000	9000	11500	14000	18200
年平均使用成本（元）	20000	16750	14750	13500	13300	13600	14300

A. 3　　　　　B. 4　　　　　C. 5　　　　　D. 6

【答案】C

【解析】本题考查经济寿命的第一种确定方法，是高频考点。

经济寿命在本节内容中有两种算法：一种是结合"设备年度费用曲线"理解经济寿命，经济寿命是图形中最高的那条曲线"年平均使用成本"的最小值处对应的年限，在本题中为 5 年；另一种计算经济寿命的方法是套经济寿命的计算公式。本题考查的是经济寿命的第一种方法，故选择 C 选项。

考点3　设备更新方案经济分析

◆更新属于完全补偿，分为原型设备更新和新型设备更新

1. 原型设备更新	更新时机在原设备经济寿命期结束	
2. 新型设备更新	（1）无限期情况下的设备更新分析步骤	① 分别计算新、旧设备的经济寿命
		② 比较寿命期内新旧设备的平均使用成本（AC）：若 $\overline{AC}_{旧} > \overline{AC}_{新}$，则更新；否则，不更新
		③（何时更新？）连续计算旧设备的边际成本（MC），与新设备的平均成本（AC）比较。若 n 年 $MC_{旧} > \overline{AC}_{新}$，则在 n 年年初或（$n-1$）年年末更新
	（2）有限研究期的设备更新（建立共同研究期，根据总成本做出选择）	

★设备更新比选原则

① 设备更新分析只考虑未来发生的现金流量（不考虑沉没成本）；
② 设备更新分析应站在咨询者（第三方）的视角分析问题（客观立场）；
③ 设备更新分析以费用年值法为主

◆沉没成本

概念：既有企业过去投资决策发生的、非现在决策能改变（或不受现在决策影响）、已经计入过去投资费用回收计划的费用。（花掉一笔收不回来的钱）

★沉没成本=设备账面价值-当前市场价值=（设备原值-历年折旧费）-当前市场价值

42.【2023】 某设备原值9万元，累计已提折旧3万元，现在市场价值4万元，若此对进行设备更新分析，则其沉没成本为（   ）万元。

A. 2　　　　　　　　　　　　　　　B. 3
C. 4　　　　　　　　　　　　　　　D. 5

【答案】A

【解析】本题考查沉没成本的组成，是高频考点。

沉没成本是既有企业过去投资决策发生的、非现在决策能改变（或不受现在决策影响）、已经计入过去投资费用回收计划的费用。

沉没成本=设备账面价值-当前市场价值=（设备原值-历年折旧费）-当前市场价值=（9-3）-4=2万元，选择A选项。

43.【2022】 某公司5年前购置一台设备，原价为10万元，因环保要求需更换，目前该设备的账面价值为5万元，市场价为4万元，则设备更新决策时的沉没成本是（   ）元。

A. 6　　　　B. 1　　　　C. 5　　　　D. 4

【答案】B

【解析】本题考查沉没成本的含义，是高频考点。

沉没成本是过去企业投资决策发生的，非现在决策能改变（或不受现在决策影响），已经计入过去投资费用回收计划的费用。由于沉没成本是已经发生的费用，不管企业生产什么和生产多少，这项费用都不可避免地要发生，决策对其不起作用。在进行设备更新方案比选时，原设备的价值应按目前实际价值计算，而不考虑其沉没成本，即沉没成本=设备账面价值（设备原值-历年折旧费）-当前市场价值=5-4=1万元。

◆旧设备待更新时的市场价值（客观立场）

（1）与旧设备相关的价值概念	① 旧设备购置价值； ② 旧设备待更新时的账面价值； ③ 市场价值
（2）设备更新与决策中的两个概念	① 旧设备总投资额=新的投资支出+旧设备当前的市场价值； ② 旧设备的未收回价值=设备沉没成本（设备账面价值-当前市场价值）

44.【2024 新内容】某建筑公司准备购买一辆新挖掘装载机,价格为 18 万元,公司现有的挖掘装载机目前在市场上可以卖 10 万元。旧设备是 3 年前购置,目前的账面价值为 12 万元,为了使旧设备达到新设备的使用状态,需对其进行维修,预计费用 1 万元。第三方视角旧设备的投资额是( )万元。

1. 18　　　　　　B. 10　　　　　　C. 12　　　　　　D. 11

【答案】D

【解析】从第三方视角,继续使用旧设备的投资额就是其现在的市场价值加上为达到新设备的使用状态而对其升级维修的费用。因此,旧设备继续使用的全部投资额为 10+1 = 11 万元。

45.【2024 新内容】某建筑企业持有的设备于 10 年前购置,价格为 220 万元,预计可以使用 10 年,在第 10 年末预计净残值为 20 万元,年运行成本为 70 万元,目前市场转让价格为 80 万元。现在市场上同类设备的购置价格为 240 万元,预计可以使用 10 年,在第 10 年末预计净残值为 30 万元,年运行成本为 40 万元,已知基准收益率为 10%,两个方案( )个更优?

A. 继续使用 A 设备　　　　　　　　B. 购买新设备

【答案】B

【解析】根据设备更新不考虑沉没成本的原则,设备的原始购置价值 220 万元在 10 年前发生,对设备更新决策不会产生影响。从第三方视角分析,决策者现在可以用 80 万元购买旧设备,也可以用 240 万元购买新设备。需要注意的是:不能将旧设备的重置价 80 万元作为新设备的收入,因为这笔收入不是新设备本身带来的,不能将两个方案的现金流混淆。利用费用年值法进行两个方案的比较,各自的费用年值计算如下:

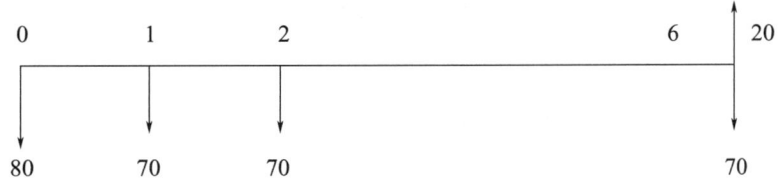

$AC_A = 80 \times (A/P, 10\%, 6) + 70 - 20 \times (A/F, 10\%, 6)$
　　　$= 80 \times 0.2296 + 70 - 20 \times 0.1296 = 85.78$ 万元

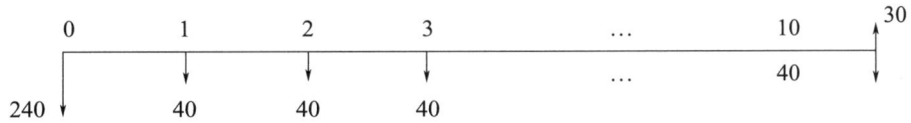

$AC_B = 240 \times (A/P, 10\%, 10) + 40 - 30 \times (A/F, 10\%, 10)$
　　　$= 240 \times 0.1627 \times 40 - 30 \times 0.0627 = 77.17$ 万元

因为 $AC_A > AC_B$,则购买新设备的方案较优。

考点 4 设备租赁方案经济分析 ★★★★

◆ 设备租赁

（1）经营租赁	① 短期、可撤销、租金高； ② 适用于技术进步快、用途广泛、使用具有季节性的设备； ③ 出租人承担设备维修保养； ④ 租赁费可以抵扣纳税基础	
（2）融资租赁	① 不可撤销性、周期长（租赁期相当于寿命期）； ② 适用于大型设备、专有技术设备； ③ 出租人对设备的维修保养等不承担责任； ④ 资产本身价值计提的折旧可以抵扣纳税基数	

★ 租赁的优缺点

租赁的优点	租赁的缺点
① 节省设备投资； ② 加快设备更新速度； ③ 提高设备的利用率； ④ 租金所得税前扣除，享受税费上利益； ⑤ 保持资金流动，不会使企业资产状况恶化； ⑥ 可避免通货膨胀和利率冲击，减小投资风险	① 无所有权，不能对设备进行技术改造或处置（担保抵押）； ② 资金成本高（长期）； ③ 租赁合同规定严格，毁约罚款多

46.【2021】 关于设备融资租赁的说法，正确的是（　　）。
A. 租赁期的设备租金总额低于直接购置设备的费用
B. 租赁容易导致承租人资产负债状况恶化
C. 租赁期间承租人可以将租用设备用于抵押贷款
D. 设备融资租赁的租期通常较长

【答案】D

【解析】本题考查租赁的优缺点。

租赁可以分为经营租赁和融资租赁两种。经营租赁的目的是取得经营活动所需要的短期使用的资产，而融资租赁的目的是取得拥有长期资产所需要的资金。典型的融资租赁是指长期的、完全补偿的、不可撤销的、由承租人负责维护的租赁。融资租赁的主要外部特征是租期长。

A 选项错误，承租人在租赁期间所交的租金总额一般比直接购买设备的费用高（参见缺点②）。

B 选项错误，可保持资金的流动状态，防止呆滞，也不会使企业的资产负债状况恶化（参见优点③）。

C 选项错误，租赁期间承租人对租赁设备无所有权，只有使用权，故承租人无权随意对设备进行改造，不能处置设备，也不能用于担保、抵押贷款（参照不足①）。

★设备租赁费

设备租赁费组成	① 租赁保证金（期满退还或抵扣最后仪器租金）； ② 担保费（支付给担保人）； ③ 租金

◆租金的计算主要有附加率法、年金法（参见等值计算）

★附加率法	$R = P \times \dfrac{(1+N \times i)}{N} + P \times r = \dfrac{P}{N} + P \times (i+r)$ 式中　R——租金； 　　　P——租赁资产价格； 　　　N——租赁期限； 　　　i——与租赁期数相应的利率； 　　　r——附加费率

47.【2023】 采用附加率法估算租赁设备租金时，影响每期租金的因素有（　　）。

A. 租赁设备的价格　　B. 租赁期数　　C. 与租赁期数相对应的利率
D. 出租方的股权结构　　E. 承租方的资金来源

【答案】ABC

【解析】本题考查租金计算方法中的附加费率法，是高频考点。

附加费率计算租金的公式为 $R = \dfrac{P}{N} + P \times (i+r)$，公式中影响租金的因素有 P（租赁资产价格）、N（租赁期数）、i（与租赁期数相应的利率）、r（附加费率）。故选择 A、B、C 选项。

48.【2022】 某施工企业以经营租赁方式租入一台设备，租赁保证金 2 万元，担保费 5 万元，年租金 10 万元，预计租赁设备年运行成本 10 万元，其中原材料消耗 2 万元，则设备第一年的租赁费是（　　）。

A. 19　　　　B. 17　　　　C. 20　　　　D. 27

【答案】B

【解析】本题考查租赁费的组成。

采用经营租赁的方案，租赁费可以直接计入成本，为了与设备购置方案具有可比性，将租赁费从经营成本中分离出来。在设备租赁方案的现金流量表中，租赁费主要包括租赁保证金、租金、担保费。本题中，租赁费 = 2+5+10 = 17 万元。

49.【2020】 某施工企业计划租赁一台设备，价格为 240 万元，寿命期 10 年，租期 8 年，每年年末支付租金，折现率为 8%，附加率为 3%，采用附加率法计算，每年需支付的租金为（　　）万元。

A. 33.0　　　　B. 50.4　　　　C. 56.4　　　　D. 61.2

【答案】C

【解析】本题考查附加费率法租金的计算,是高频的考点。

解题思路是直接套公式。$R = P \times [(1+N \times i)/N] + P \times r = P/N + P \times (i+r) = 240/8 + 240 \times (8\%+3\%) = 56.4$ 万元,故选择 C 选项。

◆ 设备租赁与购买方案的比较(选择效益最大或成本较小的方案)

设备带来的收入相同时比较租赁费和购置费	设备寿命相同时:采用净现值法
	设备寿命不同时:采用年值法

50.【2024 新内容】某企业急需更新某种设备,其购置费为 450000 元,使用寿命为 5 年,期末净残值为 45000 元。该种设备也可租到,每年租赁费为 120000 元,所得税税率为 25%,年末纳税。折旧采用直线法,基准收益率为 10%。若购买设备,资金全部为借款,借款利率为 8%,每年支付利息,到期还本,借款期和设备使用寿命均为 5 年。根据以上条件,该种设备企业应该采用( )方案合适。

A. 租新设备　　　　　　　　　　　　B. 购买新设备

【答案】B

【解析】设备租赁方案的费用现值:

$PC_R = 120000 \times (P/A, 10\%, 5) - 0.25 \times 120000 \times (P/A, 10\%, 5)$
$= 120000 \times 3.7908 - 0.25 \times 120000 \times 3.7908 = 341172$ 元

设备购买方案的费用现值:

年折旧费 = (450000 − 45000) ÷ 5 = 81000 元

借款年利息 = 450000 × 8% = 36000 元

$PC_B = 450000 - 0.25 \times 81000 \times (P/A, 10\%, 5) - 0.25 \times 36000 \times (P/A, 10\%, 5)$
$= 450000 - 0.25 \times 81000 \times 3.7908 - 0.25 \times 36000 \times 3.7908 = 339119.1$ 元

$PC_B < PC_R$,则应选择购买新设备的方案。

第5章 价值工程

考点1 价值工程原理

◆**价值工程**——通过各相关领域的协作，对研究对象的功能和费用进行系统分析，持续创新，旨在提高研究对象价值的一种管理思想和管理技术

（1）价值工程对象——产品、过程、服务

（2）理论公式：

$$V=\frac{F}{C}$$

式中　V——价值；
　　　F——对象的功能；
　　　C——寿命周期成本（获得所有权/使用权的成本+保证功能发挥的成本）

（3）"工程"是指为提高对象价值所进行的一系列活动。

◆**提高价值的途径**

★提高价值的途径	① 双向型：F增，C减	途径选择原则：
	② 改进型：F增，C不变	① 功能调整以顾客（用户）需求为依据；
	③ 节约型：F不变，C变小	② 着眼于提升用户体验背后的商业价值；
	④ 投资型：F大提高，C小提高	③ 从方案创新、替代方案选择和管理控制三方面寻求解决办法
	⑤ 牺牲型：F略下降，C大幅下降	

51.【2021】运用价值工程原理提高产品价值的途径有（　　）。

A. 通过采用新方案，既提高产品功能，又降低产品成本

B. 通过设计优化，在产品成本不变的前提下，提高产品功能

C. 在保证产品功能不变的前提下，通过组织管理措施降低产品成本

D. 适当增加产品成本，同时大幅度提高产品功能和适用性

E. 采用新材料保证产品功能不变的前提下，成本略有增加

【答案】**ABCD**

【解析】本题考查提高价值的五种途径，是高频考点。

A选项正确，通过采用新方案，既提高产品功能，又降低产品成本，属于五种途径中的双向型。

B 选项正确，通过设计优化，在产品成本不变的前提下，提高产品功能，属于五种途径中的改进型。

C 选项正确，在保证产品功能不变的前提下，通过组织管理措施降低产品成本，属于五种途径中的节约型。

D 选项正确，适当增加产品成本，同时大幅度提高产品功能和适用性，属于五种途径中的投资型。

E 选项错误，采用新材料保证产品功能不变的前提下，成本略有增加，不能提高价值，实则降低了价值。

52.【2021】对于建设工程，利用价值工程原理提高技术方案经济效果最佳的阶段是（ ）。

A. 选项生产与销售阶段
B. 选项规划与设计阶段
C. 选项使用与报废阶段
D. 选项生产与使用阶段

【答案】B

【解析】本题考查价值和含义及其与其他管理技术的区别。

价值工程是一门管理技术，又不同于一般的工业工程和全面的质量管理技术。诞生于 20 世纪初的工业工程，着重于研究作业、工序、时间等从材料到工艺流程等问题，这种管理技术主要是降低加工费用。20 世纪 20 年代创始的全面质量管理，其特点是按照设计图纸把产品制造出来，是从结果分析问题原因、帮助消除不良产品的一种管理技术。而价值工程改变过去以物品或结构为中心的思考方法，着眼于产品生产之前的规划和设计阶段，从成品的功能出发，在设计过程中重新审核设计图纸，对产品做设计改进，设计出价值更高的产品。由于它冲破了原来设计图纸的界限，故能大幅度降低成本。因此，利用价值工程原理提高技术方案经济效果最佳的阶段是生产前的规划与设计阶段。

◆ 价值工程的特点

价值工程的特点	1. 价值工程能有效实现对象技术和经济的结合
	2. 价值工程基于用户/顾客（消费者）视角解决问题
	3. 价值工程的目标是提高对象的价值
	4. 价值工程活动的核心是功能的分析
	5. 价值工程强调技术方案创新
	6. 价值工程需要进行量化分析
	7. 价值工程是一种有组织的管理活动

53.【2022】下列有关价值工程的特点，说法正确的是（ ）。

A. 价值工程的核心是对产品进行功能分析
B. 价值工程分析产品是在分析它的结构、材质基础上，再去分析它的功能

C. 价值工程追求最低的成本水平

D. 价值工程要求将功能定量化，即将功能转化为能够与成本直接相比的量化价值

E. 价值功能是以集体智慧开展的有计划、有组织、有领导的管理活动

【答案】ADE

【解析】本题考查价值工程的特点，是高频考点。

B 选项错误，价值工程不同于一般的工业工程和全面质量管理技术，其改变了过去以物品或结构为中心的思考方法，从产品的功能出发，在设计过程中重新审核设计图纸，对产品做设计改进，把与用户需求无关的构配件消除掉，更改具有过剩功能的材质和构配件，设计出价值更高的产品。由于它冲破了原来设计图纸的界限，能够大幅度地降低成本。

C 选项错误，价值工程的目标是要以最低的寿命周期成本，使产品具备它必须具备的功能。

工程产品的寿命周期成本与其功能是辩证统一的关系：寿命周期成本降低，不仅关系到生产企业的利益，同时也满足用户的要求并与社会节约程度密切相关。因此，价值工程活动应贯穿于生产和使用的全过程，兼顾生产者和用户的利益，以获得最佳的社会综合效益。

考点2　价值工程实施步骤

◆ 价值工程的一般工作程序

阶段	步骤	工作说明
准备阶段	1. 对象选择	根据客观需要选择价值工程的对象并明确目标、限制条件和分析范围
	2. 组成价值工作组	确定价值工程项目活动的参与者组成具有内部分工和职责划分的团队
	3. 制定工作计划	工作组应制定具体的工作计划
分析阶段	4. 收集整理信息资料	由工作组负责收集整理与对象有关的信息资料
	5. 功能分析	通过分析信息资料，用动词和名词的组合简明、正确地表述各对象的功能，明确功能特性要求并绘制功能系统图
	6. 功能评价	确定功能的目标成本
创新阶段	7. 方案创新	针对应改进的具体目标提出新方案
	8. 方案评价	评价所提出的各种方案并从中选择最佳方案
	9. 提案编写	将选出的方案及有关的技术经济资料、预测的效益编写成正式的提案
实施阶段	10. 审批	对提案组织审查并根据审查结果决定是否实施
	11. 实施与检查	制定实施计划并组织实施，记录实施过程的有关数据资料
	12. 成果鉴定	根据提案实施后的技术经济效果，进行成果鉴定

◆ 价值工程的分析阶段要点

分析阶段	收集整理信息资料	消费者信息、市场信息、技术信息、成本费用信息等	
	功能分析	功能分类	① 基本功能和辅助功能
			② 使用功能和品位功能（贵重功能、美学功能、外观功能、欣赏功能）
			③ 必要功能和不必要功能
			④ 不足功能和过剩功能
		功能分析基本过程	① 功能定义——采用"动词"+"名词"的形式表述功能（允许增加一个"形容词"）
			② 功能整理——通常使用功能系统图（FAST图），上位功能在左，下位功能在右
			③ 功能计量——以具体数量指标表示；以等级表示；以强制确定的量化方法表示
	功能评价	确定功能的目标成本	① 确定功能评价值
			② 计算功能目前成本
			③ 确定需要改进的功能区域和功能区域的目标成本

◆ 功能评价方法要点

功能评价	确定功能的目标成本	① 确定功能评价值	Ⅰ 确定对象初始目标成本（通过估算或对比国内外先进水平）
			Ⅱ 分解对象总成本至对象各功能区域
		② 计算功能目前成本——按对象组成划分的成本分解后转换为功能成本	
		③ 确定需要改进的功能区域和功能区域的目标成本	Ⅰ 确定改进功能区域——计算 V 值并加以判断
			Ⅱ 确定功能区域目标成本（V<1 的区域寻找替代方案，降低成本，提高价值；V>1 的区域重新功能评价）

◆ V 的含义

1. $V=1$，功能和成本匹配理想，一般无须改进	
2. $V<1$，需要改进（功能目前成本大于目标成本）	① 存在过剩功能
	② 功能虽无过剩，但实现功能的条件或方法不佳
3. $V>1$，分情况处理	① 功能评估值过高——重新进行功能评价
	② 企业特有的资源、优势，实现了低投入——保持优势
	③ 外部因素影响，导致企业投入减少——维持现状

◆ 最优方案的确定——选择 V 值较大的方案

54.【2022】工程产品中，从设计方面优先作为价值工程研究对象的是（ ）。
A. 结构复杂、性能和技术指标较差的工程产品
B. 用户意见少且竞争力较强的工程产品
C. 成本较低或占总成本比重较小的工程产品
D. 工艺简单、原材料能耗较低、质量有一定保障的工程产品

【答案】A

【解析】本题考查价值工程的工作程序。

价值工程工作程序中的第一步是工作对象选择，一般来说，从以下几方面考虑价值工程对象的选择：

① 从设计方面看，对结构复杂、性能和技术指标差、体积和重量大的工程产品进行价值工程活动，可使工程产品结构、性能、技术水平得到优化，从而提高工程产品价值。

② 从施工生产方面看，对量大面广、工序烦琐、工艺复杂、原材料和能源消耗高、质量难以保证的工程产品进行价值工程活动，可以最低的寿命周期成本可靠地实现必要功能。

③ 从市场方面看，选择用户意见多和竞争力差的工程产品进行价值工程活动，以赢得消费者的认同，占领更大的市场份额。

④ 从成本方面看，选择成本高或成本比重大的工程产品进行价值工程活动，可降低工程产品成本。

55.【2021】某单位工程由甲、乙、丙和丁4个分部工程组成，相关数据如下表，运用价值工程原理判断，应作为优先改进对象的是（ ）。

项目	甲	乙	丙	丁
现实成本（万元）	1100	2350	1220	1630
目标成本（万元）	1000	2000	1230	1500
功能价值	0.909	0.851	1.008	0.92

A. 甲   B. 乙   C. 丙   D. 丁

【答案】B

【解析】本题考查价值工程中价值 V 的含义，是高频考点。

价值 $V=F/C$，当计算出的 $V<1$ 时，表示价值工程对象是需要进行改进的（$V=1$，价值最佳，无须改进；$V>1$，有三种可能，需要进一步分析），目标是使产品的每个构配件的价值系数尽可能趋近于1。题目中对于"优先改进对象"的理解就是要找甲、乙、丙、丁四个分部工程中 V 值小于1，而且最小的那个，乙的功能价值0.851，满足要求，故选择B选项。

56.【2020】在对甲、乙、丙、丁四项功能进行功能评价时，它们的成本改善期望值分别为 $\Delta C_甲 = -50$、$\Delta C_乙 = -30$、$\Delta C_丙 = 30$、$\Delta C_丁 = 50$，则优先改进的对象是（ ）。
A. 甲   B. 乙   C. 丙   D. 丁

【答案】 D

【解析】 本题考查价值工程功能评价程序中的对象改进范围。

本题要求选择"优先改进"的对象，首先在价值工程中，"改进"的含义需要价值 $V<1$；其次，"优先改进"，就需要选择 $V<1$ 而且最小的那个对象。另外，由于 $\Delta C = C - F$ 及 $V = F/C$，所以要选择 $\Delta C > 0$，而且数字最大的那个选项。故选择 D 选项。

第 2 篇　工程财务

第 6 章　财务会计基础

 **考点 1　会计要素组成及计量**

◆会计要素

根据《企业会计准则》，会计要素包括：

（1）资产——过去交易事项形成的、由企业拥有或者控制的、预期会给企业带来经济利益的资源	① ★流动资产——一年以内或一个营业周期以内到期、变现、耗用的资产，主要为交易目的而持有（包括货币资金、交易性金融资产、衍生金融资产、应收票据、应收账款、应收款项融资、预付款项、其他应收款、存货、合同资产、持有待售资产、一年内到期的非流动资产、其他流动资产） ② 非流动资产——变现期间或使用寿命超过一年或者超过一年的一个营业周期的资产（包括债权投资、其他债权投资、长期应收款、长期股权投资、其他权益工具投资、其他非流动金融资产、投资性房地产、固定资产、在建工程、生产性生物资产、油气资产、使用权资产、无形资产、开发支出、商誉、长期待摊费用、递延所得税资产、其他非流动资产）
（2）负债——过去交易事项形成的现实义务，履行该义务会导致经济利益流出企业	① ★流动负债——一年以内或超过一年的一个营业周期以内偿还的债务（包括短期借款、交易性金融负债、衍生金融负债、应付票据、应付账款、预收款项、合同负债、应付职工薪酬、应交税费、其他应付款、持有待售负债、一年内到期的非流动负债、其他流动负债） ② 非流动负债——超过一年或者超过一年的一个营业周期的债务（包括长期借款、应付债券、租赁负债、长期应付款、预计负债、递延收益、递延所得税负债、其他非流动负债）

47

(3) 所有者权益——企业资产扣除负债后由所有者享有的剩余权益（股东权益）	①实收资本（或股本）；②其他权益工具；③资本公积；④其他综合收益；⑤专项储备；⑥盈余公积；⑦未分配利润
（4）收入	日常经营活动中形成的，会导致所有者权益增加的，与所有者投入资本无关的经济利益的总流入
（5）费用	日常经济活动中所发生的，会导致所有者权益减少的，与所有者分配利润无关的经济利益的总流出
（6）利润	企业在一定会计期间的经营成果（包括收入减费用后的净额、直接计入当期利润的利得和损失等）

57.【2023】下列企业资产中，属于流动资产的是（　　）。

A. 交易性金融资产　　　　　　　　B. 在建工程
C. 投资性房地产　　　　　　　　　D. 债权投资

【答案】A

【解析】本题考查会计要素组成中流动资产的构成，是高频考点。

我国《企业会计准则》规定，会计要素包括资产、负债、所有者权益、收入、费用、利润。其中，资产按照流动性可以分为流动资产（短期资产）和非流动资产（长期资产）。流动资产包括：货币资金、交易性金融资产、衍生金融资产、应收票据、应收账款、应收款项融资、预付款项、其他应收款、存货、合同资产、持有待售资产、一年内到期的非流动资产、其他流动资产等。

B 选项在建工程，属于非流动资产。
C 选项投资性房地产，属于非流动资产。
D 选项债权投资，属于非流动资产。

★会计计量属性（决定会计要素计量的具体金额）

（1）历史成本	资产按照购置时（过去）发生的成本作为资产入账的金额计量
（2）重置成本	资产按照现在购买相同或相似的资产需支付的现金或现金等价物的金额计量
（3）可变现净值	资产按照其现在正常对外销售所能收到的现金的金额计量，扣减该资产至完工时估计将要发生的成本、估计的销售费用以及相关税费
（4）现值	资产按未来净现金流入的折现金额计量；负债按未来净现金流出的折现金额计量
（5）公允价值	买卖双方在公平交易的条件下、自愿情况下所确定的价格计量

58.【2022】 某企业 3 年前购置一台价值为 30 万元的设备,现在若以 20 万元卖出,卖出该设备需发生维修成本 2 万元,发生销售费用 1 万元,缴纳税金 0.5 万元,则该设备可变现净值为( )万元。

A. 18.5　　　　　　B. 19.5　　　　　　C. 20　　　　　　D. 16.5

【答案】D

【解析】本题考查会计的计量属性,是高频考点。

在可变现净值计量下,资产按照其正常对外销售所能得到的现金或者现金等价物的金额,扣减该资产至完工时估计将要发生的成本、估计的销售费用以及相关税费后的金额计量。因此,本题中的可变现净值=20-2-1-0.5=16.5 万元。

59.【2021】 某企业 2 年前 20 万元购买的一台设备,累计已计提折旧 4 万元,现在市场上购买同样的设备需要 15 万元,则在会计计量时该设备的历史成本和重置成本分别为( )。

A. 20 万元和 15 万元　　　　　　B. 16 万元和 11 万元
C. 16 万元和 15 万元　　　　　　D. 20 万元和 16 万元

【答案】A

【解析】本题考查会计的 5 种计量属性,是高频考点。

历史成本——资产按照购置时(过去)发生的成本作为资产入账的金额计量。

重置成本——资产按照现在购买相同或相似的资产需支付的金额计量。

根据题意,20 万元是 2 年前购买时发生的数字,属于历史成本;累计折旧计提 4 万元,现在的账面价值是 16 万元;现在市场上购买相同或者相似的资产需要的价值属于重置成本,这里是 15 万元。故选择 A 选项。

考点 2　财务会计工作的基本内容

◆财务会计内涵

财务会计内涵	① 会计的核算和监督是会计的基本职能; ② 会计关键环节包括确认、计量、记录和报告; ③ 会计信息具有综合性、连续性和系统性; ④ 财务会计报告主要向外部利害关系人提供信息

考点 3　会计假设与会计基础

◆会计的基本假设

(1) 会计主体	又称会计实体,强调的是会计为之服务的特定单位,不同于法律主体,界定会计的核算范围

续表

(2) 持续经营	假定每一个企业在可预见的未来不会面临破产和清算
(3) 会计分期	会计期间分为年度（日历年和营业年）和中期（季度、月度）
(4) 货币计量	企业应当以货币计量，我国通常选择人民币作为记账本位币

★会计的核算基础主要有两种

（1）权责发生制（应收应付制） （企业使用）	（2）收付实现制（实收实付制） （行政事业单位使用）
通俗的理解是，企业在确认一笔钱是不是这个时期的收入或者费用的时候，不是看这笔钱在这个时期是不是真的到账，而是看这笔钱在这个时期的权责是否发生转移（合同约定的事项有没有完成），只要权责发生转移，就确认收入或者费用；否则不确认。 特点：看事不看钱	特点：看钱不看事

60.【2005】 企业销售需要安装的商品时，若安装属于商品销售合同约定的卖方责任，则确认商品销售收入的时间是（　　）。

A. 购货方首次付款时　　　　　　　B. 收到最后一笔销售货款时
C. 商品运到并开始安装时　　　　　D. 商品安装完毕并检验合格时

【答案】D

【解析】本题考查权责发生制的含义，属于高频考点。

根据权责发生制，企业确认收入（或者费用）的时间应当是企业完成销售合同中规定义务（或者权利）的时刻，也就是权责发生转移的时刻。依据题目条件"安装属于商品销售合同约定的卖方责任"，则确认收入的时间应当是D选项。

61.【2018】 根据合同2013年1月收到业主应支付某施工单位的工程预付款40万元，实际在2013年2月支付到账，按合同要求建设单位于2013年4月在当月的进度款项中一次扣除了预付款，根据现行《企业会计准则》，施工企业应将该款项计入（　　）的收入。

A. 2013年1月　　　　　　　　　　B. 2013年3月
C. 2013年2月　　　　　　　　　　D. 2013年4月

【答案】D

【解析】本题考查权责发生制的含义，是高频考点。

会计核算的基础有两种——权责发生制和收付实现制，企业在进行会计核算时使用的是权责发生制。权责发生制要求企业确认收入（或者费用）的时间应当是企业完成销售合同中规定义务的时刻。预付款实质上是工程款，对应的权责转移关系应当是完成相应部分的工程施工内容，题目中"2013年4月在当月的进度款项中一次扣除了预付款"，结算进度款是按照已完工程量来计算的工程款,此时应当是对应的权责转移的时刻。所以选择 D 选项。

62.【2019】某公司今年 5 月发生以下现金流动:预付 6 月原材料 6000 元;本月销售收入 20000 元,但只收到 15000 元,支付 4 月应付账款 4000 元。根据权责发生制要求,今年 5 月该公司的利润表中结算的收入金额是(   )。

A. 5000 元 B. 10000 元
C. 15000 元 D. 20000 元

【答案】D

【解析】本题考查权责发生制的含义,是高频考点。

简单地说,权责发生制不是关注收了或付了多少钱,而是关注收了或付了多少钱的"事",因为赊销在企业交易中普遍存在。6000 元权责转移在 6 月;20000 元权责转移在 5 月;4000 元权责转移在 4 月。故选择 D 选项。

考点 4 会计核算过程与会计等式

◆会计的核算原则

会计核算原则	简要内容
1. 重要性原则	企业提供的会计信息应当反映与企业财务状况、经营成果和现金流量等有关的所有重要交易或者事项
2. 谨慎性原则	企业对交易或者事项应当保持应有的谨慎,不应高估资产或者收益、低估负债或者费用
3. 实质重于形式的原则	企业应当按照交易或者事项的经济实质进行会计确认、计量和报告,不应仅以交易或者事项的法律形式为依据
4. 可比性原则	同一企业不同时期发生的相同或者相似的交易或者事项,应当采用一致的会计政策;不同企业发生的相同或者相似的交易或者事项,应当采用规定的会计政策,确保会计信息口径一致,相互可比
5. 相关性原则	企业提供的会计信息应当与财务报告使用者的经济决策相关
6. 明晰性原则	企业提供的会计信息应当清晰明了,便于财务报告使用者理解和使用
7. 及时性原则	企业对已经发生的交易或者事项,应当及时进行确认、计量和报告,不得提前或者延后
8. 客观性原则	企业应当以实际发生的交易或者事项为依据进行会计确认、计量和报告

63.【2023】同一个企业在不同会计时期对于相同的交易或事项，应当采取统一会计政策；不得随意变更，表述属于（   ）的会计信息质量。

A. 可比性　　　　　　　　　　　　B. 相关性
C. 重要性　　　　　　　　　　　　D. 可靠性

【答案】A

【解析】本题考查会计的信息质量要求。

会计的信息质量要求中的可比性原则是指同一企业不同时期发生的相同或者相似的交易或者事项，应当采用一致的会计政策；不同企业发生的相同或者相似的交易或者事项，应当采用规定的会计政策，确保会计信息口径一致，相互可比。故选择A选项。

64.【2020】根据《企业会计准则》，企业对应收账款提取坏账准备，体现了会计核算的（   ）原则。

A. 配比　　　　B. 谨慎　　　　C. 权责发生制　　　　D. 重要性

【答案】B

【解析】本题考查会计的8项基本原则。

对应收账款提取坏账准备体现了企业"不高估资产或者收益"的谨慎性原则。谨慎性原则体现在很多方面：在资产方面，对于固定资产采用加速折旧以应对其大量的无形损耗；企业应当定期或至少每年年度终了全面检查各项资产，合理预计可能发生的损失计提减值准备，其中包括短期投资减值准备、长期投资减值准备、固定资产减值准备、无形资产减值准备、在建工程减值准备、委托贷款减值准备、坏账损失准备、存货跌价准备等；在物价上涨时，发出存货的计价方法选择后进先出法，物价下跌选择先进先出法等。

★ 会计等式及其应用

1. 资产	★资产=负债+所有者权益
2. 负债	静态会计等式，又称第一会计等式，反映企业在某一时点财务状况会计等式，是编制资产负债表的重要依据
3. 所有者权益	
4. 收入	★收入-费用=利润
5. 费用	动态会计等式，又称第二会计等式，反映企业某一时期经营成果的会计等式，是编制利润表的重要依据
6. 利润	

综合会计等式：资产+费用=负债+所有者权益+收入，反映了企业财务状况从期初到期末变化的内在原因

65.【2022】下列会计要素中属于动态会计等式组成要素的有（   ）。

A. 收入　　　　　　　　　　　　B. 利润
C. 费用　　　　　　　　　　　　D. 所有权益
E. 资产

【答案】ABC

【解析】 本题考查会计要素的组成，是高频考点。

我国《企业会计准则》规定，企业应当按照交易或者事项的经济特征确定会计要素。会计要素包括资产、负债、所有者权益、收入、费用和利润。其中，资产、负债和所有者权益是反映企业某一时点财务状况的会计要素，称为静态会计要素，构成资产负债表要素，静态要素形成静态等式，即资产＝负债＋所有者权益；收入、费用和利润是反映某一时期经营成果的会计要素，称为动态会计要素，构成利润表要素，动态要素形成动态等式，即收入－费用＝利润。

第7章 成本与费用

考点1 费用与支出的关系

★《企业会计准则》规定，企业的会计核算应当合理划分收益性支出与资本性支出的界限。

支出	① 资本性支出（转化为费用）	受益的时间段超过一个会计年度，如建造厂房、购买设备、修建道路等
	② 收益性支出（★确认为费用）	受益时间在一个会计年度以内，如外购材料、支付劳动报酬等
	③ 营业外支出（不确认为费用）	与生产和经营都没有关系（公益性捐赠支出、非常损失、盘亏损失、非流动资产毁损报废等）
	④ 利润分配支出（不确认为费用）	在利润分配环节发生的支出，如股利分配等
	⑤ 对外投资支出（不确认为费用）	如股权性投资、债权性投资
	⑥ 缴纳所得税费用支出（不确认为费用）	反映为应交税金的减少

66.【2023】 下列企业支出中属于资本性支出的是（　　）。
A. 长期投资支出　　　　　　　　B. 大额原材料采购支出
C. 公益性捐赠支出　　　　　　　D. 分配股利支出

【答案】A

【解析】本题考查费用和支出的关系，是高频考点。

企业的支出包括资本性支出、收益性支出、营业外支出和利润分配支出等几大类。资本性支出是指通过它取得的收益及于几个会计年度（或几个营业周期）的支出，包括企业购置和建造固定资产、无形资产及其他资产的支出、长期投资支出等。

B 选项大额原材料采购支出，属于收益性支出（收益时间在一年以内）。

C 选项公益性捐赠支出，属于营业外支出。

D 选项分配股利支出，属于利润分配支出。

67.【2021】 下列施工企业的各项支出中，在财务会计核算时应作为资本性支出的有（　　）。
A. 新建办公楼支出　　　B. 购置大型设备支出　　　C. 员工年终奖金支出
D. 公益性捐赠支出　　　E. 对外长期投资支出

【答案】ABE

【解析】本题考查费用和支出的关系，是高频考点。

支出是一个会计主体各项资产的流出，也就是会计主体的一切开支及耗费。会计主体的支出可分为资本性支出、收益性支出、营业外支出及利润分配支出等几大类（见上表）。其中，资本性支出是指通过它所取得的效益及于几个会计年度（或几个营业周期）的支出，如企业购置和建造固定资产、无形资产及其他资产的支出、长期投资支出等。这类支出在会计核算中应予以资本化，形成相应的资产。综上，符合资本性支出的有 A、B、E 选项，C 选项属于收益性支出，D 选项属于营业外支出。

◆ 费用与成本

费用是针对特定会计期间的，而成本是对象化了的费用，又称生产费用。

施工企业费用	★生产费用（用于产品）	生产成本（生产费用对象化之后）	（1）直接费用（用于一个成本核算对象）	① 直接人工
				② 直接材料
				③ 机械使用费
				④ 其他直接费（包括施工过程中发生的材料搬运费、材料装卸保管费、燃料动力费、临时设施摊销、生产工具用具使用费、检验试验费、工程定位复测费、工程点交费、场地清理费，以及能够单独区分和可靠计量的为订立建造承包合同而发生的差旅费、投标费等费用）
			（2）间接费用（用于几个成本核算对象）	是指企业各施工单位为组织和管理工程施工所发生的费用
	★期间费用（用于经营）	（1）管理费用		
		★（2）财务费用（①利息支出；②汇兑损失；③相关手续费；④其他财务费用）		

68.【2022】 某企业接受委托生产一台定制设备，约定售价 50 万元，生产完成后由客户自提。企业生产该设备的生产费用为 30 万元，应分摊的管理费用为 5 万元，财务费用 2 万元，代垫设备运输费用 4 万元，从财务会计角度，企业生产销售该设备的费用为（　　）万元。

A. 32　　　　　　　　　　　　　B. 35
C. 37　　　　　　　　　　　　　D. 41

【答案】C

【解析】本题考查生产费用的含义，是高频考点。

从会计核算的角度看，费用按经济用途分成生产费用和期间费用两类。生产费用是指为生产产品（或提供劳务）而发生的、与产品生产（或提供劳务）直接相关的费用；期间费用是为生产产品（或提供劳务）提供正常的条件和进行管理的需要，而与产品本身并不直接相关的费用，工业企业的期间费用包括管理费用、销售费用（营业费用）、财务费用。因此，题目中企业生产销售这台定制设备的费用=该设备的生产费用+该设备分摊的期间费用=30+5+2=37万元。

69.【2021】 下列施工企业的费用中，在会计核算时应计入生产费用的是（　　）。
A. 企业质量管理部门办公费
B. 项目部管理人员工资
C. 经营部门人员工资
D. 企业融资的财务费用

【答案】B

【解析】本题考查费用根据经济用途进行的分类。

费用按照经济用途不同，可以分为生产费用和期间费用。生产费用是指为了生产产品（或提供劳务）而发生的、与产品生产（或提供劳务）直接相关的费用。期间费用是指为生产产品（或提供劳务）提供正常的条件和进行管理的需要，而与产品的生产本身不直接相关的费用。项目部管理人员与施工企业生产过程直接相关，其工资属于生产费用；A、C、D选项与生产产品不直接相关，都属于期间费用。

70.【2018】 某施工企业的第一业务部3月份发生的间接费总额为30万元，该部门当月在建的两个施工项目的规模、直接费用及间接费用定额如下表，若间接费用采用间接费用定额加权分配，则甲项目3月份应分摊的间接费用为（　　）万元。

项目编号	甲	乙
项目规模（万平方米）	2	3
直接费用（万元）	800	700
间接费用定额（基数：直接费用）	5%	6%

A. 12.00　　B. 14.63　　C. 15.36　　D. 16.00

【答案】B

【解析】本题考查间接费用的分摊。

项目编号	甲	乙
项目规模（万m²）	2	3
直接费用（万元）	800	700
间接费用定额（基数：直接费用）	5%	6%
间接费用定额（万元）	40	42

间接费用属于成本，由于它使几个成本对象收益，所以要分摊到每一个成本对象上。根据题意"若间接费用采用间接费用定额加权分配"，所以要先计算甲、乙两个项目的间接费用定额。因此加权分配下甲项目应当分摊的间接费为30×40/（40+42）=14.63万元。故选择B选项。

71.【2018】按照企业财务制度的规定，下列支出不得列入工程成本的是（　　）。

A. 为购置施工机械设备发生的支出 15 万元

B. 处置施工机械设备发生的净损失 2 万元

C. 因违反合同支付的违约金 3 万元

D. 企业下属施工单位为组织和管理施工所发生的办公费 1 万元

E. 支付咨询顾问费 5 万元

【答案】ABCE

【解析】本题考查成本的构成、期间费用的构成、费用与支出的关系，比较综合。

企业的工程成本包括直接费用和间接费用，直接费用包括人工费、材料费、机械费、其他直接费用；间接费用是指为完成工程时发生的、不易直接归属于成本核算对象而应分配计入有关工程成本核算对象的各项费用支出，主要是项目部、工区、施工队组织管理施工活动发生的全部支出。

A 选项正确，为购置施工机械设备发生的支出 15 万元，属于资本性支出。

B 选项正确，处置施工机械设备发生的净损失 2 万元，属于营业外支出。

C 选项正确，因违反合同支付的违约金 3 万元，属于营业外支出。

D 选项错误，企业下属施工单位为组织和管理施工所发生的办公费 1 万元，属于成本中的间接费用。

E 选项正确，支付咨询顾问费 5 万元，属于期间费用中的管理费用。

72.【2013】装饰企业施工的 M 项目于 2012 年 10 月工程完工时只发生材料费 36 万元，项目管理人员工资 8 万元，企业行政管理部门发生的水电费 2 万元，根据现行《企业会计准则》，应计入工程成本的费用为（　　）万元。

A. 30　　　　　　　B. 38　　　　　　　C. 32　　　　　　　D. 44

【答案】D

【解析】本题考查成本的分类，是高频考点。

题目中，36 万元材料费属于成本中直接费用，8 万元的项目管理人员工资属于成本中间接费用；企业行政管理部门发生的水电费 2 万元属期间费用中的管理费用，不属于成本范畴。

故工程成本是 36+8＝44 万元，选择 D 选项。

考点2　施工企业费用确认与计量

◆ 费用的确认条件

（1）与费用相关的经济利益很可能流出企业

（2）经济利益流出的结果会导致企业资产的减少或者负债的增加

（3）经济利益的流出额能够可靠地计量

◆ 费用所属会计期间确认

| （1）划分资本性支出、收益性支出原则 | （2）权责发生制原则 | （3）配比原则 |

◆ 固定资产折旧方法

折旧方法			
直线法提折旧	（1）平均年限法	固定资产年折旧额 = $\dfrac{\text{固定资产应计折旧额}}{\text{固定资产使用年限}}$ = $\dfrac{\text{固定资产原价-预计净残值-减值准备}}{\text{固定资产使用年限}}$ 固定资产折旧率 = $\dfrac{1-\text{预计净残值率}}{\text{固定资产使用年限}}$ ★外购固定资产原价包括购买价、相关税费、固定资产达到预定使用状态前的运输费、装卸费和专业人员服务费等	
	（2）工作量法	单位工作量折旧额 = $\dfrac{\text{固定资产应计折旧额}}{\text{固定资产预计总工作量}}$	
加速法提折旧	（3）双倍余额递减法（定率不定额）	① 率：不变（除最后两年外，其余年份使用双倍的直线法折旧率） ② 额：逐年减少（每期折旧额的基数，年初折余价值） ③ 不缩短折旧年限不改变残值率 ④ 最后两年改为直线折旧法	
	（4）年数总和法（定额不定率）	额：原值-残值 率：一个逐年递减的分数	

73.【2024新内容】企业外购的某设备，购买价款及相关税费为50万元，使该设备达到预定可使用状态前所发生的可归属于该项设备的运输费、装卸费、安装费合计为10万元，专业人员服务费为2万元。该设备预计使用年限为10年，预计净残值为设备原价的5%；不考虑减值准备，用平均年限法提折旧，每年折旧是（　　）万元。

A. 6.2　　　　　　B. 5.98　　　　　　C. 5.89　　　　　　D. 6.00

【答案】C

【解析】本题考查平均年限法提折旧。
设备原价 = 50+10+2 = 62 万元
设备应计折旧额 = 62-62×5% = 58.9 万元
设备年折旧额为 58.9÷10 = 5.89 万元

74.【2020】下列固定资产相关费中，构成固定资产原值（原价）的有（　　）。

A. 固定资产购买价款　　　　　　　　B. 固定资产大修理费用
C. 购置固定资产发生的装卸费　　　　D. 固定资产的预计净残值
E. 固定资产达到预定可使用状态前的安装费

【答案】ACE

【解析】本题考查对固定资产折旧影响因素中固定资产原价的理解。

固定资产折旧的影响因素有固定资产原价、预计净残值、固定资产使用寿命和折旧年限。

固定资产原价应当按照成本进行初始计量。外购固定资产的成本包括购买价款、相关税费、使用固定资产达到预定可使用状态前所发生的可归属于该资产的运输费、装卸费、安装费、专业人员服务费等。故选择 A、C、E 选项。

75.【2023】 关于采用双倍余额递减法计算固定资产折旧的说法，正确的有（　　）。

A. 寿命期累计折旧额与年限平均法累计折旧额相等
B. 前期年折旧额高，后期年折旧额低
C. 固定资产账面价值逐年减少
D. 计算折旧额使用的折旧率逐年下降
E. 固定资产折旧年限与年限平均法折旧年限相同

【答案】ABCE

【解析】本题考查固定资产的折旧方法，是常见考点。

固定资产常用的折旧方法有年限平均法、工作量法、双倍余额递减法、年数总和法。其中，前两者属于直线法，后两者属于加速法。双倍余额递减法的核心特点是"定率不定额"，其主要做法是：在固定资产使用年限最后两年之前的各年，不考虑固定资产预计净残值的情况下，根据每年年初固定资产净值和双倍的年限平均法折旧率计算固定资产折旧额，而在最后两年按年限平均法计算折旧额的一种方法。这种折旧方法在不缩短折旧年限和不改变残值率的情况下，改变折旧额在各年之间的分布，前期提取比较多的折旧，后期提取比较少的折旧。故选择 A、B、C、E 选项。

76.【2014】 如果计划在固定资产投入使用的前期提取较多的折旧，后期提取较少的折旧，适合采用的折旧方法有（　　）。

A. 工作台班法　　　　　　　B. 行驶里程法
C. 双倍余额递减法　　　　　D. 平均年限法
E. 年数总和法

【答案】CE

【解析】本题考查折旧方法名称，是常见考点。

折旧方法包括直线法和加速法两大类。直线法包括平均年限法、工作量法；加速法包括双倍余额递减法、年数总和法。直线法的含义是按年或工作量平均计提折旧，加速法计提折旧的"加速"是"加速回收"的含义，计提折旧的特点是前期多提折旧而后期少提折旧。题目中"在固定资产投入使用的前期提取较多的折旧，后期提取较少的折旧"属于加速折旧方法"符合加速折旧法的特点，故选择 C、E 选项。

考点 3 工程成本核算

◆ 成本核算方法

现行《企业会计准则》和相关制度规定采用制造成本法进行会计核算。

制造成本＝直接材料成本＋直接人工成本＋制造费用
制造费用——与生产产品或提供劳务直接相关的间接费用，主要是企业的生产单位（如工厂的车间、施工企业的工程部、项目部等）为管理生产或劳务活动发生的间接费用

◆ 施工项目成本项目划分

（1）直接人工	（2）直接材料	（3）机械使用费	（4）其他直接费用	（5）间接费用	（6）分包成本

根据《企业会计准则》，施工企业的生产性费用应进行工程成本核算，并在确认收入时，将已结算的工程或劳务收入配比的成本计入当期损益

77.【2023】 企业为生产产品发生的可归属产品成本的费用，应当在（　　）时，将已销售产品的成本计入当期损益。

A．产品生产完成　　　　　　　　B．确认产品销售收入

C．产成品入库　　　　　　　　　D．收到产品销售贷款

【答案】B

【解析】本题考查工程成本确认的相关规定。

根据《企业会计准则》，企业为生产产品、提供劳务等发生的可归属于产品成本、劳务成本等的费用，应当在确认产品销售收入、劳务收入等时，将已销售产品、已提供劳务的成本计入当期损益。故选择 B 选项。

◆ 工程成本核算过程

（1）确定成本核算对象	建筑企业的成本核算对象一般为单项合同
（2）确定成本核算范围	企业为履行合同发生的成本，同时满足下列条件，应当作为合同履约成本确认为一项资产： ① 该成本与一份当前或预期取得的合同直接相关； ② 该成本增加了企业未来用于履行履约义务的资源； ③ 该成本预期能够收回
（3）成本归集、分配和结转	企业为生产产品、提供劳务等发生的可归属于产品成本、劳务成本等的费用，应当在确认产品销售收入、劳务收入等时，将已销售产品、已提供劳务的成本等计入当期损益

78.【2022】企业为履行合同发生的成本，同时满足下列条件的，应当作为合同履约成本确认一项资产（　　）。

A. 该合同成本小于收入

B. 该成本与一份当前或预期取得的合同直接相关

C. 该成本增加了企业未来合同履约义务的资源

D. 该成本能够收回

E. 该成本性质应为工程直接成本

【答案】BCD

【解析】本题考查工程成本的确认。

企业为履行合同发生的成本，同时满足下列条件的，应当作为合同履约成本确认为一项资产：①该成本与一份当前或预期取得的合同直接相关，包括直接人工、直接材料、制造费用（或类似费用）、明确由客户承担的成本以及仅因该合同而发生的其他成本；②该成本增加了企业未来用于履行履约义务的资源；③该成本预期能够收回。故选择 B、C、D 选项。

考点4　施工企业期间费用核算

★期间费用

企业日常活动发生的不能计入特定核算对象的费用，发生时计入有关会计科目，会计期末结转当期损益。期间费用通常分为：（1）销售费用（施工可不进行单独的销售费用核算，纳入管理费用核算；施工企业兼营其他业务时，单独设置销售费用）；（2）财务费用；（3）管理费用。

期间费用	管理费用 （行政管理部门）	管理人员工资、办公费用、差旅交通费用、固定资产使用费、工具用具使用费、劳动保险费、职工福利费、劳动保护费、检验试验费、工会经费、职工教育经费、财产保险费、财务费（预付款担保、履约担保、职工工资支付担保）、税金（房产税、车船使用税、土地使用税、印花税等）、其他
	★财务费用 （筹集资金发生的）	利息支出、汇总损失、相关手续费（指企业发行债券所支付的手续费等）、其他财务费用（现金折扣、重大融资成本的摊销）

79.【2020】施工企业支付给银行的短期借款利息应计入企业的（　　）。

A. 管理费用　　　　B. 生产费用　　　　C. 财务费用　　　　D. 销售费用

【答案】C

【解析】本题考查财务费用的构成，是高频考点。

财务费用是企业为了筹集生产经营所需资金而发生的费用，包括利息支出、汇总损失、相关手续费（指企业发行债券所支付的手续费等）、其他财务费用（现金折扣、重大融资成本的摊销）。符合题意的是 C 选项。

第8章 收入

考点1 收入的分类、确认及计量

◆收入的概念和特点

概念：企业在日常活动中形成的、会导致所有者权益的增加、与所有者投入资本无关的经济利益的总流入。

★收入的特点	① 收入从日常活动中产生，而不是从偶发交易事项中产生（如出售固定资产、接受捐赠）
	② 收入可以表现为资产的增加，也能表现为负债的减少，或两者兼而有之
	③ 收入能导致企业所有者权益的增加，是与所有者投入无关的经济利益的总流入
	④ 收入只包括本企业经济利益的流入，不包括为第三方或者客户代收的款项

80.【2021】 销售商品或提供劳务取得的收入，对相关会计要素产生的影响可能是（　　）。

A. 资产增加　　　　　　　　　　　　B. 负债减少
C. 所有者权益增加　　　　　　　　　D. 所有者权益减少
E. 资产减少，负债增加

【答案】ABC

【解析】本题考查收入的特点，是常见考点。
参照上述收入的特点的②③两点：
② 收入可以表现为资产的增加，也能表现为负债的减少，或两者兼而有之；
③ 收入能导致企业所有者权益的增加，是与所有者投入无关的经济利益的总流入。
正确选项应为 A、B、C 选项。

◆收入的分类——狭义、广义分类

广义收入	1.营业收入（狭义收入）	(1) 主营业务收入	建造施工合同收入
		(2) 其他业务收入	① 产品销售收入（碎石、商品混凝土、门窗制品）
			② 材料销售收入（原材料、低值易耗品、周转材料、包装物）
			③ 机械作业收入
			④ 无形资产出租收入
			⑤ 固定资产出租收入

续表

广义收入	2. 投资收益	
	3. 补贴收入	
	4. 营业外收入	固定资产盘盈、处置固定资产净收益、处置无形资产净收益、罚款收入

★收入的分类——按收入的性质分类

★按照收入的性质分类	（1）建造（施工）合同收入	
	（2）销售商品收入	
	★（3）提供劳务收入	① 机械作业
		② 运输服务
		③ 设计业务
		④ 产品安装
		⑤ 餐饮住宿
	★（4）让渡资产使用权收入	① 金融企业发放贷款取得的收入
		② 企业让渡资产使用权取得的收入等

81.【2023】建筑企业对外提供机械作业取得的收入属于（   ）。

A. 营业外收入　　　　　　　　　　B. 建造合同收入
C. 提供劳务收入　　　　　　　　　D. 销售商品收入

【答案】C

【解析】本题考查收入的分类，是高频考点。

收入按照性质分类，可以分为建造合同收入、销售商品收入、提供劳务收入和让渡资产使用权收入等几类。其中，提供劳务收入包括机械作业、运输服务、设计业务、产品安装、餐饮住宿等。题目中"建筑企业对外提供机械作业取得的收入"属于提供劳务收入。故选择 C 选项。

82.【2022】下列属于建筑企业劳务收入的是（   ）。

A. 提供机械作业　　　　　　　　　B. 设计业务
C. 让渡资产使用　　　　　　　　　D. 销售预制构件
E. 产品安装

【答案】ABE

【解析】本题考查收入的组成，是高频考点。

收入按照性质分类可以分为建造（施工）合同收入、销售商品收入、提供劳务收入、让渡资产使用权收入。其中，提供劳务收入包括：①机械作业；②运输服务；③设计业务；④产品安装；⑤餐饮住宿。故选择 A、B、E 选项。

83.【2021】施工企业单独对外提供机械作业服务取得的收入属于（　　）。

A. 施工合同收入　　　　　　　　　　B. 让渡资产使用权

C. 提供劳务收入　　　　　　　　　　D. 销售商品收入

【答案】C

【解析】本题考查按照收入性质分类中劳务收入的组成。

按照收入的性质分类，收入可以分为建造（施工）合同收入、销售商品收入、提供劳务收入及让渡资产使用权的收入。其中提供劳务收入包括：①机械作业收入；②运输服务收入；③设计业务收入；④产品安装收入；⑤餐饮住宿收入。故选择C选项。

84.【2020】下列施工企业取得的收入中，属于让渡资产使用权收入的是（　　）。

A. 完成施工任务取得的收入　　　　　B. 出租自有设备取得的收入

C. 提供机械作业取得的收入　　　　　D. 销售建筑材料取得的收入

【答案】B

【解析】本题考查收入的分类，是高频考点。

其中让渡资产使用权的收入包括：① 金融企业发放贷款取得的收入；② 企业让渡资产使用权取得的收入等。

◆ 收入的确认和计量

企业应当在履行了合同中的履约义务，即在客户取得相关商品控制权时确认收入	
企业与同一客户同时订立或在相近时间内先后订立的两份或多份合同，满足条件之一时，合并处理	（1）该两份或多份合同基于同一商业目的而订立并构成一揽子交易
	（2）该两份或多份合同中的一份合同的对价金额取决于其他合同的定价或履行情况
	（3）该两份或多份合同中所承诺的商品（或每份合同中所承诺的部分商品）构成准则规定的单项履约义务
合同变更的处理	（1）合同变更增加了可明确区分商品及合同价款，且新增合同价款反映了新增商品单独售价的，应当将合同变更部分作为一份单独的合同进行会计处理（原合同+新合同）
	（2）合同变更日已转让的商品（服务）与未转让的商品（服务）之间可明确区分，应当视原合同终止，同时将原合同未履约部分与合同变更部分合并为新合同进行会计处理（原合同终止+原合同尚未提供的产品及合同变更部分合并为新合同）
	（3）合同在变更日已转让商品与未转让商品之间不可明确区分的，应当将原合同的变更部分作为原合同的组成部分进行会计处理（修改后的原合同，将变更部分作为原合同的组成部分）

合同开始日，企业应当识别确定：时点履约或时段履约	时点——客户取得商品控制权时确认收入；时段——按履约进度（投入法或产出法）确认收入； （1）投入法——基于企业为履约义务的投入确定履约进度； （2）产出法——转移给客户的商品对于客户的价值确定履约进度

85.【2022】某销售合同履行过程中发生了合同变更，该变更增加了可明确区分的商品及合同价款，且新增合同价款反映了新增商品的单独售价，对此变更，在会计上的处理方式是（　　）。

A. 将原合同未履约部分与合同变更部分合并为新合同进行会计处理

B. 将该合同变更部分作为原合同的组成部分进行会计处理

C. 将该合同变更部分作为一份单独的合同进行会计处理

D. 将原合同已履约部分与合同变更部分合并为新合同进行会计处理

【答案】C

【解析】本题考查《企业会计准则第14号——收入》中的识别合同中的部分内容，见上表。

企业应当区分下列三种情形对合同变更分别进行会计处理：

（1）合同变更增加了可明确区分的商品及合同价款，且新增合同价款反映了新增商品单独售价的，应当将该合同变更部分作为一份单独的合同进行会计处理。

（2）合同变更不属于上述（1）规定的情形，且在合同变更日已转让的商品或已提供的服务（以下简称"已转让的商品"）与未转让的商品或未提供的服务（以下简称"未转让的商品"）之间可明确区分的，应当视为原合同终止，同时将原合同未履约部分与合同变更部分合并为新合同进行会计处理。

（3）合同变更不属于上述（1）规定的情形，且在合同变更日已转让的商品与未转让的商品之间不可明确区分的，应当将该合同变更部分作为原合同的组成部分进行会计处理，由此产生的对已确认收入的影响，应当在合同变更日调整当期收入。

本题的描述符合情况（3），故选择C选项。

考点2　建造合同收入

◆ 建造（施工）合同的特征

① 先有买主，后有标的； ③ 所建造资产体积大，造价高；	② 资产的建造时期长； ④ 一般为不可取消合同

◆ 建造合同的类型

固定造价合同（风险主要由承包人承担）	成本加成合同（风险主要由发包人承担）

◆ 建造合同的分立与合并的条件

分立的条件（同时满足）	合并的条件（同时满足）
① 每项资产均有独立的建造计划； ② 与客户就每项资产单独进行谈判，双方能够接受或拒绝与每项资产有关的合同条款； ③ 每项资产的收入和成本可以单独辨认	① 该组合同按一揽子交易签订； ② 该组合同密切相关，每项合同实际上已构成一项综合利润率工程的组成部分； ③ 该组合同同时或依次履行

86.【2023】将一项包括数项资产的建造合同分立为单项合同需同时具备一定的条件，这些条件包括（　　）。

A. 每项资产均有独立的建造计划
B. 每项资产的价值不低于合同价值的三分之一
C. 每项资产可以独立进行分包，且可由不同的分包单位实施
D. 每项资产的收入和成本可以单独辨认
E. 与客户就每项资产进行单独谈判，双方能够接受或拒绝与每项资产有关的合同条款

【答案】ADE

【解析】本题考查建造（施工）合同分立与合并的条件。

企业通常按照单项建造施工合同进行会计处理。但是，在某些情况下，为了反映一项或一组合同的实质，需要将单项合同进行分立或将数项合同进行合并，以确定建造合同的会计核算对象。一项包括建造数项资产的建造合同，需要同时满足下列条件的，每项资产应当分立为单项合同：①每项资产均有独立的建造计划；②与客户就每项资产单独进行谈判，双方能够接受或拒绝与每项资产有关的合同条款；③每项资产的收入和成本可以单独辨认。故选择 A、D、E 选项。

◆ 建造合同收入分类

分类	收入确认条件
初始收入	承包商与客户签订合同中最初确定的合同总金额
合同变更收入	① 客户能够认可因变更增加的收入； ② 该收入能够可靠计量
索赔收入	① 根据谈判情况，预计对方能够同意该项索赔； ② 对方同意接受的金额能够可靠计量
奖励收入	① 根据合同目前完成情况，足以判断工程进度和工程质量能够达到或超过规定的标准； ② 奖励金额能够可靠计量

87.【2020】根据《企业会计准则》，合同执行过程中，合同变更形成的收入确认为合同收入时，应同时满足的条件有（   ）。

A. 合同变更增加了企业履约的义务
B. 客户能够认可因变更而增加的收入
C. 合同变更部分双方的义务已经开始履行
D. 客户已支付变更部分的相应款项
E. 该收入能够可靠地计量

【答案】BE

【解析】本题考查建造合同收入内容的确认条件。

合同变更收入的确认条件是：①客户能够认可因变更增加的收入；②该收入能够可靠计量。故选择 B、E 选项。

◆ 跨年度建造合同收入确认原则

跨年度建造合同收入确认原则	合同结果能够可靠估计	★完工百分比法
	合同结果不能可靠估计（看成本）	① 合同成本能够收回的 合同收入＝能够收回的合同成本
		② 合同成本不能收回的，不确认收入

◆ 完工百分比法计算收入

	★当期确认的合同收入＝（合同总收入×完工进度）－以前会计期间累计已经确认的收入
完工进度算法	（1）成本角度：合同完工进度＝$\dfrac{累计实际发生的合同成本}{合同预计总成本}$ ★注意：累计实际发生的合同成本不包括①施工中尚未安装或使用的材料成本等与合同未来活动相关的成本、②在分包工程工作量完成之前预付给分包单位的款项
	（2）工作量角度：合同完工进度＝$\dfrac{累计实际发生的合同工程量}{合同预计总工程量}$
	（3）技术测量：上述两种无法使用时，采用的特殊方法（如水下施工工程）

◆ 完工百分比法的条件（合同结果能够可靠估计的条件）

固定造价合同（同时满足）	成本加成合同（同时满足）
① 合同收入能够可靠计量； ② 与合同相关的经济利益很可能流入企业； ③ 实际发生的合同成本能够清楚地区分和可靠地计量； ④ 合同完工进度和为完成合同尚需发生的成本能够可靠确定	① 与合同相关的经济利益很可能流入企业； ② 实际发生的合同成本能够清楚地区分和可靠地计量

88.【2023】 某施工企业签订了总造价为 2000 万元的固定总价合同，工期为 3 年。经测算第 1 年末完工进度为 30%，第 2 年累计完成完工进度为 65%，则按完工百分比法确认该企业第 2 年的收入为（ ）万元。

A. 800　　　　　　　　　　　　　　　　B. 700
C. 1300　　　　　　　　　　　　　　　　D. 2000

【答案】B

【解析】本题考查跨年度收入的计算，是高频考点。

不同于一般的材料采购合同和劳务合同，建造合同的标的（资产）的建设期通常比较长，很有可能跨越一个会计年度，而我国《企业会计准则》规定，企业应当划分会计期间，我国通常以日历年作为企业的会计年度。因此，对于跨年度的建造合同收入的确认，当合同结果能够可靠估计时，当期确认的合同收入＝（合同总收入×完工进度）－以前会计期间累计已经确认的收入。本题中，该企业第 2 年的收入为 2000×65%－2000×30%＝700 万元，故选择 B 选项。

89.【2022】 某施工合同项目预计总成本为 3000 万元，至第 1 年末，承包人自行施工部分累计实际发生的合同成本为 1200 万元，合同约定由承包人采购的已进场待安装工程设备 200 万元，已进场待使用的工程材料 100 万元，已预付分包工程款 150 万元（分包工作量尚未完成），则第 1 年末承包人的合同完工进度为（ ）。

A. 45%　　　　B. 48%　　　　C. 55%　　　　D. 40%

【答案】D

【解析】本题考查合同完工进度的算法，是高频考点。

成本角度下完工进度＝$\frac{累计实际发生的合同成本}{合同预计总成本}$，其中累计发生的合同成本不包括施工中尚未安装或使用的材料成本等与合同未来活动相关的成本，也不包括在分包工程工作量完成之前付给分包单位的款项。因此，完工进度＝$\frac{累计实际发生的合同成本}{合同预计总成本}$＝1200/3000＝40%。

90.【2020】 某施工企业与业主订立的一项总造价为 5000 万元的施工合同，合同期为 3 年。第一年实际发生合同成本 1600 万元，年末预计为完成合同尚需发生成本 3000 万元，则第一年合同完成进度为（ ）。

A. 92.0%　　　　B. 34.8%　　　　C. 53.3%　　　　D. 32.0%

【答案】B

【解析】本题考查完工百分比的确定方法。

根据题意，此题中的完工百分比应当采用成本占比的角度，计算公式为

　　　　合同完工进度＝累计实际发生的合同成本/合同预计总成本

第一年的合同完成进度为 1600/（1600+3000）＝34.8%，故选择 B 选项。

91.【2021】 某施工企业签订了总造价为2000万元的固定总价合同,工期为2年。经测算第1年完工进度为60%,实际收到工程结算款1000万元,第2年工程全部完工,则按完工百分比法确认该企业第2年的收入为( )万元。

A. 800
B. 1000
C. 1200
D. 2000

【答案】A

【解析】本题考查完工百分比法核算跨年度建造施工合同收入的计算,是高频考点。

由于建造合同中资产的建设期比较长,一般都要跨越一个会计年度,有的会长达数年。而会计核算收入要符合"分期核算"的原则。因此,在跨年度建造合同收入确认时,结合完工百分比,当期确认的合同收入=合同总收入×完工进度-以前会计期间累计已经确认的收入=2000×100%-2000×60%=800万元,故选择A选项。

第9章 利润与所得税费用

考点1 利润

◆利润

企业在一定会计期间的经营活动所获得的各项收入抵减各项支出后的净额以及直接计入当期利润的利得（接受捐赠、变卖固定资产、投资收益）与损失（投资损失）。

★根据《企业会计准则》，可以将利润分为三种层次的指标。

（1）营业利润 （营业中的利润，不含营业外的）	营业利润=营业收入-营业成本（或营业费用）-税金和附加-销售费用-管理费用-财务费用-资产减值损失+公允值变动收益（损失为负）+投资收益（损失为负）
（2）利润总额 （既含营业中的，又含营业外的）	利润总额=营业利润+营业外收入-营业外支出
（3）净利润 （先算利润总额，再减所得税费用）	净利润=利润总额-所得税（利润总额×所得税率）=利润总额×（1-所得税率）=利润总额×（1-25%）

★其中，营业外收入和支出。

营业外收入	营业外支出
① 固定资产盘盈 ② 处置固定资产净收益 ③ 处置无形资产净收益 ④ 罚款收入	① 固定资产盘亏 ② 处置固定资产净损失 ③ 处置无形资产净损失 ④ 债务重组损失 ⑤ 罚款支出 ⑥ 捐赠支出 ⑦ 非常损失

◆考试题利润计算小技巧

（1）利润总额最好算	把所有能加的条件都加上，再减去所有能减掉的条件，就是利润总额。要注意题目中是否有重复条件，重复条件要删除
（2）利润总额算好后算净利润	净利润=利润总额×（1-25%）
（3）考虑问题最多的是营业利润	在所给条件中去掉营业外的条件（包括营业外收入与营业外支出），剩下的能加就加，能减就减

92.【2023】 某施工企业在 2022 年取得营业利润 5000 万元，固定资产盘亏 600 万元，处置无形资产净收益 500 万元，缴纳罚款支出 20 万元，债务重组损失 800 万元，该企业 2022 年度利润总额为（　　）万元。

A. 3080　　　　　　B. 4100　　　　　　C. 5000　　　　　　D. 4080

【答案】D

【解析】本题考查利润总额的计算，是高频考点，内容见上表。

企业的利润是企业一定会计期间的经营成果。企业利润的表现形式有营业利润、利润总额和净利润。其中，利润总额=营业利润+营业外收入-营业外支出。营业外收入包括：①固定资产盘盈；②处置固定资产净收益；③处置无形资产净收益；④罚款收入。营业外支出包括：①固定资产盘亏；②处置固定资产净损失；③处置无形资产净损失；④债务重组损失；⑤罚款支出；⑥捐赠支出；⑦非常损失等。本题中的条件没有重复的情况，在计算利润总额时，按顺序加减即可。因此，该企业的利润总额为 5000-600+500-20-800=4080 万元，故选择 D 选项。

93.【2012】 某施工企业本年发生主营业务收入 1500 万元，主营业务成本 1200 万元，主营业务税金及附加 96 万元，其他业务收入 50 万元，管理费用 30 万元，营业外收入 4 万元，营业外支出 8 万元，所得税按 25% 计算，其净利润应为（　　）万元。

A. 127.3　　　　　　B. 137.5　　　　　　C. 165　　　　　　D. 150.08

【答案】C

【解析】本题考查利润的计算，是高频考点。

计算"净利润"需要先计算"利润总额"，再减掉"所得税"。利润总额的要点是"若题目中没有重复条件，利润总额就是把所有能加的条件都加上，再减去所有能减掉的条件"，何为"重复条件"？举例说明，营业收入 550 万元，其他业务收入 50 万元，因为营业收入包括主营业务收入和其他业务收入，其他业务收入的 50 万元就属于重复条件。本题中的题目条件没有重复项，所以全部按顺序加减即可得出利润总额，进而得出净利润。净利润 =（1500-1200-96+50-30+4-8）×（1-25%）=165 万元，故选择 C 选项。

94.【2020】 下列事项中，会导致企业营业利润减少的是（　　）。

A. 固定资产盘亏　　　　　　B. 所得税费用增加
C. 发生债务重组损失　　　　D. 管理费用增加

【答案】D

【解析】本题考查营业利润的组成，是高频考点。

营业利润的要点是"营业中的业务，不考虑营业外项目及所得税组成"。

A 选项错误，固定资产盘亏属于营业外支出。

B 选项错误，所得税不属于营业利润核算范畴，属于净利润核算的范畴。

C 选项错误，债务重组损失属于营业外支出。

D 选项正确，管理费用属于营业利润计算扣除项目。

95. 【2011】某施工企业当期实际营业利润 2000 万元，其他业务利润 1000 万元，投资收益 200 万元，营业外收入 50 万元，营业外支出 60 万元，则该企业的利润总额为（   ）万元。

A. 2150　　　　　　B. 2900　　　　　　C. 1990　　　　　　D. 3200

【答案】C

【解析】此题考查利润的计算。

$$利润总额＝营业利润＋营业外收入－营业外支出$$

题目中"营业利润 2000 万元，其他业务利润 1000 万元，投资收益 200 万元"，题目中有重复条件，2000 万元包含 1000 万元，也包含 200 万元，营业利润包含其他业务利润也包括投资收益。因此，对于重复条件，在解题的时候删去即可。因此，利润总额＝2000＋50－60＝1990 万元。故选择 C 选项。

◆利润的分配——企业当年的净利润及以前年度的未分配利润

◆税后利润的分配原则与分配顺序

税后利润的分配原则	税后利润的分配顺序
（1）按法定顺序分配的原则； （2）非有盈余不得分配原则； （3）同股同权、同股同利原则； （4）公司持有的本公司股份不得分配利润	（1）弥补以前年度亏损； （2）提取法定公积金（净利润的 10%，公司法定公积金累计额为公司注册资本的 50% 以上的，可以不再提取）（用途：弥补亏损、扩大公司生产经营、增加公司注册资本）； （3）提取任意公积金； （4）向投资者分配利润或股利； （5）未分配利润

考点2　所得税费用

◆企业所得税税率

企业	非居民企业取得规定所得	符合条件的小型微利企业	高新技术企业（国家重点扶持）
25%	20%	20%	15%

★所得税的计税基础（应纳税所得额）

企业每一年度的收入总额减去不征税收入、免税收入、各项扣除以及允许弥补的以前年度亏损后的余额，为应纳税所得额。

不征税收入★	① 财政拨款； ② 依法收取并纳入财政管理的行政事业性收费、政府性基金； ③ 国务院批准的财政性资金

续表

免税收入	① 国债利息； ② 符合条件的居民企业之间股息、红利等权益性投资收益； ③ 非居民企业从居民企业取得的股息、红利等权益性投资收益
各项扣除	① 成本； ② 费用； ③ 损失； ④ 利润总额12%以内的公益性捐赠支出； ⑤ 企业转让资产（该资产净值准予扣除）
不得扣除★	① 向投资者支付的股息、红利等权益性投资收益款项； ② 企业所得税税款； ③ 税收滞纳金； ④ 罚金、罚款和被没收财物的损失； ⑤ 利润总额12%以上的公益性捐赠； ⑥ 赞助支出； ⑦ 未经核定的准备金支出； ⑧ 与取得收入无关的其他支出； ⑨ 企业对外投资期间，投资资产的成本

◆企业应纳税所得额中不得计算折旧及无形资产摊销的扣除

★不得计算折旧的扣除	不得计算摊销的扣除
① 房屋、建筑物以外未投入使用的固定资产； ② 以经营租赁方式租入的固定资产； ③ 以融资租赁方式租出的固定资产； ④ 以足额提取折旧仍继续使用的固定资产； ⑤ 与经营活动无关的固定资产； ⑥ 单独估价作为固定资产入账的土地； ⑦ 其他	① 自行开发的支出已在计算应纳税所得额时扣除的无形资产； ② 自创商誉； ③ 与经营活动无关的无形资产； ④ 其他
企业在汇总计算缴纳企业所得税时，其境外营业机构的亏损不得抵减境内营业机构的盈利	

◆所得税费用的确认

应纳税额=应纳税所得额×适用税率-减免税额-抵免税额

96.【2023】根据《中华人民共和国企业所得税法》，下列企业取得的收入中，属于不征税收入的是（　　）。

A. 债务重组收入

B. 已做坏账损失处理后又收回的应收账款
C. 依法代政府收取的具有专项用途的财政资金
D. 违约金收入

【答案】C

【解析】本题考查应纳税所得额的组成部分，是常见考点。

所得税是指企业就其生产、经营所得和其他所得按规定缴纳的税金，是根据应纳税所得额计算的。应纳税所得额是企业的年度收入总额减去准予扣除项目后的余额。其中，准予扣除项目中的不征税收入包括：①财政拨款；②依法收取并纳入财政管理的行政事业性收费、政府性基金；③国务院规定的其他不征税收入，企业取得的，由国务院财政、税务主管部门规定专项用途并经国务院批准的财政性资金。故选择 C 选项。

97.【2022】核算企业一定时期应纳税所得额时，下列收入中，属于不征税收入的是（   ）。

A. 提供专利使用所得的收入
B. 转让财产收入
C. 接受捐赠取得的收入
D. 接受财政拨款取得的收入

【答案】D

【解析】本题考查应纳税所得额的构成，是高频考点。

应纳税所得额中的不征税收入包括：
① 财政拨款；
② 依法收取并纳入财政管理的行政事业性收费、政府性基金；
③ 国务院规定的其他不征税收入。企业取得的，由国务院财政、税务主管部门规定专项用途并经国务院批准的财政性资金。

98.【2021】企业计算某一时期应纳税所得额时，下列固定资产中，不得计算折旧扣除的是（   ）。

A. 以经营租赁方式租出的固定资产
B. 以融资租赁方式租入的固定资产
C. 已建成投入使用的房屋、建筑物
D. 已足额提取折旧但仍继续使用的固定资产

【答案】D

【解析】本题考查企业应纳税所得额中不得计算折旧扣除的几条规定。

计算应纳税所得额时，企业按照规定计算的固定资产折旧，准予扣除。但下列固定资产不得计算折旧扣除：①房屋、建筑物以外未投入使用的固定资产；②以经营租赁方式租入的固定资产；③以融资租赁方式租出的固定资产；④已足额提取折旧仍继续使用的固定资产；⑤与经营活动无关的固定资产；⑥单独估价作为固定资产入账的土地；⑦其他不得计算折旧扣除的固定资产。故选择 D 选项。

第 10 章　财务分析

考点 1　财务报告构成及列报基本要求

◆财务报告

包括：财务报表、披露的相关信息和资料。

◆财务报表包括：

（1）报表本身；

（2）附注。

报表至少包括：

① 资产负债表；② 利润表；③ 现金流量表（小型企业可以不编制）；④ 所有者权益变动表

★资产负债表特点及作用

① 某一特定日期； ② 反映财务状况； ③ 账户式结构； ④ 编制基础：资产＝负债＋所有者权益	① 资产负债表能够反映企业在某一特定日期所拥有的各种资源总量及其分布情况，可以分析企业的资产构成，以便及时进行调整； ② 资产负债表能够反映企业的偿债能力，可以提供某一日期的负债总额及其结构，表明企业未来需要用多少资产或劳务清偿债务以及清偿时间； ③ 资产负债表能够反映企业在某一特定日期企业所有者权益的构成情况，可以判断资本保值、增值的情况以及对负债的保障程度

◆资产负债表样表

编制单位：　　　　　年　月　日　　　　　　　　单位：元

资产	期末余额	期初余额	负债和所有者权益 （或股东权益）	期末余额	期初余额
流动资产：			**流动负债：**		
货币资金			短期借款		
交易性金融资产			交易性金融负债		

续表

资产	期末余额	期初余额	负债和所有者权益（或股东权益）	期末余额	期初余额
衍生金融资产			衍生金融负债		
应收票据			应付票据		
应收账款			应付账款		
应收款项融资			预收账款		
预付款项			合同负债		
其他应收款			应付职工薪酬		
存货			应交税费		
合同资产			其他应付款		
持有待售资产			持有待售负债		
一年内到期的非流动资产			一年内到期的非流动负债		
其他流动资产			其他流动负债		
流动资产合计			流动负债合计		
非流动资产：			**非流动负债：**		
债权投资			长期借款		
其他债权投资			应付债券		
长期应收款			其中：优先股		
长期股权投资			永续债		
其他债权工具投资			租赁负债		
其他非流动金融资产			长期应付款		
投资性房地产			预计负债		
固定资产			递延收益		
在建工程			递延所得税负债		
生产性生物资产			其他非流动负债		
油气资产			非流动负债合计		
使用权资产			负债合计		
无形资产			所有者权益（或股东权益）		
开发支出			实收资本（或股本）		
商誉			其他权益工具		
长期待摊费用			其中：优先股		
递延所得税资产			永续债		

续表

资产	期末余额	期初余额	负债和所有者权益 （或股东权益）	期末余额	期初余额
其他非流动资产			资本公积		
非流动资产合计			减：库存股		
			其他综合收益		
			专项储备		
			盈余公积		
			未分配利润		
			所有者权益 （或股东权益）合计		
资产总计			**负债和所有者权益 （或股东权益）合计**		

99.【2022】账户式资产负债表右侧列表示的内容是（　　）。

A. 资产和负债 B. 资产和所有者权益
C. 货币资金和所有者权益 D. 负债和所有者权益

【答案】D

【解析】本题考查资产负债表的构成，是高频考点。

我国的资产负债表采用账户式结构，报表分为左、右结构，左边列示资产，反映全部资产的分类及存在形态；右边列示负债和所有者权益，反映全部负债和所有者权益的内容、构成情况。资产负债表左、右双方平衡。

100.【2020】某企业有一笔无法收回的应收账款，在会计核算上作为坏账被注销，而债务不变，则反映在资产负债表上的结果是（　　）。

A. 所有者权益减少 B. 所有者权益增加
C. 长期待摊费用减少 D. 流动资产增加

【答案】A

【解析】本题考查资产负债表的编制基础。

资产负债表示是账户式结构；编制基础是资产=负债+所有者权益。

根据题意，"企业有一笔无法收回的应收账款，在会计核算上作为坏账被注销"意味着等式左侧的资产减少，等式右侧负债不变，要保持等式成立，只能是所有者权益相应减少，故选择 A 选项。

★利润表特点及作用

特点	作用
① 某一会计期间； ② 经营成果； ③ 多步式结构； ④ 编制基础：收入−费用＝利润	① 利润表能反映企业在一定期间的收入和费用情况以及获得利润或发生亏损的数额，表明企业投入与产出之间的关系； ② 通过利润表提供的不同时期的比较数字，可以分析判断企业损益发展变化的趋势，预测企业未来的盈利能力； ③ 通过利润表可以考核企业的经营成果以及利润计划的执行情况，分析企业利润增减变化原因

◆利润表样表

单位：　　　　　　　编制单位：　　　　　　　年　　月

项目	本期金额	上期金额
一、营业收入		
减：营业成本		
税金及附加		
销售费用		
管理费用		
研发费用		
财务费用		
其中：利息费用		
利息收入		
加其他收益		
资产减值损失		
信用减值损失		
加：其他收益		
投资收益（损失以"−"号填列）		
其中：对联营企业和合营企业的投资收益		
以摊余成本计量的金融资产终止确认收益（损失以"−"号填列）		
净敞口套期收益（损失以"−"号填列）		
公允价值变动收益（损失以"−"号填列）		
信用减值损失（损失以"−"号填列）		
资产减值损失（损失以"−"号填列）		
资产处置收益（损失以"−"号填列）		
二、营业利润（亏损以"−"号填列）		
加：营业外收入		

续表

项目	本期金额	上期金额
减：营业外支出		
三、利润总额（亏损总额以"-"号填列）		
减：所得税费用		
四、净利润（净亏损以"-"号填列）		
（一）持续经营净利润（净亏损以"-"号填列）		
（二）终止经营净利润（净亏损以"-"号填列）		
五、其他综合收益的税后净额		
（一）不能重分类进损益的其他综合收益		
1. 重新计量设定收益计划变动额		
2. 权益法下不能转损益的其他综合收益		
3. 其他权益工具投资公允价值变动		
4. 企业自身信用风险公允价值变动		
…		
（二）将重分类进损益的其他综合收益		
1. 权益法下可转损益的其他综合收益		
2. 其他债权投资公允价值变动		
3. 金融资产重分类计入其他综合收益的金额		
4. 其他债权投资信用减值准备		
5. 现金流量套期储备		
6. 外币财务报表折算差额		
…		
六、综合收益总额		
七、每股收益		
（一）基本每股收益		
（二）稀释每股收益		

101. 【2021】 关于利润表作用的说法，正确的有（   ）。

A. 通过利润表可以分析判断企业损益变化的趋势

B. 通过利润表可以分析企业现金流量的发生及结余情况

C. 通过利润表可以了解企业一定期间的收入实现和费用耗费情况

D. 通过利润表可以分析企业资产负债的变动情况

E. 通过利润表可以考核企业的经营成果以及利润计划的执行

【答案】 ACE

【解析】 本题考查利润表的作用。

企业财务报表部分介绍了资产负债表、利润表、现金流量表。它们的作用各不相同。这里对比一下：

资产负债表的作用	① 资产负债表能够反映企业在某一特定日期所拥有的各种资源总量及其分布情况，可以分析企业的资产构成，以便及时进行调整
	② 资产负债表可以提供某一日期的负债总额及其结构，表明企业未来需要用多少资产或劳务清偿债务以及清偿时间
	③ 资产负债表能够反映企业在某一特定日期企业所有者权益的构成情况，可以判断资本保值、增值的情况以及对负债的保障程度
现金流量表的作用	① 现金流量表有助于使用者对企业整体财务状况做出客观评价
	② 现金流量表有助于评价企业的支付能力、偿债能力和周转能力
	③ 现金流量表有助于使用者预测企业未来的发展情况

综上，A、C、E 选项是利润表的作用。

★ 现金流量表特点及作用

特点	作用
（1）以现金为基础编制 现金包括：①库存现金；②可以随时用于支付的存款；③其他货币资金；④现金等价物。 （2）现金等价物 现金等价物是一种①期限短（3 个月内）、②流动性强、③易于转换为已知金额、④价值变动风险小的交易性金融资产。 ★包括三个月的：①国库券；②货币市场基金；③可转换定期存单；④银行本票；⑤银行承兑汇票	① 现金流量表有助于使用者对企业整体财务状况做出客观评价； ② 现金流量表有助于评价企业的支付能力、偿债能力和周转能力； ③ 现金流量表有助于使用者预测企业未来的发展情况

◆ 现金流量表样表

编制单位：　　　　　　　年　　月　　　　　　　　　　单位：元

项目	本期金额	上期金额
一、经营活动产生的现金流量		
销售商品、提供劳务收到的现金		
收到的税费返还		
收到的其他与经营活动有关的现金		
经营活动现金流入小计		
购买商品、提供劳务支付的现金		
支付给职工以及为职工支付的现金		
支付的各项税费		
支付其他与经营活动有关的现金		
经营活动现金流出小计		

续表

项目	本期金额	上期金额
经营活动产生的现金流量净额		
二、投资活动产生的现金流量		
收回投资收到的现金		
取得投资收益收到的现金		
处置固定资产、无形资产和其他资产收回的现金净额		
处置子公司及其他营业单位收到的现金净额		
收到其他与投资活动有关的现金		
投资活动现金流入小计		
处置固定资产、无形资产和其他资产支付的现金净额		
投资支付的现金		
支付其他与投资活动有关的现金		
投资活动现金流出小计		
投资活动产生的现金流出净额		
三、筹资活动产生的现金流量		
吸收投资收到的现金		
取得借款收到的现金		
收到其他与筹资活动有关的现金		
筹资活动现金流入小计		
偿还债务支付的现金		
分配股利、利润或偿付利息支付的现金		
支付其他与筹资活动有关的现金		
筹资活动现金流出小计		
筹资活动产生的现金流量净额		
四、汇率变动对现金及现金等价物的影响		
五、现金及现金等价物净增加额		
加：期初现金及现金等价物余额		
六、期末现金及现金等价物余额		

★现金流量表的内容

1. 经营活动（强调经常、日常）	包括：①承发包工程；②销售商品；③提供劳务；④经营性租赁；⑤购买材料物资；⑥接受劳务；⑦支付税费等
2. 投资活动（对内、对外两个方向）	① 对内投资——构建长期资产（固定资产、无形资产、其他资产）；② 对外投资——现金等价物范围外的投资及处置活动业务
3. 筹资活动（筹钱的活动）	① 向自己人筹资——形成企业资本；② 向外人筹资——债务规模和构成发生变化的活动

102.【2023】 下列施工企业产生的现金流量中,应计入现金流量表中经营活动产生的现金流量的是（　　）。

A. 提供劳务收到的现金
B. 从银行借款收到的现金
C. 处置闲置的固定资产收到的现金
D. 偿付贷款利息支付的现金

【答案】A

【解析】本题考查现金流量表中的内容,是高频考点。

企业的现金流量表应当包括经营活动、投资活动、筹资活动产生的现金流量。经营活动是指投资和筹资活动以外的所有交易和事项。经营活动主要包括①承发包工程、②销售商品、③提供劳务、④经营性租赁、⑤购买材料物资、⑥接受劳务、⑦支付税费等。

A 选项正确。

B 选项错误,从银行借款收到的现金,属于筹资活动的现金流入。

C 选项错误,处置闲置的固定资产收到的现金,属于投资活动现金流入。

D 选项错误,偿付贷款利息支付的现金,属于筹资活动现金流出。

103.【2022】 企业编制现金流量表时,短期投资视为现金等价物必须同时具备的条件是期限短、流动性强,易于转换为已知金额的现金以及（　　）的交易性金融资产。

A. 价值变动风险小
B. 投资数额小
C. 预期收益高
D. 转换方式多

【答案】A

【解析】本题考查现金流量表中的现金等价物的含义,是高频考点。

现金等价物是企业持有的期限短、流动性强、易于转换成已知金额的现金、价值变动风险小的交易性金融资产。现金等价物支付能力与现金差别不大,可视为现金。现金等价物的短期投资必须同时满足以下四个条件:①期限短（三个月以内）;②流动性强;③易于转换成已知金额的现金;④价值变动风险小。因此,通常从购买日起三个月到期或清偿的①国库券、②货币市场基金、③可转换定期存单、④银行本票、⑤银行承兑汇票等都可视为现金等价物。

104.【2018】 编制现金流量表的过程中,下列活动中属于筹资活动产生的现金流量的是（　　）。

A. 处置固定资产收回的现金
B. 收回投资收到的现金
C. 吸收投资收到的现金
D. 偿付利息支付的现金
E. 取得借款收到的现金

【答案】CDE

【解析】本题考查现金流表的活动构成,是高频考点。

筹资活动的特点是"筹钱的活动,向自己人或者外人筹钱的活动,即导致资本及债务规模构成发生变化的活动"。

A 选项错误,处置固定资产收回的现金属于投资活动。

B 选项错误，收回投资收到的现金属于投资活动。
C 选项正确，吸收投资收到的现金属于筹资活动。
D 选项正确，偿付利息支付的现金属于筹资活动。
E 选项正确，取得借款收到的现金属于筹资活动。

105.【2019】在编制企业财务报告中的现金流量表时，可视为现金和现金等价物的有（　　）。
A. 可随时用于支付的其他货币资金
B. 可转换定期存单
C. 银行承兑汇票
D. 企业短期购入的可流通的股票
E. 三个月到期的国库券

【答案】ABCE

【解析】本题考查现金和现金等价物的组成，属于高频考点。

现金流量表中的现金是广义上的现金，包括：①库存现金；②可以随时用于支付的存款；③其他货币资金；④现金等价物。现金等价物是一种期限短、三个月内，流动性强，易于转换为已知金额的现金，价值变动风险小的交易性金融资产。现金等价物包括：①三个月的国库券；②货币市场基金；③可转换定期存单；④银行本票；⑤银行承兑汇票。故选择A、B、C、E选项。

★财务报告列报基本要求

（1）	以持续经营为基础
（2）	除现金流量表按收付实现制编制外，其他报表按权责发生制编制
（3）	财务报表项目的列报各应当在各个会计期间保持一致，不得随意变更
（4）	重要项目单独列报
（5）	报表列示项目不应相互抵消
（6）	当期列报项目与上期列报项目具有可比性
（7）	企业至少应当按年编制财务报表（短于一年的应说明原因）

106.【2023】根据《企业会计准则》，关于财务报表列报要求的说法，正确的是（　　）。
A. 应以持续经营作为会计确认、计量和编制会计报表的基础
B. 所有财务报表均应按照权责发生制编制
C. 计入当期利润的利得和损失项目的金额应以抵消后的净额列报
D. 重要项目单独列报，仅以项目金额大小为标准判断其重要性

【答案】A

【解析】本题考查企业财务报表编制的基本要求，是高频考点。

财务报表是指对企业财务状况、经营成果和现金流量的结构性描述。现行《企业会计准则》对财务报表的列报和构成要求包括七个方面，具体内容见上文。

A 选项正确。

B 选项错误，除现金流量表按照收付实现制编制外，企业应当按照权责发生制编制其他财务报表。

C 选项错误，财务报表项目应当以总额列报，资产和负债、收入和费用、直接计入当期利润的利得和损失项目的金额不能相互抵消，即不得以净额列报，会计准则另有规定的除外。

D 选项错误，重要项目单独列报，重要性是指财务报表某项目的省略或错报会影响使用者据此做出经济决策。重要性应当根据企业所处环境，从项目的性质和金额大小两方面予以判断。

107.【2021】 下列财务报表中，属于按照收付实现制原则编制的是（　　）。

A. 资产负债表　　　　　　　　　　B. 利润表
C. 现金流量表　　　　　　　　　　D. 所有者权益变动表

【答案】C

【解析】本题考查财务报表编制的基本要求（共九条），是高频考点。

财务报表编制的基本要求中的第（2）条要求"除现金流量表按收付实现制编制外，其他报表按权责发生制编制。"，即资产负债表、利润表、所有者权益变动表都按照权责发生制编制。故选择 C 选项。

108.【2020】 关于企业财务报表列报要求的说法，正确的有（　　）。

A. 以持续经营为基础
B. 项目的列报在各个会计期间保持一致，不得随意变更
C. 当期所有列报项目至少提供与上一个可比会计期间的比较数据
D. 相关的收入和费用项目应事先互相抵消，以净额列报
E. 企业至少应当按年编制财务报表

【答案】ABCE

【解析】本题考查财务报表列报的基本要求，是高频考点。

D 选项错误，与报表列报的第（5）条矛盾，其余选项均正确。

考点 2　财务分析方法

◆ 常用的财务分析方法

（1）比率分析法	最基本、最重要的方法。 包括：①构成比率；②相关比率；③效率比率
（2）因素分析法	分析指标与驱动因素之间的关系，从数量上确定影响方向、程度的方法。 包括：①连环替代法；②差额计算法

109.【2014】 要分别分析材料消耗量和采购单价对工程材料费用的影响，可以采用的财务分析方法是（　　）。

A. 趋势分析法　　　　　　　　　　B. 因果分析法
C. 比率分析法　　　　　　　　　　D. 因素分析法

【答案】D

【解析】本题考查财务分析的方法名称，是常见考点。

常见的财务分析方法包括比率分析法和因素分析法。因素分析法是分析指标与驱动因素之间的关系，从数量上确定影响方向、程度的方法。材料费＝材料消耗量×材料单价，题目条件"要分别分析材料消耗量和采购单价对工程材料费用的影响"属于因素分析法，故选 D 选项。

★ 财务比率分析（指标名称）

（1）偿债能力	① 资产负债率；② 流动比率；③ 速动比率；④ 利息备付率；⑤ 偿债备付率；⑥ 权益乘数
（2）营运能力	① 总资产周转率（天数）；② 流动资产周转率（天数）；③ 存货周转率（天数）；④ 应收账款周转率（天数）
（3）盈利能力	① 权益净利率；② 总资产收益率；③ 净资产收益率
（4）发展能力	① 营业增长率；② 资本积累率

110.【2023】下列财务分析指标中，反映企业发展能力的指标是（　　）。

A. 净资产收益率　　　　　　　　　B. 应收账款周转率

C. 权益乘数　　　　　　　　　　　D. 资本积累率

【答案】D

【解析】本题考查基本比率分析法财务指标的名称，是高频考点。

比率分析法基本财务指标包括偿债能力、营运能力、盈利能力和发展能力四个方面。其中发展能力的指标主要有营业增长率、资本积累率。

A 选项错误，净资产收益率属于盈利能力指标。

B 选项错误，应收账款周转率属于营运能力指标。

C 选项错误，权益乘数属于偿债能力指标。

D 选项正确，资本积累率属于发展能力指标。

111.【2022】下列属于偿债能力指标的是（　　）。

A. 利息备付率　　　　　　　　　　B. 流动比率

C. 总资产净利润率　　　　　　　　D. 营业增长率

E. 速动比率

【答案】ABE

【解析】本题考查指标分析法下的指标名称，是高频考点。

C 选项错误，总资产净利率属于盈利能力比率。

D 选项错误，营业增长率属于发展能力比率。

★ 比率分析法（指标计算）——偿债能力指标计算

(1) 资产负债率	$=\dfrac{总负债}{总资产}$ 一般 50%，合适
(2) 流动比率	$=\dfrac{流动资产}{流动负债}$ 一般认为企业合理最低流动是 2
(3) 速动比率	$=\dfrac{流动资产}{流动负债}$，一般是 1；速动资产=流动资产-存货；或者，速动资产=①货币资金+②交易性金融资产+③应收票据+④应收账款+⑤其他应收款（企业存在其他流动资产时使用）
(4) 利息备付率	$=\dfrac{息税前利润}{当期应计利息}$ 一般情况下，利息备付率不宜低于 2
(5) 偿债备付率	$=\dfrac{可用于还本付息的资金（未分配利润+固定资产折旧+无形资产+其他资产摊销）}{当期应计利息}$ 一般情况下，偿债备付率不宜低于 1.3

112.【2023】 有同一行业的四家企业拟从银行申请一笔短期贷款，每家企业均向银行提供了能反映自身偿债能力的财务数据，如下表。仅根据上述信息，银行应优先考虑给予贷款的企业是（　　）。

企业	甲	乙	丙	丁
流动比率	2.3	2.1	2.3	1.9
速动比率	1.2	1.4	1.5	1.3
资产负债率	60%	65%	70%	50%

A. 甲　　　　　　B. 乙　　　　　　C. 丙　　　　　　D. 丁

【答案】D

【解析】本题考查偿债能力指标的判别标准，是常见考点。

流动比率是企业流动资产与流动负债的比率，是对企业短期偿债能力的粗略估计，适用于同行业比较以及本企业不同历史时期的比较。经验认为，流动比率为 2 比较合理，但随着经营方式和金融环境的变化，流动比率有下降趋势；速动比率是企业速动资产与流动负债之间的比率关系，其中，速动资产=流动资产-存货，或者使用另一种表示方法，速动资产=货币资金+交易性金融资产+应收票据+应收账款+其他应收款。速动比率扣除了变现价值与账面价值差别较大的存货，其高低直接反映企业短期偿债能力高低。而在企业的流动资产中，存货的流动性最小。在发生清偿事件时，存货蒙受的损失将大于其他流动资产。因此一个企业不依靠出售库存资产来清偿债务的能力是非常重要的。流动比率与速动比率从计算公式上看，分子差了一项存货，基于以上信息，应尽量选择流动比率与速动比率差值小的方案。资产负债率衡量企业的长期偿债能力,是企业总负债与总资产之比。经验认为,该指标50%比较合适,有利于风险与收益的平衡。因此综合考虑之后,银行应优先考虑给予丁企业贷款。故选择 D 选项。

113.【2022】 某企业 2021 年末的流动资产构成为:货币资金 800 万元,存货 500 万元,交易性金融资产 300 万元,应收账款 450 万元,其他应收款 200 万元,流动负债为 1050 万元。该企业 2021 年末的速动比率是( )。

A. 1.67
B. 1.05
C. 1.24
D. 2.14

【答案】A

【解析】本题考查财务指标的计算,是高频考点。

速动比率 = $\frac{速动资产}{流动负债}$,其中,速动资产 = 流动资产 - 存货 = ①货币资金 + ②交易性金融资产 + ③应收票据 + ④应收账款 + ⑤其他应收款。速动比率 =(800+300+450+200)/1050 = 1.67。

★比率分析法(指标计算)——营运能力指标计算

指标	公式
总资产周转率(次数)	= $\frac{主营业务收入}{(期初资产总额+期末资产总额)\div 2}$ 指标越高,反映企业销售能力越强
流动资产周转率(次数)	= $\frac{主营业务收入}{(期初流动资产+期末流动资产)\div 2}$ 流动资产周转天数 = $\frac{计算期天数}{流动资产周转次数}$ 周转次数越多,周转天数越短,表明流动资产周转速度越快,指标越好
存货周转率(次数)	= $\frac{主营业务收入}{(期初存货+期末存货)\div 2}$ 存货周转天数 = $\frac{计算期天数}{存货周转次数}$ 一般情况下,周转次数越多,周转天数越短,指标越好
应收账款周转率(次数)	= $\frac{主营业务收入}{(期初应收账款+期末应收账款)\div 2}$ 应收账款周转天数 = $\frac{365}{应收账款周转次数}$ 一般情况下,周转次数越多,周转天数越短,指标越好

114.【2020】企业应收账款周转率与上一年度相比有明显提高，说明该企业的经营状况是（   ）。

A. 企业管理效率降低
B. 更容易发生坏账损失
C. 收回赊销账款能力减弱
D. 应收账款收回速度变快

【答案】D

【解析】本题考查财务指标的含义。

营运能力指标包括：①总资产周转率；②流动资产周转率；③存货周转率；④应收账款周转率。其中，应收账款周转率通常用来测定企业一定时期内收回赊销账款的能力，它可以反映企业应收账款的变现速度及管理效率。一般情况下，应收账款周转率越高表明企业的应收账款回收速度越快，表明企业有较好的信用状况，发生坏账损失的风险小。故选择D选项。

115.【2020】下列财务指标中，属于企业营运能力指标的有（   ）。

A. 应收账款周转率
B. 总资产周转率
C. 权益乘数
D. 流动资产周转率
E. 存货周转天数

【答案】ABDE

【解析】本题考查指标名称，是高频考点。

企业营运能力的指标有：①总资产周转率；②流动资产周转率（天数）；③存货周转率（天数）；④应收账款周转率（天数）。故选择A、B、D、E选项。

116.【2017】某企业在一个会计期间的主营营业收入为600万元，期初应收账款为70万元，期末应收账款为130万元，则该企业应收账款周转率为（   ）。

A. 4.62
B. 8.57
C. 10.00
D. 6.00

【答案】D

【解析】此题考查应收账款周转率的计算。

应收账款周转率（次数）=主营业务收入／[（期初应收账款+期末应收账款）÷2] = 600／[（70+130）／2] =6，故选择D选项。

★比率分析法（指标计算）——盈利能力指标计算

权益净利率 （企业盈利能力的核心指标）	$=\dfrac{\text{净利润}}{(\text{期初股东权益总额}+\text{期末股东权益总额})÷2}$ 该指标越高，表明股东权益的利用效率越高，说明企业在增加收入和节约资金使用等方面取得了良好的效果
总资产净利率	$=\dfrac{\text{净利润}}{(\text{期初资产总额}+\text{期末资产总额})÷2}$ 该指标越高，表明企业资产的利用效率越高，同时也意味着企业资产的盈利能力越强

★ 比率分析法——发展能力指标计算

营业增长率	= 本期营业收入增加额 / 上期营业收入总额 该指标值越高，表明增长速度越快，企业市场前景越好；反之说明企业市场份额萎缩
资本积累率	= 本年度所有者权益增长额 / 年初所有者权益 该指标反映了投资者投入企业资本的保全性和增长性，该指标越高，表明企业的资本积累越多，企业资本保全性越强，应对风险、持续发展的能力越大；该指标如为负值，表明企业资本受到侵害，应予以充分重视

117.【2021】 某企业上年初所有者权益总额为 5000 万元，年末所有者权益相对年初减少 200 万元。本年末所有者权益总额为 5500 万元，则该企业本年度的资本积累率为（　　）。

A. 10.00%　　　　B. 10.42%　　　　C. 14.58%　　　　D. 14.00%

【答案】C

【解析】本题考查资本积累率的计算。

计算公式：资本积累率=本年度所有者权益增长额/年初所有者权益

上年末所有者权益=5000-200=4800 万元

本年末所有者权益总额为 5500 万元，则本年度的资本积累率=本年所有者权益增长额/年初所有者权益=（5500-4800）/4800=14.58%。

故选择 C 选项。

◆ 杜邦财务分析体系

杜邦财务分析体系利用各主要财务比率指标之间的内在联系对企业财务状况和经营成果进行综合评价的系统方法。该体系以权益净利率为核心指标，以总资产净利率和权益乘数为两个方面，重点揭示企业获利能力及财务杠杆应用对权益净利率的影响。

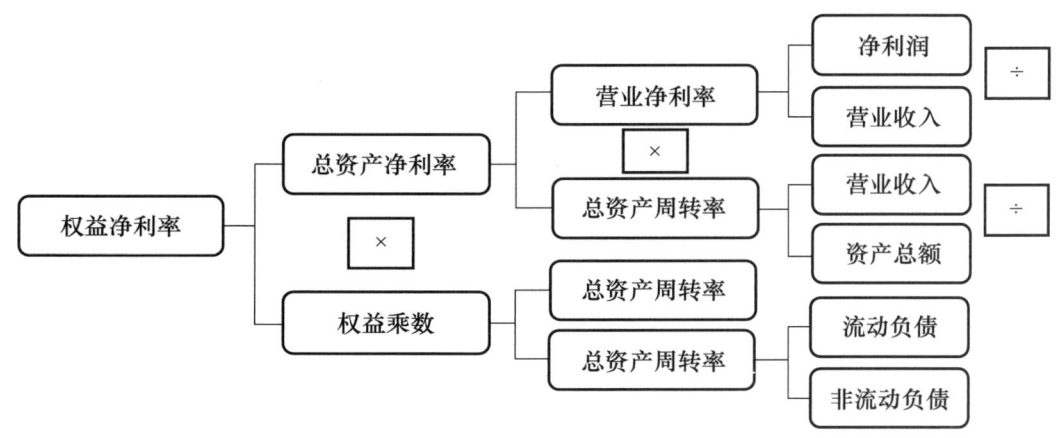

权益净利率=总资产净利率×权益乘数=营业净利率×总资产周转率×权益乘数

118.【2022】杜邦分析体系的核心指标是（　　）。

A. 内部收益率
B. 营业增长率
C. 权益净利率
D. 总资产报酬率

【答案】C

【解析】本题考查杜邦财务分析体系，是常见考点。

杜邦财务分析体系图中最左侧指标是权益净利率，是杜邦体系的核心指标，故选择 C 选项。

119.【2018】某企业 2016 年实现净利润为 1000 万元，销售收入为 10000 万元，总资产周转率为 0.8，权益乘数为 1.5。不考虑其他因素。采用杜邦财务分析体系计算的权益净利率是（　　）。

A. 100%　　　　B. 15%　　　　C. 12%　　　　D. 10%

【答案】C

【解析】此题考查杜邦财务分析体系中指标之间的关系。

根据题目条件，先计算营业净利率＝1000/10000＝0.1，根据杜邦财务分析体系，总资产净利率＝营业净利率×总资产周转率＝0.1×0.8＝0.08。因此，权益净利率＝总资产净利率×权益乘数＝0.08×1.5＝12%，故选择 C 选项。

第 11 章 筹资管理

考点 1 筹资主体

◆筹资主体
包括企业筹资和项目筹资。

企业筹资	企业筹资渠道	★（1）内源筹资：①自有资金（留存收益、应收账款、闲置资产变卖）；②应付息税；③未使用或未分配专项基金（更新改造基金、生产发展基金、职工福利基金）
		（2）外源筹资：①权益筹资（普通股、优先股）；②债务筹资（借款、债券）；③混合筹资（可转换债券、认股权证）
	企业筹资类型	直接筹资——不通过银行等金融机构（发行股票、债券）
		间接筹资——通过银行等金融机构（向银行申请贷款、委托中介机构进行证券化筹资）

★项目融资
概念（狭义）：为建设和经营项目而成立的新的独立法人——项目公司，由项目公司完成项目的投资建设和经营还贷。

项目筹资的特点	（1）项目融资是以项目为主体的融资活动
	（2）有限追索贷款
	（3）合理分配融资风险
	（4）项目资产负债表之外的融资
	（5）灵活的信用结构

◆PPP（政府和社会资本合作模式）主要模式

基于使用者付费的特许经营模式（我国现行机制，重点领域限定于经营性收益项目）	BOT（建设—运营—移交）、BOOT（建设—拥有—运营—移交）、TOT（转让—运营—移交）、ROT（改建—运营—移交）、DBFOT（设计—建设—融资—运营—移交）
基于政府付费的私人融资计划模式	BOO（建设—拥有—运营）

120.【2023】关于项目融资特点的说法，正确的有（   ）。
A. 项目出现问题，项目贷款人可以追索借款人除该项目以外的任何形式的资产
B. 项目融资是一种需进入项目投资者资产负债表的贷款形式
C. 通常会增加贷款人对投资者资信的依赖程度
D. 项目融资是以项目为主体的融资活动
E. 在项目初始阶段应合理分配全寿命周期中的风险

【答案】DE

【解析】本题考查项目融资的特点，近几年是高频考点。

企业筹资的方式很多，按照筹资主体不同，可以分为企业筹资和项目筹资。广义上的项目筹资是指为了建设一个新项目或是收购一个现有项目以及对已有项目进行债务重组所进行的融资活动。狭义上的项目融资是指为了建设和经营项目而成立新的独立法人（项目公司），由项目公司完成项目的投资建设和经营还贷。

项目融资的特点有：（1）以项目为主体。项目融资主要根据项目的预期收益、资产以及政府扶持措施的力度来安排融资，其贷款的数量、融资成本的高低以及融资结构的设计都是与项目的现金流量和资产价值直接联系在一起。（2）有限追索贷款。项目的贷款人可以在贷款的某个特定阶段对项目借款人实行追索，或在一个规定范围内对公私合作双方进行追索。除此之外，项目出现任何问题，贷款人均不能追索到项目借款人除该项目资产、现金流量以及政府承诺义务之外的任何形式的资产。（3）合理分配投资风险。在项目决策阶段应尽早确定哪些基础设施项目能够进行项目融资，并且可以在项目的初始阶段较合理地分配项目整个生命周期中的风险。（4）项目资产负债表之外的融资。项目融资是一种在资产负债表之外的融资。根据有限追索原则，项目投资人承担的是有限责任，因而通过对项目投资结构和融资结构的设计，可以帮助投资者将贷款安排为一种非公司负债性融资，使融资不需进入项目投资者资产负债表的贷款形式。（5）灵活的信用结构。采用项目融资的项目一般具有灵活的项目结构，可以将贷款的信用支持分配到与项目有关的各个方面，提高项目的债务承受能力，减小贷款人对投资者资信和其他资产的依赖程度。

综上，选择 D、E 选项。

121.【2021】某施工企业在经营过程中，同时发行可转换债券和认股权证，该筹资方式属于（   ）。
A. 内源筹资   B. 权益筹资   C. 混合筹资   D. 债务筹资

【答案】C

【解析】本题考查企业筹资方式，是高频考点。

企业筹资分有三种：

内源筹资：①自有资金（留存收益、应收账款、闲置资产变卖）；②应付息税；③未使用或未分配专项基金（更新改造基金、生产发展基金、职工福利基金）。

外源筹资：①权益筹资（普通股、优先股）；②债务筹资（借款、债券）。

混合筹资：①可转换债券；②认股权证。

施工企业发行可转换债券和认股权证属于混合筹资方式，故选择 C 选项。

考点 2　筹资方式

◆短期筹资

概念：满足企业临时性流动资金需要的筹资活动，一般是在一年以内或超过一年的一个营业周期以内到期。

短期负债筹资特点：①速度快；②弹性好；③成本低；④风险高

短期负债筹资方式	★（1）商业信用（企业向企业筹资）	① 应付账款 ② 应付票据（商业承兑汇票、银行承兑汇票） ③ 预收账款 ④ 其他应付款
	（2）短期借款（企业向银行筹资）	短期借款的信用条件： ① 信贷限额——非正式贷款最高限额 ② 周转信贷协定——正式的贷款最高限额，未使用部分要给银行承诺费 ③ 补偿性余额——10%~20%，最低存款余额，提高了实际借款利率

122.【2020】下列筹资方式中，属于商业信用形式的有（　　）。
A. 应付票据　　　　　　　　　　　B. 应付账款
C. 抵押贷款　　　　　　　　　　　D. 融资租赁
E. 预收账款

【答案】ABE

【解析】本题考查商业信用，是高频考点。

商业信用是企业向企业筹资，商业信用的表现形式在名称上属于短期负债，包括：①应付账款；②应付票据；③预收账款；④其他应付款。故选择 A、B、E 选项。

123.【2021】某企业获得的周转信贷额为 3000 万元，承诺费为 0.5%，企业在借款年度内使用了 2000 万元，则企业该年度向银行支付的承诺费为（　　）万元。
A. 10　　　　　　B. 15　　　　　　C. 5　　　　　　D. 25

【答案】C

【解析】本题考查短期借款信用条件中的周转信贷协定下的承诺费的含义。

按照国际惯例，银行发放短期借款往往带有一些信用条件，主要有信贷限额、周转信贷协定、补偿性余额。其中，周转信贷协定是银行具有法律义务地承诺提供不超过某一最高限额的贷款协定。该协定的有效期通常为一年，在有效期内，只要企业的借款总额未超过最高限额，银行必须满足企业任何时候提出的借款要求。但是，企业享用周转信贷协定，通常要就贷款限额的未使用部分付给银行一笔承诺费。（3000−2000）×0.5%＝5 万元，故选择 C 选项。

◆长期筹资

长期负债筹资	长期借款筹资特点（与债券相比）：筹资速度快、借款弹性大、成本低、限制性条款多		
	长期债券筹资		
	融资租赁	认定（满足之一）：①期满所有权转移；②承租人有购买资产的选择权；③租赁期≥设备寿命的75%；④租赁收款额现值相当于租赁资产公允价值；⑤租赁资产只适合承租人使用
		租金：①租赁资产的成本；②租赁资产的成本利息；③租赁手续费
	可转换债券——允许持有人在规定的时间内按规定的价格转换为发行公司或其他公司普通股股票的有价证券		
长期股权筹资	①优先股筹资；②普通股股票筹资；③认股权证筹资		

124.【2021】根据现行会计准则和税法，关于融资租赁的说法，正确的有（　　）。

A. 租赁期满时，租赁资产的所有权可以转移给承租人
B. 租赁期占资产可使用年限的大部分，通常等于或大于可使用年限的75%
C. 融资租赁在税法上被认定为分期付款购买
D. 承租人有购买租赁资产的选择权，所订立的购买价格远低于行使选择权时租赁资产的公允价值
E. 租赁费中的利息、手续费以及融资租赁设备的折旧费均不可在税前支付

【答案】ABCD

【解析】本题考查融资租赁的特点。

租赁可以分为经营租赁和融资租赁两种。经营租赁主要是为了取得经营活动需要的短期使用的资产，而融资租赁的目的是取得拥有长期资产所需要的资金。典型的融资租赁是指长期的、完全补偿的、不可撤销的、由承租人负责维护的租赁。除融资以外的租赁，全部归入经营租赁。按照我国现行税法的规定，租赁费中的利息、手续费以及融资租赁设备的折旧费均可在税前支付以减轻所得税负担。故选择A、B、C、D选项。

考点3　资金成本

★资金成本

概念：筹集资金和使用资本而付出的代价

资金成本	占用费（变动费用）——①借款利息；②债券利息
	筹集费（固定费用）——①印刷费；②代理发行费；③律师费；④公证费；⑤广告费

125.【2022】 下列发行债券发生的资金成本中属于资金占用费的是（   ）。

A. 债券利息
B. 代理发行费
C. 印刷费
D. 公证费

【答案】 A

【解析】 本题考查资金成本的含义，是高频考点。

资金成本是指企业为筹措和使用资本而付出的代价，是资金使用者向资金所有者和中介机构支付的占用费和筹集费用。其中，资金占用费是指企业占用资金支付的费用，如银行借款利息和债券利息等；资金筹资费用是指在资金筹集过程中支付的各项费用，如银行为发行债券支付的印刷费、代理发行费、律师费、公证费、广告费等。

B 选项错误，代理发行费属于筹资费用。
C 选项错误，印刷费属于筹资费用。
D 选项错误，公证费属于筹资费用。

★ 资金成本计算

（1）个别资金成本率	$=\dfrac{\text{资金占用费}}{\text{筹资净额}}=$ 年利息×（1−25%）/［本金×（1−筹资费率）］ 其中，筹资净额=（筹资总额−筹集费）=筹资总额×（1−筹资费率）
（2）综合资金成本	个别资金成本率的加权平均

126.【2020】 某企业从银行取得 5 年的长期借款 1000 万元，该笔借款的担保费率为 0.5%，利率为 6%，每年结息一次，到期一次还本，企业所得税税率为 25%，则该笔借款年资金成本率为（   ）。

A. 4.50%
B. 4.52%
C. 6.00%
D. 6.03%

【答案】 B

【解析】 本题考查资金成本率的计算，是高频考点。

资金成本率的计算分为个别资金成本率与综合资金成本率两种，个别资金成本率的计算中需要考虑筹资产生的利息属于债务利息，可以在所得税前支付，有抵税的作用。因此，资金成本率=年利息×（1−25%）/［本金×（1−筹资费率）］=6%×（1−25%）/（1−0.5%）=4.52%，故选择 B 选项。

考点 4 资本结构

◆ 概念

资本结构即企业（项目）筹资方案中各种长期资本（长期债务资本和权益资本）来源的构成和比例关系。

◆ 资本结构决策

资本结构决策主要内容：权衡债务的收益和风险，从而实现企业价值最大化	
资本结构决策的方法	★① 资金成本比较法：测算不同资本结构方案的综合资金成本，选择最低的为最优资本结构
	② 每股收益无差别点法：通过测算不同方案的每股收益，选择每股收益较大的筹资方案
	③ 企业价值比较法：选择市盈率最高的资本结构
资本结构优化	★企业最优资本结构——企业价值最大且资金成本最低的资本结构

127.【2023】关于企业最优资本结构的说法，正确的是（　　）。

A. 最优资本结构是使企业价值最大化，同时资金成本低的资本结构
B. 最优资本结构是使股东每股收益最大的资本结构
C. 最优资本结构是使债务资金最大的资本结构，因为债务资金越多抵税作用越明显
D. 最优资本结构是使债务资金最小的资本结构，因为债务资金越少，企业面临的财务风险越小

【答案】A

【解析】本题考查对资本结构的理解，是常见考点。

资本结构是指企业（或项目筹资方案中）各种长期资本来源的构成及其比例关系。长期债务和权益资本的组合形成了企业的资本结构。资本结构决策是在若干资本结构方案中选择最佳资本结构，常用的方法有资金成本比较法和每股收益无差别点法。资金成本比较法是指在不考虑各种筹资方式在数量和比例上的约束以及财务风险差异时，通过测算不同资本结构方案的综合资金成本率，选择资金成本率最低的方案，确定为相对较优的资本结构。企业财务管理的目标在于追求股东财富最大化。在风险不变的情况下，每股收益的增长会直接导致股东财富的上升，风险也会上升。当每股收益的增长不足以补偿风险增加所需的代价时，股东财富就会下降，所以企业最优的资本结构应当是使企业价值最大化，同时资金成本也是最低的资本结构。

综上，选择A选项。

128.【2022】某企业为扩大投资规模，拟筹资15000万元，现有四个筹资方案，其中筹资方案甲的相关数据如下表，筹资方案乙、丙、丁的综合资金成本分别为11.36%、10.71%和11.93%，则仅根据上述条件，为完成筹资，依据综合资金成本应选择的筹资方案为（　　）。

筹资方式	原资本结构		筹资方案甲	
	筹资额（万元）	个别资金成本	筹资额（万元）	个别资金成本
长期借款	3000	7%	1000	7.5%
长期债券	3000	7.5%	4000	8%

续表

筹资方式	原资本结构		筹资方案甲	
	筹资额（万元）	个别资金成本	筹资额（万元）	个别资金成本
优先股	2000	11%	3000	12%
普通股	7000	14%	7000	13%
合计	15000		15000	

A. 甲　　　　　　　　B. 乙　　　　　　　　C. 丙　　　　　　　　D. 丁

【答案】C

【解析】资金成本是指企业（或项目筹资方案中）各种长期资本的来源构成和比例关系。通常情况下，企业的资本由长期债务资本和权益资本构成，因此，资本结构指的是长期债务资本和权益资本各占多大比例，不包括短期负债。资本结构决策方法中的资金成本比较法，主要是在不考虑各种筹资方式在数量与比例上的约束以及财务风险差异时，通过测算不同资本结构方案的综合资金成本（综合资金成本是各种个别资金成本加权平均的结果），要选择综合资金成本最低的方案，确定为相对较优的资本结构。

筹资方案甲的资金成本为 1000/15000×7.5%+4000/15000×8%+3000/15000×12%+7000/15000×13%＝11.1%，11.93%＞11.36%＞11.1%＞10.71%，丙的综合资金成本最低，故选择C选项。

第 12 章 营运资金管理

考点 1 现金管理

◆ 现金及现金管理目标

现金的内容	① 库存现金；② 各种形式的银行存款；③ 银行本票；④ 银行汇票；⑤ 有价证券
置存现金的原因	① 交易性的需要；② 预防性的需要；③ 投机性的需要
现金管理的目标	在资产的流动性和盈利能力之间的抉择，提高现金使用效率，获取最大的长期利益

◆ 现金管理方法

★现金管理方法	① 力争现金流量同步（现金流入、流出的时间趋于一致）
	② 使用现金浮游量（企业开出支票到收票人收到支票并存入银行，至银行将款项划出企业账户，中间需要一段时间。现金在这段时间的占用称为现金浮游量）
	③ 加速收款
	④ 推迟应付款的支付

129.【2023】 为了提高现金使用效率，企业可采取的现金管理方法有（　　）。

A. 推迟应付票据及应付账款的支付，充分利用供货方提供的信用优惠
B. 尽可能多地将现金转换为有价证券，以获得更多收益
C. 尽量使现金流入和现金流出发生的时间趋于一致
D. 制定收账政策时，缩短应收账款和应收票据的时间
E. 合理使用现金浮游量

【答案】ACDE

【解析】本题考查现金管理的方法，是常见考点。

现金是企业流动性最强的资产。企业置存一定数量的现金主要是为了满足交易性需要、预防性需要和投机性需要。为了提高现金使用效率，一般企业可以采用如下管理方法：①力争现金流量同步。企业要尽量使其现金流入和现金流出发生的时间趋于一致，这样可以使其持有的交易性现金余额降低到最低水平。②使用现金浮游量。③加速收款。缩短应收票据及应收账款的时间。④推迟应付票据及应付账款的支付。充分利用供货方提供的信用优惠。故选择 A、C、D、E 选项。

130.【2021】 企业为提高现金使用效率，利用已经开出了支票而银行还未将该款项划出这一时间段内的资金，此现金管理的方法属于（　　）的方法。

A. 使用现金浮游量　　　　　　　　　B. 使现金流量同步

C. 加速收款　　　　　　　　　　　　D. 推迟应付账款

【答案】A

【解析】本题考查现金的管理方法。

为了提高现金的使用效率，一般企业可以采取如下的管理方法：(1) 力争现金流量同步；(2) 使用现金浮游量；(3) 加速收款；(4) 推迟应付票据及应付账款的支付。

其中，使用现金浮游量是从企业开出支票，到收票人收到支票并存入银行，至银行将款项划出企业账户，中间需要一段时间。现金在这段时间的占用称为现金浮游量。故选择 A 选项。

◆ 最佳现金持有量

现金持有成本	(1) 机会成本：和现金持有量之间正比例关系
	(2) 管理成本：一种固定成本，和现金持有量间无比例关系
	(3) 短缺成本：和现金持有量反比例关系
★ 三种成本之和最小的现金持有量就是最佳现金持有量	

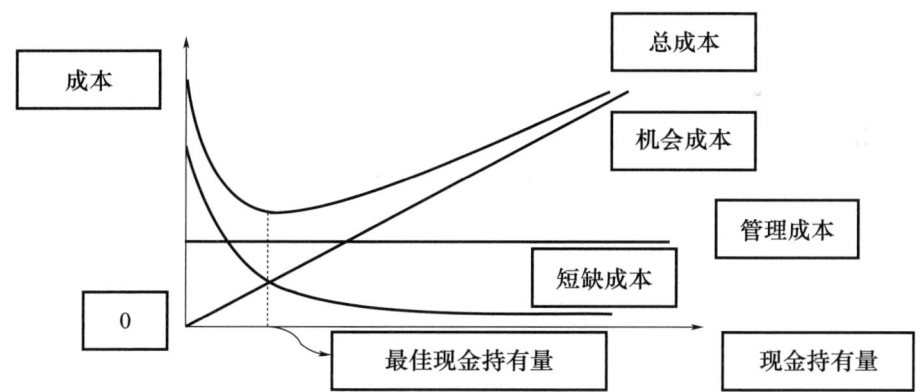

131.【2022】 某企业有甲乙丙丁四个现金持有方案，各方案现金持有量分别是 60000 元、70000 元、84000 元、120000 元，四个方案的机会成本均为现金持有量的 10%，管理成本均为 24000 元，短缺成本分别是 8100 元、3000 元、2500 元和 0 元，若采用成本分析模式进行现金持有量决策选择（　　）。

A. 甲　　　　　　B. 乙　　　　　　C. 丙　　　　　　D. 丁

【答案】B

【解析】本题考查持有现金的成本，是高频考点。

企业的现金管理除了做好日常收支、加速现金流转速度外，还需控制好现金持有规模，即确定适当的现金持有量。常用的确定现金持有量的方法有成本分析模式、存货模式和随机模式三种，成本分析模式下，持有现金的成本有三种：①机会成本；②管理成本；③短缺成本。上述三种成本之和最小的现金持有量，就是最佳现金持有量。

甲：60000×10%+24000+8100=38100。

乙：70000×10%+24000+3000=34000。

丙：84000×10%+24000+2500=34900。

丁：120000×10%+24000+0=36000。

乙的三种成本之和最小，故选择 B 选项。

考点2 应收账款管理

◆ 信用政策

(1) 信用期间：企业给予顾客的付款期间

(2) 信用标准：用 5C（品质、能力、资本、条件、抵押）标准衡量顾客信用品质

(3) 现金折扣：例如"2/10、1/20、$n/30$"

◆ 应收账款的管理方法

| 应收账款回收情况监督：编制账龄分析表 |
| 收账政策的制定：在收账费用和所减少的坏账损失之间做出权衡 |

◆ 账龄分析表示例

应收账款账龄	账户数量	金额	百分比
信用期内			
超过信用期 1~30 天			
超过信用期 31~60 天			
超过信用期 61~120 天			
超出信用期 121 天以上			
合计			

132.【2023】企业为了对应收票据和应收账款回收情况进行监督，可采取的措施是（　　）。

A. 制定现金折扣政策　　　　　B. 编制账龄分析表

C. 调整信用期间　　　　　　　D. 增加收账人员催收账款

【答案】B

【解析】本题考查应收账款的收账。

企业应收账款时间有长有短，有的尚未超过收款期，有的则超过了收款期。一般来讲，

拖欠时间越长，款项收回的可能性越小，形成坏账的可能性越大。对此，企业应实施严密的监督，随时掌握回收情况。实施对应收票据及应收账款回收情况的监督，可以通过编制账龄分析表（样表见上文）进行。故选择 B 选项。

考点3 存货管理

◆ **存货的管理目标**

尽力在各种存货成本与存货效益之间做出权衡，达到两者的最佳结合。

储备存货的成本	（1）取得成本	① 订货成本
		② 购置成本
	（2）储存成本	① 储存固定
		② 储存变动
	（3）缺货成本	
★存货的经济采购批量	$Q^* = \sqrt{2KD/K_2}$ 式中 K——每次订货变动成本； 　　　D——存货年需要量； 　　　K_2——单位储存成本	
存货管理的方法（ABC 分析法）	（1）A 类存货，种类少资金多——集中主要精力，认真规划，严格控制。 （2）B 介于 A、B 类两者之间——也应该给予相当的重视，不必像 A 那样严格控制。 （3）C 种类多资金少——不必耗费过多精力去分别确定其经济批量，可凭经验确定订货量。 （4）分类的标准有两个：①金额标准；②品种数量	

133.【2023】某施工企业生产所需的甲材料年度采购总量为 3000 吨，材料单价为 6000 元/吨，一次订货的固定成本和变动成本分别为 5000 元和 1500 元，每吨材料的年平均储存成本为 100 元，则甲材料的经济采购周转次数为（　　）次。

A. 8　　　　　　　　B. 10　　　　　　　　C. 7　　　　　　　　D. 6

【答案】B

【解析】本题考查存货的经济采购批量，是高频考点。

按照存货管理的目的，需要通过合理的进货批量和进货时间，使存货的总成本最低，这个批量称为经济订货量或经济批量。经济订货量的基本模型是建立在严格的假设条件下的一个理论模型。模型的推导结果即为经济采购批量的公式：$Q^* = \sqrt{2KD/K_2}$。

经济采购批量 = $\sqrt{\dfrac{2\times 3000\times 1500}{100}}$ = 300 吨，若每年采购 3000 吨，一年需要周转 3000÷300 = 10 次。故选择 B 选项。

134.【2022】下列属于储存成本的是（　　）。
A. 存货破损和变质损失
B. 材料供应中断造成的停工损失
C. 丧失销售机会的损失
D. 产成品库存缺货造成的拖欠发货损失

【答案】A

【解析】本题考查存货的成本。
企业储备存货的有关成本，主要包括：①取得成本；②储存成本；③缺货成本。
储存成本指为保持存货而发生的成本，包括存货占用资金所应计的利息、仓库费用、保险费用、存货破损和变质损失等。故选择 A 选项。

135.【2019】企业生产所需某种材料，年度采购总量为 8000 吨，材料单价为 400 元/吨，一次订货的变动成本为 3000 元，每吨材料的年平均储备成本为 300 元，则该材料的经济采购批量为（　　）吨。
A. 114　　　　　B. 200　　　　　C. 400　　　　　D. 300

【答案】C

【解析】本题考查存货的经济采购批量，是高频考点。
$Q^* = \sqrt{2KD/K_2}$，$D=8000$，$K=3000$，$K_2=300$，得出 $Q^*=400$ 吨。

考点 4　短期负债管理

◆短期负债管理的目标

维护企业流动性和偿债能力，增强企业抵御风险的能力，提高企业利润和发展潜力。

◆短期负债筹资决策（商业信用 & 短期借款）

（1）商业信用	包括应付账款、应付票据、预收账款、其他应付款	
	★"2/10，n/30"含义	
	★放弃现金折扣成本 = $\dfrac{折扣百分比}{1-折扣百分比} \times \dfrac{360}{信用期-折扣期}$	
（2）短期借款	包括生产周转借款、临时借款、结算借款	
	短期借款的利息支付方法	① 收款法（贷款实际利率=名义利率）
		② 贴现法（贷款实际利率>名义利率）
		③ 加息法（贷款实际利率是名义利率的 2 倍）

136.【2023】某企业按照"1/30，n/45"的条件购入 100 万元材料，同期银行贷款的年利率为 4.35%，若企业在第 40 天付款，则企业放弃现金折扣的成本率是（　　）。
A. 4.35%
B. 8.08%
C. 24.24%
D. 36.36%

【答案】 C

【解析】 本题考查商业信用中应付账款的信用条件，是高频考点。

"1/30，n/45"的含义是，45天为信用期间，30为免费信用期，如果该企业在第30天内（含30天）付款，就会享受1（=100×1%）万元的折扣，免费信用额为99（=100-1）万元；如果企业在第45天（等同于第40天）付款，企业需要付款100万元，即企业持有99万元15天的成本是1万元，15天放弃折扣的成本率是$\frac{1}{99}$，一年放弃折扣成本率是$\frac{1}{99} \times \frac{360}{15}$（=24.24%），需要说明的是，会计上习惯将一年的计算期视为360天。故选择C选项。

137.【2020】 某施工企业按 2/10，n/30 的条件购入材料40万元，关于该项业务付款的说法，正确的是（　　）。

A. 若该业在第9天付款，需支付39.2万元
B. 若银行借款年利率为6%，该企业应放弃现金折扣成本
C. 若该企业在第21天付款，应支付39.6万元
D. 若该企业在第29天付款，则放弃现金折扣的成本为2%

【答案】 A

【解析】 本题考查放弃折扣的资金成本率的计算，是高频考点。

"2/10，n/30"的含义是，付款方10天内付款享受总价款2%，需要支付40×0.98=39.2万元的价款。付款方10天以上至30天内付款，付款方放弃折扣，付全部价款40万元，放弃折扣的成本率=[折扣百分比/（1-折扣百分比）]×[360/（信用期-折扣期）]=（2/98）×（360/20）=36.73%>6%（银行贷款利率），此时不应当放弃折扣。故选择A选项。

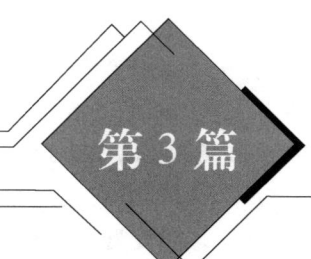

第 3 篇　工程计价

第 13 章　建设项目总投资

考点 1　建设工程项目总投资

◆概念

建设工程项目总投资是指为确保建设工程项目达到使用要求和生产条件，在建设期内预计或实际投入的总费用。生产性建设项目总投资包括建设投资、建设期利息和流动资产投资三部分；非生产性建设项目总投资包括建设投资和建设期利息两部分。其中，建设投资和建设期利息之和对应固定资产投资。

★建设项目总投资	★固定资产投资	(1)	建设投资	第一部分工程费用	设备及工器具购置费	（静态）
					建筑安装工程费	（静态）
				第二部分工程建设其他费用	共 13 项（考点 5）	（静态）
				第三部分预备费	基本预备费	（静态）
					价差预备费	（动态）
		(2)	建设期利息			（动态）
	(3)	流动资产投资——流动资金（生产性建设项目总投资包含此项）				

138.【2023】某投资项目建筑安装工程费 5080 万元，设备及工器具购置费 4010 万元，工程建设其他费 3030 万元，基本预备费 600 万元，价差预备费 750 万元，建设期利息 488 万元，以上数据为含税价，该项目的静态投资含税价为（　　）万元。

A. 12120　　　　　　B. 12720　　　　　　C. 13470　　　　　　D. 13928

【答案】B

【解析】本题考查固定资产投资中的静态投资的组成，是高频考点。

建设项目总投资包括①建设投资、②建设期利息、③流动资产投资三部分，其中，建

105

设投资和建设期利息之和对应为固定资产投资。固定资产投资可以分为静态投资和动态投资，其中静态投资包括工程费用（建筑安装工程费和设备及工器具购置费）、工程建设其他费用、基本预备费三部分。因此，静态投资=5080+4010+3030+600=12720万元。

139.【2022】 某建设项目设备及工器具购置费为1000万元，建安费为2500万元，工程建设其他费为700万元，基本预备费210万元，价差310万元，建设期利息320万元，静态投资为（　　）万元。

A. 4410　　　　B. 4200　　　　C. 4720　　　　D. 5040

【答案】A

【解析】本题考查静态投资的组成部分，是高频考点。

固定资产可以分为静态投资部分和动态投资部分。静态投资部分由工程费用、工程建设其他费用、基本预备费组成。动态投资部分是指在建设期内，因建设期利息和国家新批准的税费、汇率、利率变动以及建设期价格变动引起的投资增加额，包括价差预备费、建设期利息。

工程费用：1000+2500=3500万元。

工程建设其他费用：700万元。

基本预备费：210万元。

静态投资：3500+700+210=4410万元。

考点2　设备及工器具购置费的构成及计算

★设备及工器具购置费

★设备及工器具购置费=设备及工器具原价（或进口设备抵岸价）+工器具、生产家具购置费+设备运杂费（国内）	
国产设备原价是指国产标准设备、国产非标准设备、自制设备及工器具的原价	
★国产标准设备（制造厂的交货价、出厂价） ① 国产标准设备原价指交货价（出厂价）； ② 成套公司供应设备原价为订货合同价； ③ 一般按带有备件的出厂价计算	★国产非标准设备 ④ 非国产标准设备原价接近出厂价（成本估价法等）
★运杂费 设备运杂费=设备原价×设备运杂费率	运杂费指的是设备原价中未包括的： ① 运费、装卸费（国产标准设备＆进口设备）； ② 包装费； ③ 供销部门的手续费； ④ 建设单位采购及仓库保管费； ⑤ 如果设备是由设备成套公司供应的，成套公司的服务费也应计入设备运杂费中

140.【2020】 关于国产设备原价的说法，正确的有（　　）。

A. 国产标准设备的原价一般是指出厂价

B. 由设备成套公司供应的国产标准设备，原价为订货合同价
C. 国产标准设备在计算原价时，一般按带有备件的出厂价计算
D. 非标准国产设备原价的计算方法应简便，并使估算价接近实际出厂价
E. 非标准国产设备原价中应包含运杂费

【答案】 ABCD

【解析】 本题考查设备购置费中设备原价的组成。

设备购置费=设备及工器具原价（或进口设备抵岸价）+工器具、生产家具购置费+设备运杂费（国内）。其中，设备原价有如下几种确定方法：①国产标准设备原价指交货价（出厂价）；②成套公司供应设备原价为订货合同价；③一般按带有备件的出厂价计算；④非国产标准设备原价接近出厂价（成本估价法等）。运杂费指的是设备原价中未包括的：①运费、装卸费；②包装费；③供销部门的手续费；④建设单位采购及仓库保管费；⑤如果设备是由设备成套公司供应的，成套公司的服务费也应计入设备运杂费中。

E 选项错误，运杂费不在设备原价里。

★ 进口设备抵岸价

进口设备抵岸价=① 进口设备货价+② 国外运费+③ 国外运输保险费+④ 银行财务费+⑤ 外贸手续费+⑥ 进口关税+⑦ 消费税+⑧ 增值税	
离岸价（FOB）=货价	FOB（free on board）又称装运港船上交货价，俗称离岸价，货物在装船时越过船舷，风险即由卖方转移至买方
到岸价（CIF）=货价+运费+保险费	
抵岸价中前4项的计算基础以 FOB 为主，其中保险费特殊，保险费计算基数=$\dfrac{离岸价+国外运费}{1-保险费率}$	
抵岸价中后4项的计算基础以 CIF 为主，其中增值税特殊，增值税计算基数=到岸价+进口关税+消费税	

141.【2023】进口机电设备，离岸价 1500 万元，国外运费 75 万元，国外运输保险费 3.16 万元，银行财务费 6 万元，外贸手续费 22.9 万元，关税税率 8%，增值税率 13%，国内运杂费率 3%，设备购置费（含增值税）为（　　）万元。

A. 1955.729　　　　B. 2002.231　　　　C. 1999.886　　　　D. 2020.094

【答案】 C

【解析】 本题考查设备购置费的计算，是常见考点。

设备购置费是指购置或自制的达到固定资产标准的设备、工器具及生产家具所需的费用。设备购置费包括设备原价和设备运杂费，即设备购置费=设备原价或进口设备抵岸价+设备运杂费。其中，进口设备抵岸价=进口设备货价+国外运费+国外运输保险费+银行财务费+外贸手续费+进口关税+增值税+消费税。本题中涉及的设备属于进口设备，即设备购置费=进口设备抵岸价+设备运杂费。在国际贸易过程中，常用的国际贸易术语有：①离岸价 FOB（装运港船上交货价），进口设备的货价=离岸价（FOB）×人民币外汇牌价；②到岸价 CIF（运费、保费在内价）由货价、国外运费、国外运输保险费三部分组成；在计算抵岸价

8项组成时，大概有一个规律：抵岸价中的前4项计算基数以FOB为主，后4项计算基数以CIF为主。因此，进口关税＝到岸价×人民币外汇牌价×进口关税税率，进口产品增值税额＝组成计税价格（到岸价+进口关税+消费税）×人民币外汇牌价。

因此，根据本题给出的信息，到岸价＝1500＋75＋3.16＝1578.16 万元①，关税＝①×8%＝126.2528 万元②；设备购置费＝1500＋75＋3.16＋6＋22.9＋①×8%＋（①+②）×13%＋1500×3%＝1999.886 万元

考点3 建筑安装工程费构成及计算

★建筑安装工程费（按费用构成要素划分）

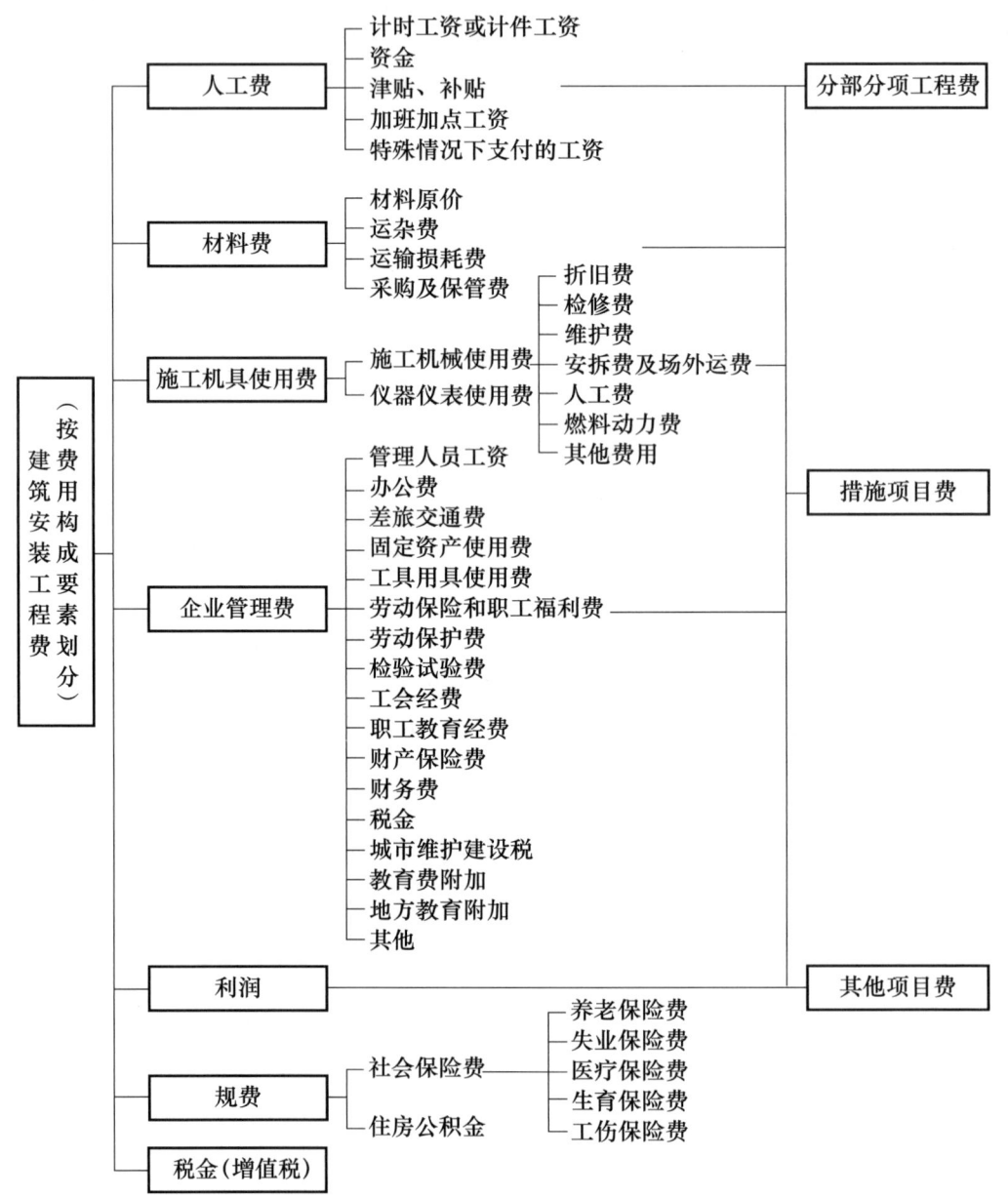

142.【2021】下列费用项目中,属于施工企业管理费的是( )。
A. 生产工人津贴　　　　　　　　　　B. 短期借款利息支出
C. 劳动保护费　　　　　　　　　　　D. 已完工程保护费

【答案】C

【解析】本题考查建筑安装工程费中的企业管理费的组成,是高频考点。

建筑安装工程费按照费用构成要素划分,可以分成人工费、材料费、施工机具使用费、企业管理费、利润、规费、税金七个部分。其中,企业管理费是指建筑安装企业组织施工生产和经营管理所需的费用,内容包括管理人员工资、办公费、差旅交通费、固定资产使用费、工具用具使用费、劳动保险和职工福利费、劳动保护费、检验试验费、工会经费、职工教育经费、财产保险费、财务费、税金、城市维护建设税、教育费附加、地方教育费附加、其他。故选择 C 选项。

★人工费

按工资总额的构成规定,支付给从事建筑安装工程施工的生产工人和附属生产单位工人的各项费用即人工费。

★人工费	① 计时计件工资; ② 奖金(节约奖、劳动竞赛奖); ③ 津贴补贴[流动施工津贴、特殊地区施工津贴、高温(寒)津贴、高空津贴]; ④ 加班加点工资; ⑤ 特殊情况下支付的工资(病、工伤、计划生育、产、婚丧、事假、探亲、定期休假、停工学习、执行国家或社会义务等原因按计时工资标准或计时工资标准的一定比例支付的工资)

人工费=∑(工日消耗量×日工资单价)

143.【2022】因执行国家或社会义务,按计时工资标准支付给从事建筑安装工程施工生产工人的工资,属于建筑安装工程人工费中的( )。
A. 奖金　　　　　　　　　　　　　　B. 特殊情况下支付的工资
C. 津贴补贴　　　　　　　　　　　　D. 加班加点工资

【答案】B

【解析】本题考查建安费中人工费的组成,是高频考点。

建安费中的人工费是指按工资总额的构成规定,支付给从事建筑安装工程施工的生产工人和附属生产单位工人的各项费用。包括:①计时计件工资;②奖金(节约奖、劳动竞赛奖);③津贴补贴[流动施工津贴、特殊地区施工津贴、高温(寒)津贴、高空津贴];④加班加点工资;⑤特殊情况下支付的工资(病、工伤、计划生育、产、婚丧、事假、探亲、定期休假、停工学习、执行国家或社会义务等原因按计时工资标准或计时工资标准的一定比例支付的工资)。

144.【2020】 从事建筑安装工程施工生产的工人，工伤期间的工资属于人工费中的（　　）。

A. 特殊情况支付的工资　　　　　　　B. 计时工资
C. 津贴补贴　　　　　　　　　　　　D. 加班加点工资

【答案】A

【解析】本题考查建安费中的人工费的组成。

人工费包括：①计时计件工资；②奖金（节约奖、劳动竞赛奖）；③津贴补贴［流动施工津贴、特殊地区施工津贴、高温（寒）津贴、高空津贴］；④加班加点工资；⑤特殊情况下支付的工资（病、工伤、计划生育、产、婚丧、事假、探亲、定期休假、停工学习、执行国家或社会义务等原因按计时工资标准或计时工资标准的一定比例支付的工资）。题目中的施工生产的工人在工伤期间的工资属于人工费中的特殊情况下支付的工资。

★材料（设备）费

材料（设备）费指在工程施工过程中耗费的原材料、半成品、构配件的费用，以及周转材料等的摊销、租赁费用。

★材料（设备）费	① 材料原价；② 运杂费；③ 运输损耗费；④ 采购及保管费
材料费＝∑（材料消耗量×材料单价）	
工程设备费＝∑（工程设备量×工程设备单价）	

145.【2021】 下列施工中发生的与材料有关的费用，属于建筑安装工程费中材料费的是（　　）。

A. 对原材料进行一般鉴定、检查所发生的费用
B. 原材料在运输装卸过程中不可避免的损耗费
C. 施工机械场外运输所需的辅助材料费
D. 机械设备日常保养所需的材料费用

【答案】B

【解析】本题考查建安费中的材料费的组成，是高频考点。

材料费包括：①材料原价，是指材料、工程设备的出厂价格或商家供应价格。②运杂费，是指材料、工程设备自来源地运至工地仓库或指定堆放地点所发生的全部费用。③运输损耗费，是指材料在运输装卸过程中不可避免的损耗。④采购及保管费，是指为组织采购、供应和保管材料、工程设备的过程中所需要的各项费用，包括采购费、仓储费、工地保管费、仓储损耗。

A选项属于企业管理费中的检验试验费；C、D选项属于施工机具使用费。故选择B选项。

★施工机具使用费

施工机具使用费包括施工机械使用费和仪器仪表使用费。

施工机械使用费	① 折旧费； ② 检修费； ③ 维护费（各级保养和临时故障排除，包括保障施工机械正常运转所需的随机配备工具、附具的摊销和维护费用等）； ④ 安拆费和场外运费（大型机械除外）； ⑤ 人工费［机上司机（司炉）和其他操作人员的人工费］； ⑥ 燃料动力费； ⑦ 其他费用（车船使用税、保险费及年检费）
	施工机具使用费＝∑（施工机械台班消耗量×机械台班单价） 施工仪器仪表使用费＝工程使用的仪器仪表摊销费+维修费
★ 企业管理费	
企业管理费	1. 管理人员工资 2. 办公费 3. 差旅交通费 4. 固定资产使用费 5. 工具器具使用费 ★6. 劳动保险和职工福利费（职工退休金、离退休干部经费、集体福利费、夏季防暑降温、冬季采暖补贴、上下班交通补贴） ★7. 劳动保护费（工作服、手套、防暑降温饮料及一些保健费用） ★8. 检验试验费（施工企业在自设实验室进行试验耗用的材料等费用） 9. 工会经费 10. 职工教育经费 11. 财产保险费 ★12. 财务费（为生产筹集资金或提供预付款担保、履约担保职工工资支付担保等） ★13. 税金（房产税、车船使用税、土地使用税、印花税） 14. 城市维护建设税（7%；5%；1%） 15. 教育费附加（增值税、营业税和消费税税额的3%） 16. 地方教育费附加（增值税、营业税和消费税税额的2%） 17. 其他
	◆企业管理费以企业管理费率乘以计算基数确定 （1）以人工费为计算基础 企业管理费率（%）＝ $\dfrac{生产工人年平均管理费}{年有效施工天数×人工单价}×100\%$ （2）以人工费和机械费合计为计算基础 企业管理费率（%）＝ $\dfrac{生产工人年平均管理费}{年有效施工天数×（人工单价+每一工日机械使用费）}×100\%$ （3）以分部分项工程费为计算基础 企业管理费率（%）＝ $\dfrac{生产工人年平均管理费}{年有效施工天数×人工单价}×人工费占分部分项工程费比例（\%）$

146.【2022】 下列费用中，属于施工企业管理费的有（　　）。
A. 施工人员工资性津贴　　　　　　　　B. 职工集体福利费
C. 施工现场场地清理费　　　　　　　　D. 劳动保护费
E. 工程点交费

【答案】BD

【解析】 本题考查建安费中企业管理费的组成，是高频考点。
建安费中的企业管理费包括管理人员工资、办公费、差旅交通费、固定资产使用费、工具用具使用费、劳动保险和职工福利费、劳动保护费、检验试验费、工会经费、职工教育经费、财产保险费、财务费、税金、城市维护建设税、教育费附加、地方教育费附加、其他等。

147.【2021】 施工企业按规定标准发放的工作服、手套、防暑降温饮料等发生的费用，属于建筑安装工程费用的（　　）。
A. 津贴补贴　　　　　　　　　　　　　B. 劳动保护费
C. 特殊情况下支付的工资　　　　　　　D. 劳动保险费

【答案】B

【解析】 本题考查建安费中的企业管理费中的劳动保护费的组成，是高频考点。
劳动保护费是企业按规定发放的劳动保护用品的支出，如工作服、手套、防暑降温饮料以及在有碍身体健康的环境中施工的保健费用。
A 选项错误，生产工人的津贴补贴属于人工费。
C 选项错误，生产工人特殊情况下支付的工资属于人工费。
D 选项错误，劳动保险费是指企业支付的职工退休金、按规定支付给离退休干部的经费。

148.【2020】 下列费用项目中，属于施工企业管理费的是（　　）。
A. 生产工人津贴　　　　　　　　　　　B. 短期借款利息支出
C. 已完工程保护费　　　　　　　　　　D. 劳动保护费

【答案】D

【解析】 本题考查建安费中企业管理费的组成，是高频考点。
A 选项错误，生产工人津贴属于人工费。
B 选项错误，短期借款利息属于财务费。
C 选项错误，已完工程保护费属于措施费。
D 选项正确，劳动保护费属于管理费。

149.【2017】 某施工企业投标报价时确定企业管理费率以人工费为基础计算，据统计资料，该施工企业生产工人年平均管理费为 1.2 万元，年有效施工天数为 240 天，人工单价为 300 元/天，人工费占分部分项工程费的比例为 75%，则该企业的企业管理费率应为（　　）。
A. 12.15%　　　　B. 12.50%　　　　C. 16.67%　　　　D. 22.22%

【答案】C

【解析】本题考查企业管理费的计算。

企业管理费的计算是用计算基数乘以企业管理费率。计算基数有三种，分别对应不同的计算基数，根据题意企业管理费以人工费为计算基础：

$$企业管理费率（\%）=\frac{生产工人年平均管理费}{年有效施工天数\times 人工单价}\times 100（\%）$$

$1.2\times 10^4/240\times 300 = 16.67\%$

◆ 利润

工程造价管理机构应以定额人工费或定额人工费+定额机械费作为利润的计算基数，以单位（单项）工程测算，利润在税前建筑安装工程费的比重可按不低于5%且不高于7%的费率计算

★ 规费（不可竞争）

（1）社会保险费：① 养老保险费；② 医疗保险费；③ 失业保险费；④ 工伤保险费；⑤ 生育保险费

（2）住房公积金

社会保险费和住房公积金＝Σ（工程定额人工费×社会保险费率和住房公积金费率）

★ 税金

建筑安装工程费用中的税金是指增值税

建筑安装工程造价（含税）＝税前工程造价×（1+9%）

税金＝税前工程造价×税率（或征收率）

或

$$税金=\frac{工程造价（含税）}{1+税率或征收率}\times 税率或征收率$$

150.【2023】以下属于规费的（　　）。
  A. 劳动保护费 B. 职工福利费
  C. 工伤保险费 D. 医疗保险费
  E. 财产保险费

【答案】CD

【解析】本题考查建筑安装工程费中规费的组成，是高频考点。

建筑安装工程费用组成中的规费是指按国家法律、法规的规定，由省级政府和省级有关权力部门规定必须缴纳或计取的费用，主要包括五险（养老保险、失业保险、医疗保险、生育保险、工伤保险）、一金（住房公积金）。A、B、E选项属于企业管理费，故选择C、D选项。

151.【2022】根据《建设工程工程量清单计价规范》，下列费用中，必须按照国家或省级行业建设主管部门规定的标准计算，不得作为竞争性费用的是（　　）。
  A. 安全文明施工费和企业管理费 B. 规费和企业管理费
  C. 措施项目费和规费 D. 规费和税金

【答案】 D

【解析】 本题考查建安费的组成，是高频考点。

建安费中的不可竞争费用有三项，分别是规费、税金以及措施项目费中的安全文明施工费。

考点 4　按造价形成划分的建安费用项目组成

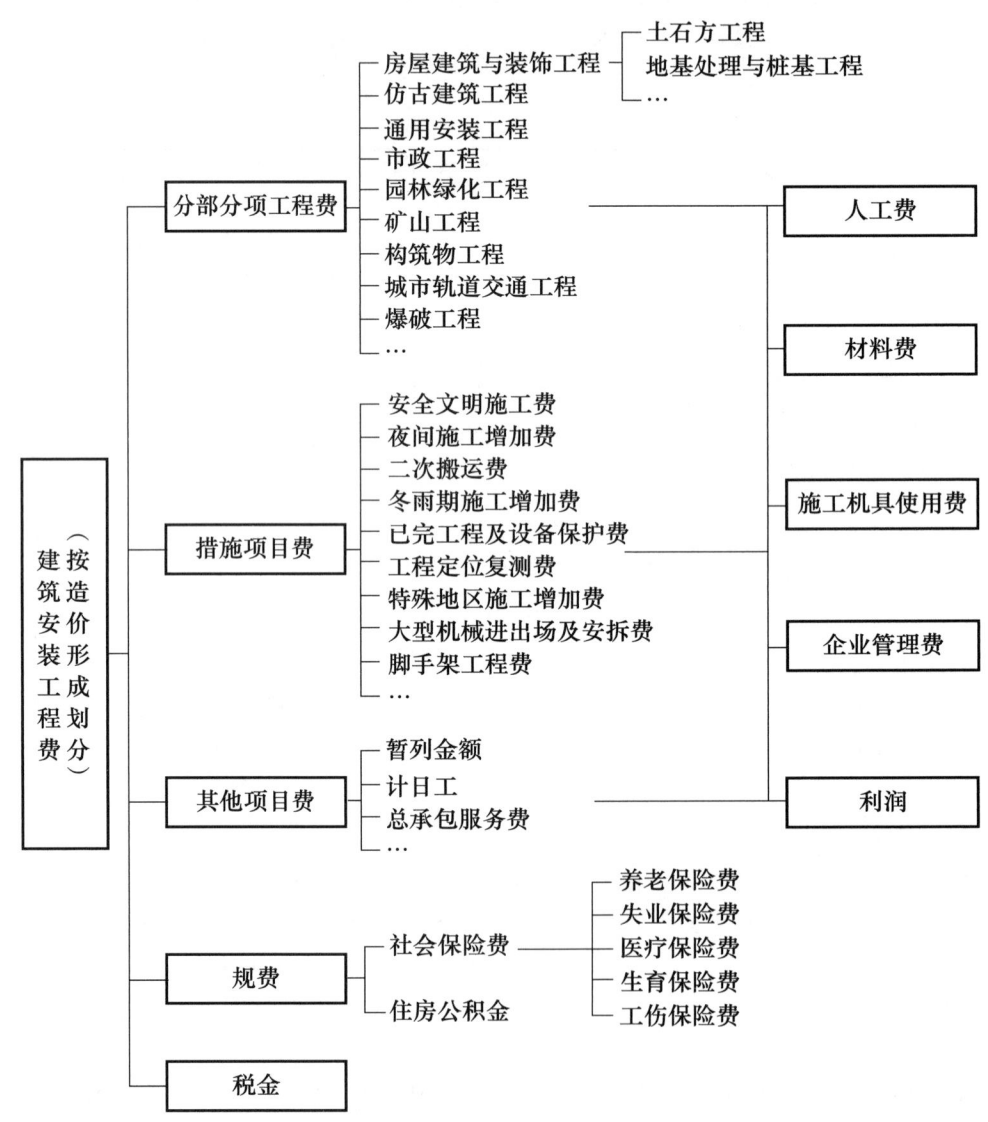

◆ 分部分项工程费

分部分项工程费 = Σ（分部分项工程量×综合单价）
★综合单价包括：(1) 人工费；(2) 材料费；(3) 施工机具使用费；(4) 企业管理费；(5) 利润；(6) 一定范围内的风险费用

◆ 措施项目费

★ (1) 安全文明施工费（不可竞争费用）
包括：①环境保护费；②文明施工费；③安全施工费；④临时设施费；⑤建筑工人实名制管理费

★ (2) 对于国家计算规范规定应予计量的措施项目（混凝土模板、脚手架、垂直运输），措施项目费计算公式为

措施项目费 = Σ（措施项目工程量×综合单价）

★ (3) 对于国家计算规范规定不宜计量的措施项目（①安全文明施工费；②夜间施工增加费；③二次搬运费；④冬雨期施工增加费；⑤已完工程及设备保护费），措施项目费计算公式为 措施项目费 = 计算基数×费率	① 的计算基数： a. 定额基价（定额分部分项工程费+定额中可以计量的措施项目费） b. 定额人工费 c. 定额人工费+定额机械费 ②~⑤ 的计算基数： a. 定额人工费 b. 定额人工费+定额机械费

152.【2023】 在进行投标报价时，对于措施项目中的已完工程及设备保护费，适宜采用的计算方法是（　　）。

A. 工程量乘以综合单价　　　　　　　B. 分包价格加上管理费
C. 分包价格加上风险费　　　　　　　D. 计算基数乘以费率

【答案】D

【解析】本题考查措施项目费的计算，是高频考点。
措施项目费的计算分为能计量和不能计量两类。能计量的措施项目又称单价措施项目（混凝土模板、脚手架、垂直运输），计算公式为措施项目工程量×综合单价。对于不能计量的措施项目费（①安全文明施工费、②夜间施工增加费、③二次搬运费、④冬雨期施工增加费、⑤已完工程及设备保护费），用计算基数乘以费率计算。故选择 D 选项。

153.【2023】 下列措施项目费中，宜采用综合单价法计价的有（　　）

A. 垂直运输工程费　　　　　　　　　B. 脚手架工程费
C. 混凝土模板工程费　　　　　　　　D. 冬雨期施工增加费
E. 夜间施工增加费

【答案】ABC

【解析】本题考查措施项目费的计算方法，是高频考点。

措施项目清单计价主要分两类：（1）综合单价法计价。对于能计算量的措施项目，应按分部分项工程量清单的方式采用综合单价计价，主要包括混凝土模板、脚手架、垂直运输等。（2）参数法计价。参数法是指按照一定的基数乘系数的方法或自定义公式进行计算。这种方法适用于施工过程中必须发生，但投标时很难具体分项预测，又无法单独列出项目内容的措施项目，主要包括安全文明施工费、夜间施工增加费、二次搬运费、冬雨期施工增加费、已完工程及设备保护费。D、E选项属于参数法计价，故选择A、B、C选项。

154. 【2023】根据《建设工程工程量清单计价规范》，下列费用中，应按国家或省级行业建设主管部门的规定计价，不得作为竞争性费用的有（　　）。

A. 安全文明施工费　　　　　　　B. 计日工
C. 财产保险费　　　　　　　　　D. 规费
E. 总承包服务费

【答案】AD

【解析】本题考查建筑安装工程费中的费用组成性质，是高频考点。

建筑安装工程费的组成中有三项不可竞争的费用，分别是安全文明施工费、规费和税金。故选择A、D选项。

155. 【2023】塔式起重机自停放地点运至施工现场的运输、拆卸、安装的费用属于建筑安装工程费中的（　　）。

A. 措施项目费　　　　　　　　　B. 施工机具使用费
C. 分部分项工程费　　　　　　　D. 其他项目费

【答案】A

【解析】本题考查建筑安装工程费中的措施项目费，是高频考点。

建筑安装工程费的分类有两种角度，分别是按构成要素分类和按造价形成分类。按造价形成划分的建筑安装工程费包括分部分项工程费、措施项目费、其他项目费、规费和增值税。其中，措施项目费是指为完成建设工程施工，发生于该工程施工前和施工过程中的技术、生活、安全、环境保护等方面的费用。塔式起重机自停放地点运至施工现场的运输、拆卸、安装的费用属于措施项目费中的大型机械进出场及安装费，故选择A选项。

156. 【2020】施工现场设立的安全警示标志、现场围挡等所需的费用属于（　　）费用。

A. 措施项目　　　　　　　　　　B. 分部分项工程
C. 零星项目　　　　　　　　　　D. 其他项目

【答案】A

【解析】 本题考查措施项目费的组成，是高频考点。

措施项目费包括安全文明施工费（①环境保护费；②文明施工费；③安全施工费；④临时设施费；⑤建筑工人实名制管理费）、夜间施工增加费、二次搬运费、冬雨期施工增加费、已完工程及设备保护费、工程定位复测费、特殊地区施工增加费、大型机械进出场及安拆费、脚手架工程费等。其中施工现场设立的安全警示标志、现场围挡等所需的费用属于安全施工费。故选择 A 选项。

157.【2020】建筑工人实名制管理费应计入（　　）。

A. 规费　　　　　　　　　　　　B. 其他项目费
C. 措施项目费　　　　　　　　　D. 分部分项工程费

【答案】C

【解析】 本题考查安全文明施工费的组成。

调整后的安全文明施工费包括：①环境保护费；②文明施工费；③安全施工费；④临时设施费；⑤建筑工人实名制管理费。安全文明施工费属于措施项目费，故选择 C 选项。

考点 3 与考点 4 两张图的联系
★注意对比两张图的右侧部分

人材机管利	分部分项工程费 措施项目费 其他项目费

建安费的两种组成划分只是分类角度不同，左边 5 项与右边 3 项之间是相互融合的。要注意的是：在计算建筑安装工程费时，造价由 7 个要素相加求和或者 5 个部分相加求和，两组之间不可以混合相加

158.【2015】根据现行《建筑安装工程费用项目组成》（建标〔2013〕44 号），下列费用中，应计入分部分项工程费的是（　　）。

A. 安全文明施工费　　　　　　　B. 二次搬运费
C. 施工机械使用费　　　　　　　D. 大型机械设备进出场及安拆费

【答案】C

【解析】 本题考查建安费两种分类方法之间的内在联系。

四个选项中 A、B、D 选项属于措施项目费，要素划分标准中的人、材、机、管、利与按造价形成划分中的分部分项工程费、措施项目费和其他项目费之间是相互融合在一起的。也可以这样理解：分部分项工程费可以分解为人、材、机、管、利这五种要素对应的费用。因此，本题只能选择施工机械使用费。

考点 5　工程建设其他费构成及计算

◆ 工程建设其他费的构成

工程建设其他费构成	★1. 项目前期工作费	以建设项目估算投资额为基础，实行市场调节价
	2. 项目管理费	＝工程费用×项目建设管理费费率
	3. 土地使用权取得费	
	4. 生态补偿与压覆矿产资源补偿费	
	★5. 工程准备费	包括：①场地准备费；②临时设施费 场地准备和临时设施费＝工程费用×费率+拆除清理费（新建项目） 场地准备和临时设施费＝拆除清理费（改扩建项目）
	6. 市政公用配套设施费	
	7. 专项评价费	① 环境影响评价及验收；② 安全预评价及验收；③ 职业病危害预评价及控制效果评价；④ 地震安全性评价；⑤ 地质灾害危险性评价；⑥ 水土保持评价及验收；⑦ 压覆矿产资源评价；⑧ 节能评估；⑨ 危险与可操作分析及安全完整性评价；⑩其他
	★8. 工程咨询服务费	① 勘察费；② 设计费；③ 监理费；④ 研究试验费；⑤ 特殊设备安全监督检查费；⑥ 招标代理费；⑦ 设计评审费；⑧ 信息管理系统开发及使用费；⑨ 工程造价咨询费；⑩ 造价信息和数据使用费
	9. 专利及专有技术使用费	
	★10. 联合试运转费	联动试车所发生的费用净支出：试运转支出包括试运转所需原材料、燃料及动力消耗、低值易耗品、其他物料消耗、工具用具使用费、机械使用费、保险金、施工单位参加试运转人员工资以及专家指导费，以及必要的工业炉烘炉费
	★11. 生产准备费	① 人员培训；② 生产人员提前进场费和学习资料费；③ 办公及生活家具用具购置费；④ 工器具购置费 生产准备费＝设计定员×生产准备费指标（元/人）（新建项目） 生产准备费＝新增设计定员×生产准备费指标（元/人）（改扩建项目）

	续表
12. 工程保险费	① 建筑安装工程一切险；② 工程质量保险；③ 进口设备财产保险；④ 人身意外伤害险
★13. 税费	① 城镇土地使用税；② 耕地占用税；③ 印花税；④ 车船使用税

159.【2022】下列费用中，属于工程建设其他费用中联合试运转费的有（　　）。

A. 生产单位提前进厂参加设备调试的人员工资

B. 生产职工培训费

C. 施工单位参加试运转人员的人工费

D. 试运转所需低值易耗品费用

E. 交付生产前发生的必要的工业炉烘炉费

【答案】CDE

【解析】本题考查建设项目总投资中的其他费的构成，是高频考点。

联合试运转费是指新建或新增生产能力的工程项目，在交付生产前按照批准的设计文件规定的工程质量标准和技术要求，对整个生产线或装置进行负荷联合试运转所发生的费用净支出。它包括试运转所需原材料、燃料及动力消耗、低值易耗品、其他物料消耗、机械使用费、联合试运转人员工资、施工单位参加试运转人工费、专家指导费，以及必要的工业炉烘炉费。

A 选项错误，生产单位提前进厂参加设备调试的人员工资属于生产准备费。

B 选项错误，生产职工培训费属于生产准备费。

160.【2021】发包人为验证某结构构件的安全性，要求承包人对结构构件进行破坏性试验发生的费用属于（　　）。

A. 工程咨询服务费　　　　　　　　B. 固定资产使用费

C. 施工机具校验费　　　　　　　　D. 检验试验费

【答案】A

【解析】本题考查工程建设其他费的构成中的研究试验费，其他费是高频考点。

研究试验费指为建设单位本建设工程项目提供或验证设计数据、资料等进行必要的研究试验及按照设计规定在建设过程中必须进行试验、验证所需费用；包括自行或委托其他部门的专题研究、试验所需人工费、材料费、试验设备及仪器使用费等。研究试验费属于工程咨询服务费，故选择 A 选项。

161.【2020】建设单位对设计方案进行评审而发生的费用应计入工程建设其他费用中的（　　）。

A. 专项评价费　　　　　　　　　　B. 勘察设计费

C. 工程管理费　　　　　　　　　　D. 工程咨询服务费

【答案】D

【解析】本题考查其他项目费的组成，是高频考点。

工程咨询服务费是指在项目建设全部过程中委托第三方提供项目策划、技术咨询、勘察设计、项目管理和跟踪验收评估等技术服务发生的费用，包括勘察费、设计费、监理费、研究试验费、特殊设备安全监督检验费、招标代理费、设计评审费、信息管理系统开发及使用费、工程造价咨询费、造价信息和数据使用费及其他咨询费。

162.【2019】 某建设项目的工程费用为1500万元，工程建设其他费用为200万元，场地准备和临时设施费按工程费用的5%计算，预计项目完工后拆除工程产生的清理费用为20万元，拆除工程可回收材料作价5万元，则该项目的场地准备和临时设施费为（　　）万元。

A. 70　　　　　　B. 90　　　　　　C. 75　　　　　　D. 100

【答案】B

【解析】本题考查其他费中工程准备费的相关计算。计算要点：

① 新建项目的场地准备和临时设施费应根据实际工程量估算，或按工程费用的比例计算；

② 场地准备和临时设施费＝工程费用×费率＋拆除清理费；

③ 改扩建项目一般只计拆除清理费；

④ 拆除清理费（按新建同类工程造价的比例计算，可回收材料的拆除工程采用以料抵工方式冲抵拆除清理费）。

因此，计算过程为1500×5%＋20－5＝90万元，故选择B选项。

考点6　预备费计算

◆预备费由基本预备费和价差预备费构成

基本预备费 （不可预见费用）	◆项目实施中难以预料支出的预留，主要是设计变更和增加工程量 ★基本预备费=（工程费用+工程建设其他费）×基本预备费率
价差预备费 （价格变动不可预见费）	◆建设期内利率、汇率、价格等发生变化的预留可能增加的费用 ★计算基数：分年静态投资额（工程费用+其他费+基本预备费） ◆计算公式为 $$P = \sum_{t=1}^{n} I_t \left[(1+f)^m (1+f)^{0.5} (1+f)^{t-1} - 1 \right]$$ 式中　m——建设前期年限（从编制概算到开工建设年数）； 　　　f——价格上涨率

163.【2012】某建设工程项目的设备及工器具购置费为 2500 万元，建筑安装工程费为 2000 万元，工程建设其他费为 1500 万元，基本预备费率为 10%，则该项目的基本预备费为（　　）万元。

A. 200　　　　　　B. 400　　　　　　C. 600　　　　　　D. 450

【答案】C

【解析】本题考查预备费的计算，是高频考点。

预备费分为基本预备费和价差预备费

基本预备费＝（工程费用＋工程建设其他费）×基本预备费率

　　　　　＝（2500＋2000＋1500）×10%

　　　　　＝600 万元

164.【2014】某拟建项目的建筑安装工程费为 1000 万元，设备及工器具购置费为 600 万元，工程建设其他费为 300 万元，基本预备费率 5%，则该项目价差预备费的计算基础为（　　）万元。

A. 1995　　　　　B. 1300　　　　　C. 1600　　　　　D. 1900

【答案】A

【解析】本题考查预备费中价差预备费的基数。

基本预备费与价差预备费的计算基础不同，其中基本预备费以工程费用（包括建筑安装工程费、设备工器具购置费）和其他作为计算基础，价差预备费以工程费用、其他费、基本预备费三项之和为计算基础，即 1000＋600＋300＋1900×5%＝1995 万元。

考点7　增值税计算

◆一般计税方法增值税应纳税额计算

应纳税额＝当期销项税额－当期进项税额

当期销项税额小于当期进项税额不足抵扣时，其不足部分可以结转下期继续抵扣

◆小规模纳税人应纳税额的简易计算方法

应纳税额＝销售额×征收率

小规模纳税人发生应税销售行为，按照销售额的 3% 计算增值税（不得抵扣进项税），国务院另有规定的除外

◆建筑业增值税计算办法

★ 一般 计税 方法	增值税征收税率为9%。 公式：增值税销项税额=税前造价×9%。 注意：税前造价为人工费、材料费、施工机具使用费、企业管理费、利润和规费之和，各费用项目均不包含增值税可抵扣进项税额的价格计算
★ 简易 计税 方法	增值税征收率为3%。 公式为：增值税=税前造价×3%。 注意：税前造价为人工费、材料费、施工机具使用费、企业管理费和规费之和，各费用项目均以包含增值税进项税额的含税价格计算

165.【2021】 采用简易计税方法计算建筑业增值税应纳税额时，增值税征收率为（　　）。
A. 6%　　　　　B. 9%　　　　　C. 3%　　　　　D. 13%

【答案】C

【解析】本题考查增值税计算中的简易计税方法。

在中华人民共和国境内销售服务、无形资产或者不动产的单位和个人，为增值税纳税人。纳税人分为一般纳税人和小规模纳税人，应税行为的年应征增值税销售额超过财政部和国家税务总局规定标准的纳税人为一般纳税人，未超过规定标准的纳税人为小规模纳税人。小规模纳税人发生应税销售行为，实行按照销售额和征收率计算应纳税额的简易办法，不得抵扣进项税额，应纳税额的计算公式为：

$$应纳税额 = 销售额 \times 征收率$$

小规模纳税人增值税征收率为3%，国务院另有规定的除外。故选择C选项。

考点8　建设期利息与流动资金计算

★建设期利息

概念：是指项目借款在建设期内发生并计入固定资产的利息。

$$\bigstar\ Q = \sum_{j=1}^{n}(P_{j-1} + A_j/2) \times i$$

式中　Q——建设期利息；
　　　j——建设期第j年；
　　　P_{j-1}——建设期第（$j-1$）年末贷款累计金额与利息累计金额之和；
　　　A_j——建设期第j年贷款金额；
　　　i——贷款年利率；
　　　n——建设期年数

或者★当期应计利息=（年初借款本息累计+本年借款额/2）×年利率

166.【2022】 某项目建设期为 2 年,共向银行借款 20000 万元,借款年有效利率为 6%,第 1 和第 2 年借款比例分别为 45% 和 55%,借款在各年内均衡,建设期内只计息不付息,则编制设计概算时该项目建设期利息总和为（　　）万元。

A．1156.2　　　　　　B．600.0　　　　　　C．886.2　　　　　　D．1772.4

【答案】A

【解析】本题考查建设期利息的计算,是高频考点。

建设期利息是指项目借款在建设期内发生并计入固定资产的利息。为了简化起见计算,在编制投资估算时通常假定借款均在每年的年中支用,借款第一年按半年计息,其余各年份按全年计息。

第一年建设期利息 $= \dfrac{(20000 \times 45\%)}{2} \times 6\% = 270$ 万元

第二年建设期利息 $= (20000 \times 45\% + 270 + \dfrac{20000 \times 55\%}{2}) \times 6\% = 886.2$ 万元

建设期利息总和 = 270 + 886.2 = 1156.2 万元。

167.【2020】 某新建项目,建设期为 3 年,共向银行借款 1300 万元,其中第一年借款 700 万元,第二年借款 600 万元,借款在各年内均衡使用,年利率为 6%,建设期每年计息,但不还本付息,则第 3 年应计的借款利息为（　　）万元。

A．21　　　　　　B．82.94　　　　　　C．85.35　　　　　　D．104.52

【答案】B

【解析】本题考查建设期利息的计算,是高频考点。

第一年应计利息：700/2×6% = 21 万元。

第二年应计利息：(700+21+600/2)×6% = 61.26 万元。

第三年应计利息：(700+21+600+61.26)×6% = 82.94 万元。

◆流动资金

流动资金指为进行正常生产运营,用于购买原材料、燃料,支付工资及其他经营费用等所需的周转资金。

可行性研究阶段	初步设计及以后阶段
全部流动资金	铺底流动资金 （为保证初期生产和经营正常进行所需的流动资金,一般按全部流动资金的 30% 计算）

◆流动资金估算

（1）扩大指标估算法	流动资金额 = 各种费用基数×相应的流动资金所占比例（或占营运资金的数额）
（2）分项详细估算法	流动资金 = 流动资产 − 流动负债 流动资产 = 应收账款+预付账款+存货+库存现金 流动负债 = 应付账款+预收账款

第14章 工程计价依据

考点1 工程造价管理标准体系与工程定额体系

◆工程造价管理标准

概念：是指除了法律、法规规范外，还应以国家标准、行业标准等规范性文件进行规范的工程管理和工程造价咨询行为、质量的有关技术要求。

◆工程造价管理标准体系

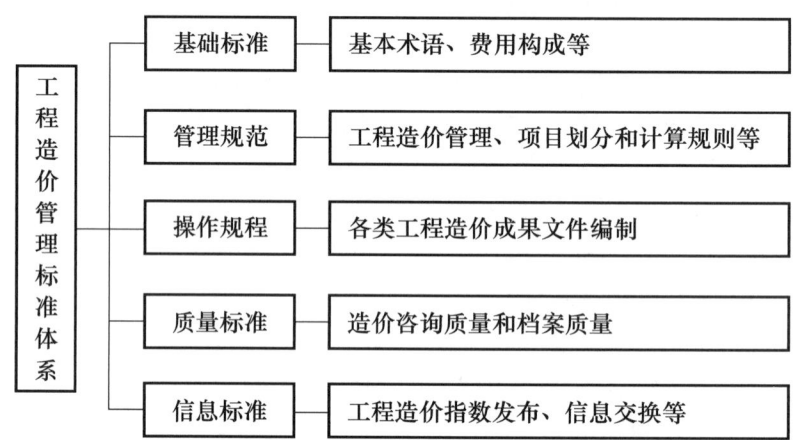

工程造价管理标准体系	主要内容
1. 基础标准	①《工程造价术语标准》GB/T 50875—2009 ②《建设工程计价设备材料划分标准》GB/T 50531—2009 ③ 有关建设工程费用构成通则（《关于印发〈建筑安装工程费用项目组成〉的通知》）
2. 管理规范	①《建设工程工程量清单计价规范》GB 50500—2013 ②《建设工程造价咨询规范》GB/T 51095—2015 ③《建筑工程建筑面积计算规范》GB/T 50353—2013 ④ 有关建设工程工程量计算规范

续表

工程造价管理标准体系	主要内容
3. 操作规程	①《建设项目投资估算编审规程》CECA/GC 1—2015 ②《建设项目设计概算编审规程》CECA/GC 2—2015 ③《建设项目施工图预算编审规程》CECA/GC 5—2010 ④《建设项目工程结算编审规程》CECA/GC 3—2010 ⑤《建设项目工程竣工决算编审规程》CECA/GC 9—2013 ⑥《建设工程招标控制价编审规程》CECA/GC 6—2011 ⑦《建设工程造价鉴定规范》GB/T 51262—2017 ⑧《建设项目全过程造价咨询规程》CECA/GC 4—2017
4. 质量标准	《建设工程造价咨询成果文件质量标准》CECA/GC 7—2012
5. 信息标准	①《建设工程人工材料设备机械数据标准》GB/T 50851—2013 ②《建设工程造价指标指数分类与测算标准》GB/T 51290—2018

◆ 工程计价定额体系

工程定额	在一定的生产力水平下，单位产品上人工、材料、机械消耗的规定额度
工程计价定额	工程定额中直接用于工程计价的定额或指标（预算定额、概算定额、概算指标和投资估算指标）

◆ 工程定额的分类

1. 按生产要素分类	① 人工消耗定额；② 材料消耗定额；③ 施工机具消耗定额
2. 按编制用途分类	① 施工定额；② 预算定额；③ 概算定额；④ 概算指标；⑤ 投资估算指标
3. 按适用范围分类	① 全国统一定额；② 行业定额；③ 地区统一定额；④ 企业定额
4. 按费用性质分类	① 建筑工程定额；② 设备安装工程定额；③ 建筑安装工程费用定额；④ 工器具定额；⑤ 工程建设其他费用定额

◆ 其中，按编制用途分类的定额

项目	施工定额	预算定额	概算定额	概算指标	投资估算指标
对象	工序	分项工程和结构构件	扩大分项工程或扩大结构构件	单位工程	建设项目、单项工程、单位工程
用途	编制施工预算	编制施工图预算	编制设计概算	编制初步设计概算	编制投资估算
项目划分	最细	细	较粗	粗	很粗
定额水平	平均先进（低于先进、略高于平均）	平均	平均	平均	平均
定额性质	生产性定额（企业性质）	计价性定额（社会性质）	计价性定额（社会性质）	计价性定额（社会性质）	计价性定额（社会性质）

168.【2020】 下列定额中，属于施工企业内部使用的，以工序为对象编制的定额是（　　）。

A. 预算定额
B. 概算定额
C. 费用定额
D. 施工定额

【答案】D

【解析】本题考查几种定额的编制对象。

项目	施工定额	预算定额	概算定额	概算指标	投资估算指标
对象	工序	分部分项工程	扩大的分部分项工程	整个建筑物或构筑物	独立的单项工程或者完整的单项工程

故选择 D 选项。

考点2　人工、材料与施工机具台班消耗量确定

◆人工定额消耗量确定

定义：反映生产工人在正常施工条件下的劳动效率，表明每个工人在单位时间内为生产合格产品所必须消耗的劳动时间，或者在一定劳动时间内生产合格产品的数量。

编制人工定额主要包括拟定两项工作：

1. 正常的施工条件
① 工作内容；
② 方法；
③ 地点；
④ 作业人员。

2. 拟定定额时间★

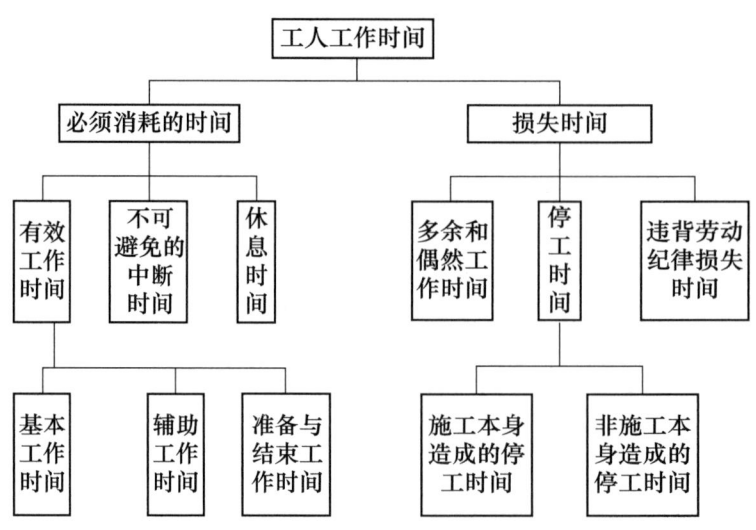

169.【2023】 编制人工定额时,应计入定额时间的有（   ）。

A. 由于劳动组织不合理导致工作中断所占用的时间

B. 准备与结束工作时间

C. 工人必需的休息时间

D. 不可避免的中断时间

E. 由于材料供应不及时引起的停工时间

【答案】BCD

【解析】本题考查人工定额中的工人工作时间的消耗性质,是高频考点。

编制人工定额主要包括拟定正常的施工条件以及拟定定额时间两项工作。拟定定额时间需要对工人在工作班内消耗的工作时间进行分类,按其消耗的性质,可以分为两类——必须消耗的时间和损失时间。其中,必须消耗的时间计入时间定额。必须消耗的时间包括:①有效工作时间（基本工作时间、准备与结束工作时间、辅助工作时间）;②休息时间;③不可避免的中断时间。本题选择 B、C、D 选项,A、E 选项属于损失时间。

170.【2022】 施工企业编制人工定额时,应区分工人工作必须消耗的时间,下列工人工作时间中,属于必须消耗的时间是（   ）。

A. 工人偶然违背劳动纪律造成的损失时间

B. 材料供应不及时造成的停工时间

C. 劳动组织不合理引起的停工时间

D. 工人手工操作的辅助工作时间

【答案】D

【解析】本题考查工人工作时间分类,是高频考点。

A 选项错误,工人偶然违背劳动纪律造成的损失时间属于损失时间。

B 选项错误,材料供应不及时造成的停工时间属于损失时间。

C 选项错误,劳动组织不合理引起的停工时间属于损失时间。

171.【2021】 编制人工定额时,工人必须消耗的工作时间包括（   ）。

A. 多余和偶然工作时间　　　　　　B. 休息时间

C. 辅助工作时间　　　　　　　　　D. 施工本身造成的停工时间

E. 准备与结束工作时间

【答案】BCE

【解析】本题考查人工定额编制时工人工作时间分类,是高频考点。

A 选项错误,多余和偶然工作时间属于损失时间。

D 选项错误,施工本身造成的停工时间属于损失时间。

故选择 B、C、E 选项。

★两点说明

损失时间中偶然工作（适当考虑在定额内）	工人在任务外进行的工作，但能够获得一定产品。如抹灰工不得不补上偶然遗留的墙洞等
非施工本身造成的停工时间（适当考虑在定额内）	由于水源、电源中断引起的停工时间

◆确定人工定额消耗量

★定额时间=基本工作时间+辅助工作时间+准备与结束工作时间+不可避免的中断时间+休息时间

◆人工定额的表现形式

按表现形式分类	① 时间定额；② 产量定额 （两者互为倒数）
按照标定对象分类	① 单项工序定额；② 综合定额
复式表达法	$\dfrac{\text{人工时间定额}}{\text{机械台班产量}}$

◆人工定额的制定方法

1. 技术测定法	先测工序的，用测时、写实记录、工作日写实等手段，再制定人工定额
2. 统计分析法	用过去的统计资料结合当前因素统计分析
3. 比较类推法	同类型产品规格多、工序重复、工作量小
4. 经验估计法	专业人员、经验丰富的工人和施工技术人员，一次性定额

172.【2023】 下列人工定额制定方法中属于技术测定法的是（　　　）。

A. 统计分析法　　　　　　　　B. 比较类推法
C. 经验估计法　　　　　　　　D. 写实记录法

【答案】D

【解析】本题考查人工定额的制定方法，是常见考点。

人工定额是根据国家的经济政策、劳动制度和有关技术文件及资料制定的。制定人工定额，常用的制定方法主要包括：①技术测定法；②统计分析法；③比较类推法；④经验分析法。其中，技术测定法是根据生产技术和施工组织条件，利用测时法、写实记录法、工作日写实法，测出各工序的工时消耗等资料，制定出定额。故选择D选项。

◆材料定额消耗量确定

施工中材料的消耗可分为必须消耗的材料和损失的材料两类性质。必须消耗的材料是指在合理用料的条件下，生产合格产品所需消耗的材料，包括：①直接用于建筑和安装工程的材料净用量；②不可避免的施工废料；③不可避免的材料损耗。

◆实体性材料定额消耗量与非实体性材料（周转性材料）定额消耗量确定

实体性材料定额消耗量确定	① 理论计算法；② 实验室试验法；③ 现场技术测定法；④ 现场统计法
周转性材料定额消耗量确定	★周转性材料消耗的四个因素： ① 一次使用量； ② 第二次使用需要补充量； ③ 周转使用次数； ④ 最终回收及其回收折价。 ★定额中周转性材料消耗量指标应采用指标：①一次消耗量；②摊销量
	★捣制混凝土结构木模板用量 ① 一次使用量＝净用量×（1+操作损耗率） ② 周转使用量＝$\dfrac{一次使用量×[1+（周转次数-1）×补损率]}{周转次数}$ ③ 回收量＝$\dfrac{一次使用量×（1-补损率）}{周转次数}$ ④ 摊销量＝周转使用量－回收量×回收折价率 ★预制混凝土构件的模板用量 ① 一次使用量＝净用量×（1+操作损耗率） ② 摊销量＝$\dfrac{一次使用量}{周转次数}$

173.【2021】 某现浇混凝土结构施工采用的木模板，一次净用量为 200m²，现场制作安装不可避免的损耗率为 2%，可周转使用 5 次，每次补损率为 5%，该模板的周转使用量为（　　）m²。

A. 48.00　　　　B. 48.96　　　　C. 49.44　　　　D. 51.00

【答案】B

【解析】本题考查周转性材料消耗量指标的计算。

一次使用量＝200×（1+2%）＝204m²

周转使用量＝[204×（1+4×5%）]/5＝48.96m²，故选择 B 选项。

174.【2017】 编制工程用周转性材料消耗定额时，影响周转性材料消耗的因素主要有（　　）。

A. 周转材料的制造工艺　　　　B. 周转使用次数
C. 周转材料的最终回收及其回收折价　　　　D. 周转材料补损的难易程度
E. 每周转使用一次材料的损耗

【答案】BCE

【解析】本题考查材料消耗定额中的周转性材料定额要点。

周转性材料消耗要考虑的因素以及周转性材料消耗的表示：

周转性材料消耗的四个因素	① 一次使用量； ② 第二次使用需要补充量； ③ 周转使用次数； ④ 最终回收及其回收折价

故选择 B、C、E 选项。

◆施工机具定额台班消耗量确定

★机械工作时间消耗的分类

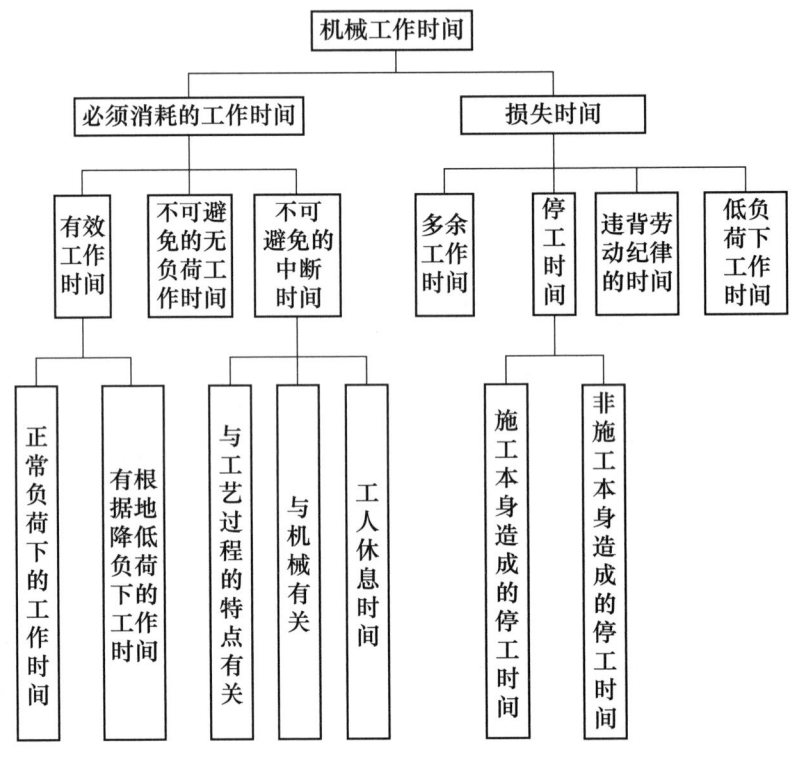

★时间举例

必须消耗的时间	① 有根据降低负荷下的工作时间——汽车运输重量轻、体积大的货物； ② 不可避免的无负荷工作时间——筑路机末端掉头； ③ 不可避免的中断时间（与工艺特点有关）——汽车装卸货停车、转移灰浆泵； ④ 不可避免的中断时间（与机械有关）——机械使用与保养
损失时间	① 多余工作时间——空转； ② 非施工本身造成的停工时间——暴雨时压路机被迫停工； ③ 低负荷下工作时间——工人装车砂石数量不足降低负荷

175.【2023】下列施工机械工时消耗中,属于必须消耗的工作时间的是( )。
A. 施工本身造成的停工时间　　　　　　B. 不可避免的无负荷工作时间
C. 多余的工作时间　　　　　　　　　　D. 低负荷下工作时间

【答案】B

【解析】本题考查定额中的机械工作时间的消耗性质,是高频考点。

施工机械时间定额是指在合理的劳动组织与合理的使用机械的条件下,完成单位合格产品所必需的工作时间,分为必须消耗的时间和损失时间两大类。必须消耗的工作时间包括有效工作时间、不可避免的无负荷工作时间、不可避免的中断时间。本题选择 B 选项,A、C、D 选项属于损失时间。

176.【2021】筑路机在工作区末端调头所消耗的时间,属于施工机械工作时间中的( )。
A. 有效工作时间　　　　　　　　　　　B. 多余工作时间
C. 低负荷下的工作时间　　　　　　　　D. 不可避免的无负荷工作时间

【答案】D

【解析】本题考查施工机械台班使用定额下的施工机械使用时间,是高频考点。

上表中的时间举例中,筑路机末端掉头的时间损耗属于不可避免的无负荷工作时间,属于必须消耗的工作时间,考虑在机械台班使用定额的编制内,故选择 D 选项。

◆施工机具台班定额消耗量的确定

步骤	要点
1. 确定机械 1h 纯工作正常生产率	① 循环动作机械 纯工作 1h 正常生产率=机械纯工作 1h 正常循环次数×一次循环生产的产品数量 ② 连续动作机械 纯工作 1h 正常生产率=$\dfrac{\text{工作时间内生产的产品数量}}{\text{工作时间}}$
2. 确定施工机械的时间利用系数	机械时间利用系数=$\dfrac{\text{机械在一个工作班内纯工作时间}}{\text{一个工作班延续时间(8h)}}$
3. 计算施工机械台班定额	施工机械台班产量定额=机械 1h 纯工作正常生产率×工作班延续时间×机械时间利用系数

◆施工机具台班定额消耗量定额的表现形式

单位产品机械时间定额（台班）= $\dfrac{1}{台班产量}$

机械与工人小组配合：单位产品人工时间定额（工日）= $\dfrac{小组成员总人数}{台班产量}$

177.【2017】机械台班使用定额的编制内容包括（　　）。
A. 拟定机械作业的非正常施工条件　　B. 确定机械纯工作一小时的正常生产率
C. 拟定机械的停工时间　　　　　　　　D. 确定机械的利用系数
E. 计算机械台班定额

【答案】BDE
【解析】本题考查机械台班使用定额的编制。
机械台班使用定额的编制内容包括三个步骤：
① 确定机械净生产率——机械纯工作 1h 的正常生产率；
② 确定机械的利用系数；
③ 计算机械台班定额。
故选择 B、D、E 选项。

考点3　人工、材料与施工机具台班单价确定

◆人工日工资单价确定方法

定义：是指施工企业平均技术数量程度的生产工人在每工作日按规定从事施工作业应得的工资总额

日工资单价 = $\dfrac{生产工人平均月工资（计时、计件）+ 平均月（奖金+津贴补贴+特殊情况下支付的工资）}{年平均每月法定工作日}$

◆材料单价确定方法

材料单价 =（材料原价+运杂费）×（1+运输损耗率）×（1+采购保管费率）

1. 材料原价：指国内采购材料的出厂价格，国外采购材料抵达买方边境、港口或车站并交完各种手续费、税费（不含增值税进项税额）后形成的价格。
2. 材料运杂费是指国内采购材料自来源地、国外采购材料自到岸港运至工地仓库或指定堆放地点发生的费用（不含增值税进项税额）。含外埠中转运输过程中所发生的一切费用和过境过桥费用，包括调车和驳船费、装卸费、运输费及附加工作费等。
3. 运输损耗 =（材料原价+运杂费）×运输损耗率（%）
4. 采购及保管费（材料原价+运杂费+运输损耗）×采购保管费率

◆ 施工机械台班单价确定方法

施工机械台班单价=① 折旧费+② 检修费+③ 维护费+④ 安拆费及场外运费+⑤ 人工费+⑥ 燃料动力费+⑦ 其他费用

◆ 折旧费

$$台班折旧费 = \frac{机械预算价格 \times (1-残值率)}{耐用总台班}$$

1. 机械预算价格=机械原值+相关手续费+一次运杂费+车辆购置税（计算基数为前三项之和）；
2. 残值率一般按 5% 计取；
3. 耐用总台班=折旧年限×年工作台班=检修间隔台班×检修周期

178.【2023】 某施工机械预算价格 140 万元，折旧年限 12 年（按年限平均法折旧），残值率 5%，年平均工作 260 台班。该机械台班折旧费为（　　）元。

A. 426.28　　　　　　B. 448.72　　　　　　C. 5115.38　　　　　　D. 5384.62

【答案】A

【解析】本题考查台班折旧费的计算，是常见考点。

$$台班折旧费 = \frac{机械台班预算价格 \times (1-残值率)}{耐用总台班数} = \frac{1400000 \times (1-5\%)}{12 \times 260} = 426.28 \ 元$$

故选择 A 选项。

◆ 检修费

$$台班检修费 = \frac{一次检修费 \times 检修次数}{耐用总台班} \times 除税系数$$

除税系数=自行检修比例+委外检修比例÷（1+税率）

◆ 维护费

保障机械正常运转所需替换与随机配备工具附具的摊销和维护费用、机械运转及日常保养维护所需润滑与擦拭的材料费用及机械停滞期间的维护费用等

$$台班维护费 = \frac{\Sigma（各级维护一次费用 \times 除税系数 \times 各级维护次数）+临时故障排除费}{耐用总台班}$$

◆ 安拆费及场外运费

1. 计入台班单价　　台班安拆费及场外运费 = $\dfrac{\text{一次安拆费及场外运费} \times \text{年平均安拆次数}}{\text{年工作台班}}$

2. 单独计算（安拆复杂的重型设备等）

3. 不需计算（不需安拆的施工机械等）

★ 人工费

人工费 = 人工消耗量 × $\left(1 + \dfrac{\text{年制度工作日} - \text{年工作台班}}{\text{年工作台班}}\right)$ × 人工单价

179.【2024 新内容】 某施工机械配司机 1 人，当年制度工作日为 250 天，年工作台班为 220 台班，人工单价为 150 元。该机械的人工费为（　　）元/台班。

1. 186.32　　　　B. 170.45　　　　C. 189.76　　　　D. 234.12

【答案】B

【解析】根据人工费单价的计算公式。

$$\text{人工费} = 1 \times \left(1 + \dfrac{250 - 220}{220}\right) \times 150 = 170.45 \text{ 元/台班}$$

◆ 燃料动力费

燃料动力费 = Σ（燃料动力消耗量 × 燃料动力单价）

台班燃料动力消耗量 =（实测数 × 4 + 定额平均值 + 调查平均值）/6

◆ 其他费用

① 车船税；② 保险费；③ 检测费

台班其他费用 = $\dfrac{\text{年车船费} + \text{年保险费} + \text{年检测费}}{\text{年工作台班}}$

◆ 施工仪器仪表台班单价

包括：① 折旧费；② 维护费；③ 校验费；④ 动力费

仪器仪表台班维护费 = $\dfrac{\text{年维护费}}{\text{年工作台班}}$；仪器仪表台班校验费 = $\dfrac{\text{年校验费}}{\text{年工作台班}}$；

仪器仪表台班动力费 = 台班耗电量 × 电价

考点 4 预算定额、概算定额与概算指标

◆ 预算定额及基价

编制单位	省、自治区、直辖市等地方工程造价管理机构和行业工程造价管理机构进行编制
作用	① 编制施工图预算、确定建筑安装工程造价的基础； ② 编制最高投标限价的基础； ③ 是编制施工组织设计、进行经济分析的依据； ④ 编制概算定额的基础
编制原则	社会平均水平原则；简明适用原则
编制依据	① 施工定额； ② 设计规范、施工及验收规范，质量评定标准和安全操作规程； ③ 典型工程施工图及有关标准图； ④ 新技术、新结构、新材料和先进的施工方法； ⑤ 科学实验、技术测定和统计、经验资料； ⑥ 现行、材料单价、机械台班单价及有关文件规定

◆ 预算定额消耗量的确定

人工消耗指标	基本用工、其他用工（超运距用工、辅助用工、人工幅度差用工）
人工消耗指标 计算步骤	① 综合取定工程量；② 计算人工消耗量 基本用工量 = ∑（工序工程量×时间定额）； 超运距用工数量 = ∑（超运距材料数量×时间定额）； 辅助用工数量 = ∑（加工材料数量×时间定额）
人工幅度差 用工数量 （零星用工）	人工幅度差用工数量 = ∑（基本用工+超运距用工+辅助用工）×人工幅度差系数
材料耗用量 指标确定	材料耗用量指标是以材料消耗定额为基础，按预算定额的定额项目，综合材料消耗定额的相关内容，经汇总后确定
机械台班消耗 量指标确定	① 小组产量计算法：分项定额台班用量 = $\dfrac{\text{分项定额计量单位值}}{\text{小组产量}}$ ② 台班产量计算法：定额台班用量 = $\dfrac{\text{定额单位}}{\text{台班产量}}$×机械幅度差系数

180.【2016】完成某预算定额项目单位工程量的基本用工为 2.8 工日，辅助用工为 0.7 工日，超运距用工为 0.9 工日，人工幅度差系数为 10%，该定额的人工工日消耗量为（　　）工日。

A. 4.84　　　　　　B. 4.75　　　　　　C. 4.56　　　　　　D. 4.68

【答案】A

【解析】本题考查人工消耗指标的组成。

人工消耗指标包括：（1）基本用工；（2）其他用工（①超运距用工；②辅助用工；③人工幅度差用工）。其中，人工幅度差用工指的是人工定额总额包括的、在一般正常施工情况下不可避免的零星用工，人工幅度差用工数量=Σ（基本用工+超运距用工+辅助用工）×人工幅度差系数。因此，将这四种用工全部求和，即为该定额的人工消耗量，即（2.8+0.7+0.9）×1.1=4.84 工日。

◆预算定额基价单位确定

预算定额基价	预算定额基价就是预算定额分项工程或定额子目的单价，只包括人工费、材料费、施工机具使用费，即工料单价
预算定额基价的编制（通过编制单位估价表来完成，可以简化施工图预算的编制）	通常，预算定额基价就是以一个城市或一个地区为范围进行编制，在该地区范围内适用。 ① 以全国统一或地区通用的预算定额或基础定额，确定人工、材料、机械台班的消耗量； ② 以本地区或市场上的资源实际价格或市场价格，确定人工、材料、机械台班价格（单价均不包含增值税进项税额）。 预算定额基价编制公式： 分部分项工程单价=分部分项人工费+分部分项材料费+分部分项机械费=Σ（人工定额消耗量×人工价格）+Σ（材料定额消耗量×材料价格）+Σ（机械台班定额消耗量×机械台班单价）
企业定额基价的编制	施工企业应依据本企业定额中的人工、材料、机械台班消耗量，按相应人工、材料、机械台班的市场价格，计算确定一定计量单位的分部分项工程的工料单价，形成本企业的定额基价表

181.【2018】关于预算定额基价编制的说法，正确的是（　　）。

A. 应按全国统一的资源价格来编制
B. 应是以某一时期固定的价格为基础
C. 只包括人工费、材料费和施工机械使用费
D. 以全国统一的预算定额为基础确定人工、材料、机械台班价格

【答案】C

【解析】本题考查预算定额基价的相关要点。

A 选项错误，预算定额基价编制是以定额基价为基本依据，根据相应地区或市场的资源

价格编制。

B 选项错误，由于预算定额基价采用的生产要素价格随地区和市场不同而变化，因此应随着市场价格的变化，及时地对定额基价进行调整，以反映市场的变化。

C 选项正确。

D 选项错误，预算定额基价编制中采用的人、料、机的价格，是当时、当地的市场价格。

◆ 概算定额及其基价

概算定额作用	① 编制初步设计概算、修正概算； ② 用于设计项目技术经济分析； ③ 编制建设工程主要材料计划； ④ 控制施工图预算及最高投标限价； ⑤ 评价竣工决算和项目评价； ⑥ 编制概算指标
编制原则	① 简化、准确、适用原则；② 反映正常情况下大多数企业的生产施工管理水平
编制依据	① 相关国家和地区文件； ② 现行的设计规范、施工验收技术规范和各类工程预算定额； ③ 有代表性的典型工程设计图纸和其他设计资料； ④ 施工图预算及有代表性的工程决算资料； ⑤ 现行人、料、机单价及其他价格资料
编制方法	在预算定额的基础上综合而成
概算定额基价	概算定额基价和预算定额基价一样，都只包括人工费、材料费和机具费。概算定额基价是通过编制扩大单位估价表所确定的单价，用于直接编制设计概算。概算定额基价和预算定额基价的编制方法相同，单价均为不含增值税进项税额的价格

◆ 概算指标

定义	以单位工程为对象，以建筑面积、体积或成套设备装置的台或组为计算单位而规定的人工、材料、机具台班的消耗量标准和造价指标
分类	建筑工程概算指标；设备及安装工程概算指标
作用	① 初步设计阶段编制概算，确定工程概算造价的依据； ② 作为编制投资估算的参考； ③ 主要材料指标可以作为匡算主要材料用量的依据； ④ 是设计单位进行设计方案比较、设计技术经济分析的依据； ⑤ 编制固定资产投资计划，确定投资额和主要材料计划的依据
编制方法	概算指标是概算定额的扩大与合并
内容和形式	建筑工程的列表形式中，房屋建筑、构筑物一般以建筑面积 $100m^2$、建筑体积 $1000m^3$、"座""个"等为计量单位，列出人、料、机台班的消耗量；设备以"吨"或"台"为计量单位，也可以设备购置费或设备的百分比表示；列出指标编号、项目名称、规格、综合指标等

182.【2011】下列关于概算定额和概算指标的说法正确的是（   ）。

A. 概算定额是编制设计概算的依据，是编制概算指标的基础

B. 概算定额水平应能反映在正常条件下大多数企业的生产、施工管理水平

C. 概算定额是以 100m² 建筑面积或 1000m³ 建筑体积或每座建筑物为计量单位的计量指标

D. 概算指标的精度一般比概算定额高

E. 概算定额也称扩大结构定额

【答案】ABE

【解析】本题考查概算定额及概算指标的相关要点。

A 选项正确，本选项涉及概算定额的作用以及概算定额与概算指标之间的关系。

B 选项正确，概算定额是社会性质的定额，反映社会平均水平，即正常条件下大多数企业的生产、施工管理水平。

C 选项错误，C 选项的定义描述的是概算指标而不是概算定额。

D 选项错误，概算指标的精度比概算定额差。

E 选项正确，概算定额的编制对象是扩大的分部分项工程，因此又称扩大结构定额。

考点5 工程造价指标与指数

◆工程计价信息

工程计价信息是指国家、各地区、各部门工程造价管理机构、行业组织以及信息服务企业发布的指导或服务建设工程计价的建设工程造价指数、要素价格信息、综合指标信息等。

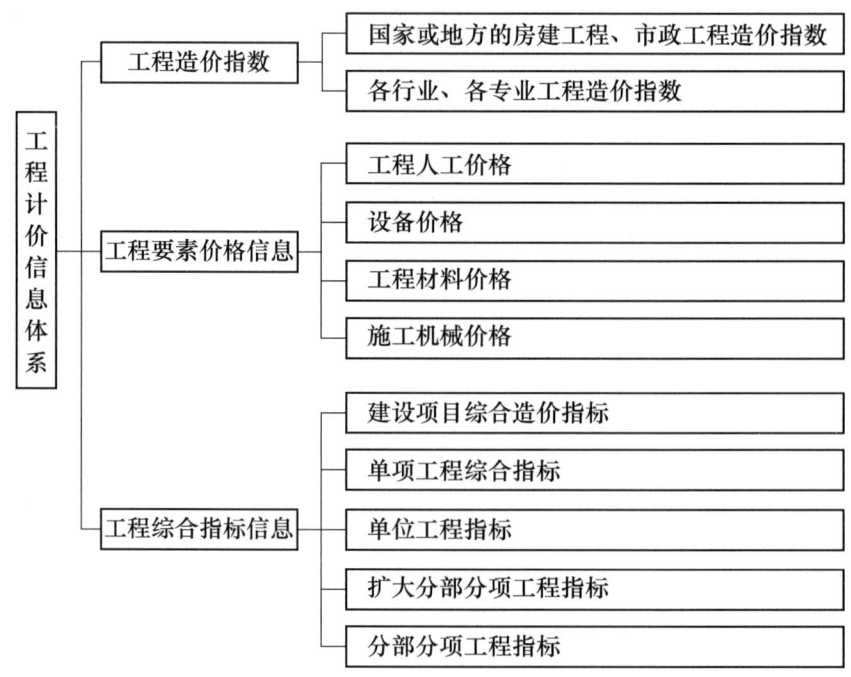

◆ 工程造价指标

工程造价指标是指根据已完成或在建工程的各种造价信息，经过统一格式及标准化处理后的造价数值。

工程造价指标表	工程类别及编码表、工程造价指标层级及编码表、建设项目特征信息及参数表、工程特征信息及参数表、建设项目总投资指标表、建设项目投资指标明细表（或单项工程指标明细表）、工程经济指标表、主要工程量指标表、主要工料价格与消耗量指标表、单位工程工料价格指标表、功能性（相关性）指标表等
应用（作为参考依据或资料）	编制固定资产投资计划、确定基本建设投资规模；编制建设项目投资估算；编制初步设计概算和审查施工图预算；编制最高投标限价和投标报价；编制和修订各类工程计价定额；用以测定调价系数、编制造价指数；作为技术经济分析与研究的基础资料

◆ 工程造价指数

工程造价指数是一定时期的工程造价相对于某一固定时期工程造价的比值，以某一设定值为参照得出的同比例数值。

定义	工程造价指数是一定时期的工程造价相对于某一固定时期工程造价的比值，以某一设定值为参照得出的同比例数值
分类	按照工程范围、类别、用途分类：①建设工程造价综合指数；②建设工程要素价格指数
	按照基数不同划分：①定基指数（某固定时期的价格对比）；②环比指数（以其前一期价格为基础计算的）
作用	政府进行宏观经济调控服务；政府部门掌握并向社会提供工程造价的发展和趋势信息；建设单位利用指数分析价格变动的趋势和原因，为投融资服务；工程咨询企业利用造价指数动态估算、概算、清单计价，实现全过程管理；推行清单计价方法的有力补充；施工企业适应市场竞争、合理报价

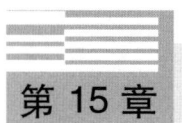

第 15 章 设计概算与施工图预算

考点 1　设计概算编制

◆设计概算定义及作用

★定义	设计概算是在建设项目初步设计阶段，以初步设计技术文件为基础，依据国家、行业和地方有关规定、相应工程造价管理机构发布的概算定额（或指标）以及其配套使用的费用定额等，按照规定的标准和方法对建设项目总投资及其构成进行的概略计算，并按规定的标准形成设计概算成果文件——设计概算书，也简称设计概算或总概算书
作用	① 固定资产投资管理的依据； ② 衡量设计方案技术经济合理性和选择最佳设计方案的依据； ③ 控制项目施工图设计和施工图预算的依据； ④ 项目在初步设计阶段进行工程总承包招标投标时编制最高投标限价（或标底）和投标报价的参考依据

183.【2021】 设计概算是设计单位编制和确定建设工程项目从筹建至（　　）所需全部费用的文件。

A. 竣工结算　　　　　　　　　　　B. 项目报废
C. 竣工交付使用　　　　　　　　　D. 施工保修期满

【答案】C

【解析】本题考查设计概算的组成部分。

设计概算在建设项目初步设计阶段，以初步设计技术文件为基础，依据国家、行业和地方有关规定、相应工程造价管理机构发布的概算定额（或指标）及其配套使用的费用定额等，按照规定的标准和方法对建设项目总投资及其构成进行的概略计算，涉及的阶段应当是从筹建到竣工结算所需的全部费用，故选择 C 选项。

◆设计概算编制依据

1. 设计说明书及设计图纸；
2. 批准的可行性研究报告；
3. 国家和地方政府有关工程建设和造价管理的法律、法规和方针政策；
4. 当地和主管部门颁布的概算定额、指标（或预算定额、综合预算定额）、单位估价表、类似工程造价指标、工程费用定额和相关费用规定的文件等；

续表

5. 当地现行的建设工程价格信息；
6. 建设单位提供的有关概算的其他资料；
7. 工程建设其他费用计费依据；
8. 有关文件、合同、协议等

◆设计概算编制程序

收集原始资料→确定有关数据→各项费用计算→单位工程概算书编制→单项工程综合概算书的编制→建设项目总概算的编制

◆设计概算编制方法

设计概算可分为①单位工程概算、②单项工程综合概算、③建设工程项目总概算三级。当只有一个单项工程的建设项目时，应采用二级形式编制设计概算；当包含两个及以上单项工程的建设项目时，应采用三级编制形式。

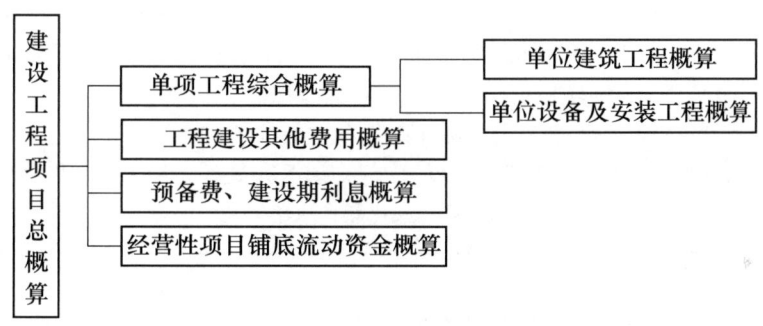

★单位建筑工程概算的编制方法

★单位建筑工程概算编制方法	① 概算定额法（初步设计达到一定深度，建筑结构比较明确）
	② 概算指标法（设计深度不够，工程量无法准确提供或计算，概算定额资料不足，而工程设计采用的技术比较成熟，已有类似的概算指标时采用） 对于一般附属、辅助和服务工程等项目，以及住宅和文化福利工程项目或投资比较小、比较简单的工程项目投资概算编制有一定实用价值
	③ 类似工程预算法（利用技术条件与设计对象相类似的已完工程或在建工程的工程造价资料来编制拟建工程设计概算的方法） 适用于拟建工程初步设计与已完工程或在建工程的设计相类似且没有可用的概算指标的情况，但必须对建筑结构差异和价差进行调整

184.【2017】 当初步设计深度不够，不能准确计算工程量，但工程设计采用的技术比较成熟时，编制设计概算可以使用（　　）。

A. 类似工程预算法　　B. 概算定额法　　C. 概算指标法　　D. 预算单价法

【答案】 C

【解析】 本题考查设计概算的编制方法,是高频考点。

设计概算中的单位工程概算分为建筑单位工程概算及设备安装单位工程概算。

其中,建筑单位工程概算的编制方法有:①概算定额法(初步设计达到一定深度,建筑结构比较明确);②概算指标法(初步设计深度不够,不能准确计算工程量);③类似工程预算法(拟建工程设计与已建类似,且没有可用的概算指标)。这三种方法计算精度依次降低。

设备及安装单位工程概算的编制方法有:①预算单价法(初步设计有详细设备清单时);②扩大单价法(又称概算定额法,当初步设计清单不完备,仅有质量时);③概算指标法(初步设计清单不完备,安装预算单价及扩大综合单价不全)。这三种方法精度依次降低。

本题根据"初步设计深度不够,不能准确计算工程量,但工程设计采用的技术比较成熟"的提示,应当采用概算指标法进行概算。故选择 C 选项。

★概算定额法编制步骤

---

① 计算分项工程工程量→② 计算概算定额基价(单价)→③ 计算人、料、机费用→④ 计算管理费、规费、税金→⑤ 计算单位工程概算造价(人+材+机+管+利+规+税)

概算定额单价=概算定额人工费+概算定额材料费+概算定额机械台班使用费

= $\sum$(概算定额中人工消耗量×人工单价)+ $\sum$(概算定额中消耗量×材料预算单价)+ $\sum$(概算定额中机具台班消耗量×机具台班单价)

185.【2023】 利用概算定额法编制单位建筑工程概算的工作有:①确定分部分项工程概算定额基价;②列出分部分项工程并计算工程量;③计算企业管理费、利润、规费和税金;④计算单位工程概算造价;⑤计算单位工程的人、料、机费用。编制步骤正确的是( )。

A. ②①③⑤④
B. ①②③⑤④
C. ①②⑤③④
D. ②①⑤③④

【答案】 D

【解析】 本题考查概算定额法编制设计概算的具体步骤,是高频考点。

设计概算包括单位工程概算、单项工程综合概算和建设工程项目总概算三级。首先编制单位工程概算,然后逐级汇总编制综合概算和总概算。单位工程概算分建筑工程概算和设备及安装工程概算两大类。建筑工程概算的编制方法有概算定额法、概算指标法、类似工程预算法;设备及安装工程概算的编制方法有预算单价法、扩大单价法、概算指标法等。概算定额法又称扩大单价法或者扩大结构定额法。它与利用预算定额编制单位建筑工程施工图预算的方法基本相同。其不同之处在于编制概算所采用的依据是概算定额,所采用的工程量计算规则是概算工程量计算规则。概算定额法编制概算的步骤见上文。故选择 D 选项。

186.【2020】 利用概算定额编制单位工程概算的工作有：①计算单位工程的人、料、机费用；②列出分项工程并计算工程量；③计算企业管理费、利润、规费和税金；④确定分部分项工程的概算定额单价；⑤计算单位工程概算造价。编制步骤正确的是（　　）。

A. ④②①⑤③
B. ②④①③⑤
C. ①②③④⑤
D. ④①②③⑤

【答案】B

【解析】本题考查概算定额编制设计概算的步骤。

概算定额编制设计概算的步骤：①按照概算定额分部分项顺序，列出各分部分项工程的名称；②确定各分部分项工程项目的概算定额单价（基价）；③计算单位工程人、料、机费用；④根据人、料、机费用，结合其他取费标准，分别计算企业管理费、利润、规费和税金；⑤计算单位工程概算造价。故选择 B 选项。

◆ 概算指标法

① 拟建工程结构特征与概算指标相同	方法一：人、料、机费用＝概算指标每平方米（立方米）人、料、机费用单价×拟建工程建筑面积（体积） 注：未考虑价差，后期还需应用物价指数另行调整 方法二： $100m^2$ 建筑面积的人工费＝指标规定的工日数×本地区人工工日单价 $100m^2$ 建筑面积的主要材料费＝∑（指标中规定的主要材料数量×地区材料预算单价） $100m^2$ 建筑面积的其他材料费＝主要材料费×其他材料费占主要材料费的百分比 每 $1m^2$ 建筑面积的人、料、机费用＝（人工费＋主要材料费＋其他材料费＋机械使用费）÷100 最后，计算管理费、利润、规费和税金，得到 $1m^2$ 的建筑面积概算单价
★② 拟建工程结构特征与概算指标有局部差异	★结构变化修正概算指标（元/m^2）＝$J+Q_1P_1-Q_2P_2$ 式中　J——原概算指标； 　　　Q_1——概算指标中换入结构的工程量； 　　　Q_2——概算指标中换出结构的工程量； 　　　P_1——换入结构的人、材、机费用单价； 　　　P_2——换出结构的人、材、机费用单价

187.【2022】 某拟建砖混结构工程，结构特征与概算指标相比，仅外墙装饰面不同。概算指标中，外墙面为水泥砂浆抹面，单价为 8.75 元/m^2，每平方米建筑面积消耗量为 $0.62m^3$；拟建工程外墙为贴釉面砖，单价为 41.50 元/m^2，每平方米建筑面积消耗量为 $0.84m^3$，已知概算指标为 508 元/m^2，则该拟建工程修正后的概算指标为（　　）元/m^2。

A. 467.72　　　　B. 537.44　　　　C. 502.58　　　　D. 542.86

【答案】B

【解析】本题考查修正概算指标的调整计算，是高频考点。

修正概算=原概算指标+换入工程量价乘积-换出工程量价乘积=508+41.50×0.84-0.62×8.75=537.44 元/m²，故选择 B 选项。

188.【2021】 某新建住宅的建筑面积为 4000m²，按概算指标和地区材料预算价格计算出一般土建工程单位造价为 1304 元/m²（其中人、料、机费用为 900 元/m²），按照当地造价管理部门规定，企业管理费率为 8%；规费以人、料、机和企业管理费之和为计算基础，规费费率为 15%；利润率以人、料、机、企业管理费和规费之和为计算基础，利润率为 7%；增值税税率为 9%。由于土建工程与概算指标相比结构构件有部分变更，变更后每 100m² 土建工程的人、料、机费用比概算指标对应部分的费用增加 3000 元。则修正后的土建工程单位造价为（　　）元/m²。
  A. 1070　　　　B. 1155　　　　C. 1236　　　　D. 1347

【答案】D
【解析】本题考查设计概算编制方法中的概算指标法的计算，是高频考点。
根据拟建工程结构特征与概算指标有局部差异时的调整，计算公式为

$$结构变化修正概算指标（元/m²）= J+Q_1P_1-Q_2P_2$$

式中　J——原概算指标；
　　　Q_1——概算指标中换入结构的工程量；
　　　Q_2——概算指标中换出结构的工程量；
　　　P_1——换入结构的人、材、机费用单价；
　　　P_2——换出结构的人、材、机费用单价。
修正后的土建工程单位造价为（900+3000/100）×（1+8%）×（1+7%）×（1+15%）×（1+9%）= 1347 元/m²，故选择 D 选项。

★单位设备安装工程概算编制方法

单位设备安装工程概算编制方法	① 预算单价法（初步设计有详细设备清单时） ② 扩大单价法（初步设计的设备清单不完备或仅有成套设备的重量时，可采用主体设备、成套设备或工艺线的综合扩大安装单价编制概算） ③ 概算指标法（当初步设计的设备清单不完备或安装预算单价及扩大综合单价不全，无法采用预算单价法和扩大单价法时）

★概算指标法

概算指标法种类	① 按占设备价值的百分比的概算指标 ★设备安装费=设备原价×设备安装费率
	② 按每吨设备安装费的概算指标 设备安装费=设备总吨数×每吨设备安装费
	③ 按座、台（工业炉）、套、组（冷水箱）、根或功率为计量单位的概算指标
	④ 按设备安装工程每平方米建筑面积的概算指标（通风、动力、管道）

189.【2023】 设备安装工程概算与编制方法有（　　）。
A. 估算指标法　　　B. 预算单价法　　　C. 类似工程经验法
D. 概算指标法　　　E. 扩大单价法
【答案】BDE
【解析】本题考查设备安装工程概算的编制方法，是高频考点。
设备及安装工程费用由设备购置费和安装工程费构成。
设备购置费是指为项目建设而购置或自制的达到固定资产标准的设备、工器具、交通运输设备、生产家具等本身及其运杂费用。
设备购置费概算=∑（设备清单中的设备数量）×（1+运杂费率）
设备安装工程费包括用于设备、工器具、交通运输设备、生产家具等的组装和安装，以及配套安装而发生的全部费用。设备安装工程概算的编制方法有：①设备预算单价法；②扩大单价法；③概算指标法。故选择B、D、E选项。

190.【2017】 某工程项目所需设备原价400万元，运杂费率为5%，安装费率为10%，则该项目的设备及安装工程概算为（　　）万元。
A. 400　　　　B. 440　　　　C. 460　　　　D. 462
【答案】C
【解析】本题考查设备安装工程概算方法，是高频考点。
设备购置费用概算=设备清单中的设备数量×设备原价×（1+运杂费率）
设备安装费=设备原价×设备安装费率
因此，该项目的设备及安装工程概算为400×（1+5%）+400×10%=460万元。

191.【2020】 当设备清单不完备时，编制设备安装工程概算采用的方法有（　　）。
A. 生产能力指数法　　　　B. 扩大单价法
C. 预算单价法　　　　　　D. 概算指标法
E. 类似工程预算法
【答案】BD
【解析】本题考查设计概算的编制方法，是高频考点。
设备及安装单位工程概算的编制方法有：①预算单价法（初步设计有详细设备清单时）；②扩大单价法（又称概算定额法，当初步设计清单不完备，仅有重量时）；③概算指标法（初步设计清单不完备，安装预算单价及扩大综合单价不全），这三种方法精度依次降低，故选择B、D选项。

192.【2019】 采用概算指标法计算设备安装工程费时，可采用的概算指标有（　　）。
A. 按占设备价值百分比的概算指标　　　B. 按每吨设备安装费的概算指标
C. 按设备台、套等单位计量的概算指标　　　D. 按占总投资百分比的概算指标
E. 按设备安装工程每平方米建筑面积的概算指标

【答案】ABCE

【解析】本题考查设备安装工程概算中的概算指标法的种类。

概算指标法：①按占设备价值的百分比的概算指标；②按每吨设备安装费的概算指标；③按座、台、套、组、根或功率为计量单位的概算指标；④按设备安装工程每平方米建筑面积的概算指标（通风、动力、管道）。故选 A、B、C、E 选项。

◆ 单项工程编制方法综合概算

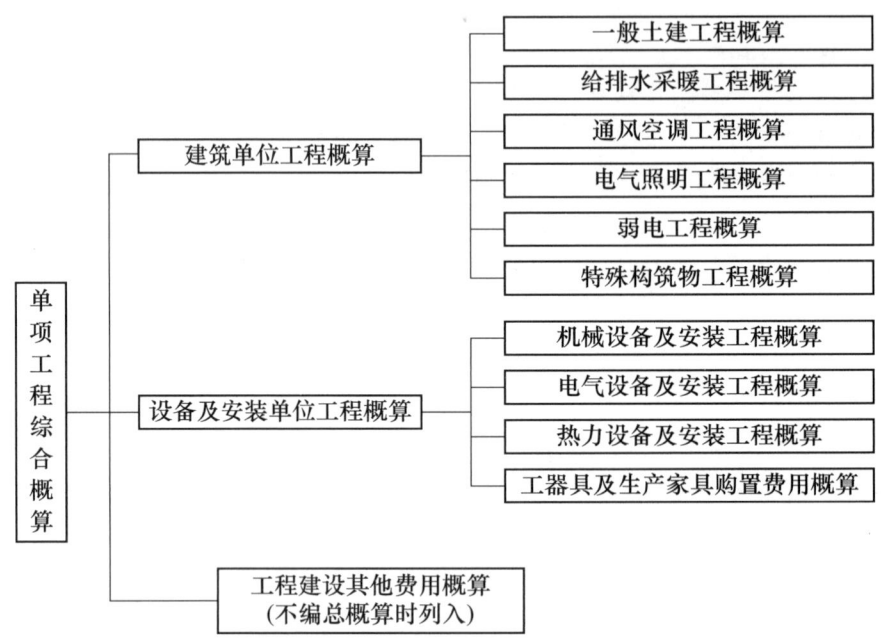

◆ 总概算编制方法

总概算是以整个建设工程项目为对象，确定项目从立项开始，到竣工交付使用整个过程的全部费用（建设项目总投资）的文件。

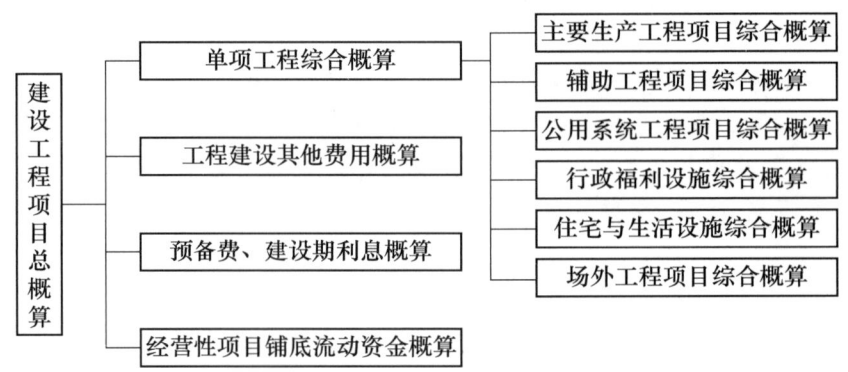

◆ 总概算价值

总概算价值=工程费用+其他费+预备费+建设期利息+铺底流动资金-回收金额（建设过程中获得的各种收入，如房屋拆除变现收入、试车收入大于支出的部分）

193.【2020】非经营性建设工程项目总概算的完整组成是（　　）。
A. 单项工程综合概算、工程建设其他费用概算、预备费概算、建设期利息
B. 建设单位工程概算、设备及安装单位工程概算和工程建设其他费用概算
C. 建设单位工程概算、设备及安装单位工程概算、工程建设其他费用概算和预备费概算
D. 单项工程综合概算、工程建设其他费用概算、预备费概算、建设期利息和铺底流动资金概算

【答案】A
【解析】本题考查设计概算文件的组成内容。
建设工程项目总概算包括：①单项工程综合概算（单位建筑工程概算、单位设备及安装工程概算）；②工程建设其他费用概算；③预备费、建设期概算；④经营性项目铺底流动资金概算。
本题"非经营性建设工程项目总概算"应当包括：单项工程综合概算（单位建筑工程概算、单位设备及安装工程概算）；工程建设其他费用概算；预备费、建设期利息概算。故选择 A 选项。

194.【2016】某建设项目工程费用 6800 万元，其他费用 1200 万元，预备费 500 万元，资金筹措费 370 万元，铺底流动资金 710 万元。预计在建设中原房屋拆除变现收入 100 万元，试车收入大于支出金额 150 万元，则该项目总概算为（　　）万元。
A. 9580　　　　　　　　　　　　B. 9330
C. 9680　　　　　　　　　　　　D. 9430

【答案】B
【解析】本题考查总概算的计算。
总概算价值=工程费用+其他费+预备费+资金筹措费+铺底流动资金-回收金额（建设过程中获得的各种收入，如房屋拆除变现收入、试车收入大于支出的部分）
本题中该项目总概算为=6800+1200+500+370+710-100-150=9330 万元。

◆ 总概算书内容

①封面；②编制说明；③总概算表；④工程建设其他费用概算表；⑤单项工程综合概算表；⑥单位工程概算表；⑦附录

考点 2 施工图预算编制

◆ 施工图预算定义和作用

定义	施工图预算是在施工图设计阶段,以施工图设计文件为基础,依据国家、行业和地方有关规定、预算定额、费用定额等,在工程施工前按照规定的标准和方法,对项目的工程费用进行的预测与计算,并按规定的标准形成施工图预算成果文件,也简称施工图预算
★作用	1. 对建设单位的作用 ① 确定建设投资的依据; ② 安排建设资金计划和使用建设资金的依据; ③ 确定最高投标限价的参考依据。 2. 对施工单位的作用 ① 确定投标报价的参考依据; ② 进行施工准备的依据; ③ 控制工程成本的依据; ④ 施工图预算与施工预算对比,找出差距,采取必要的措施。 3. 对其他方面的作用 ① 对咨询单位而言,体现其业务水平、素质的依据; ② 对造价管理部门而言,是监督检查执行定额标准、合理确定工程造价、测算造价指数及审定招标工程标底的依据; ③ 在履行合同中发生经济纠纷,是仲裁、司法等解决问题的重要依据

195.【2023】 关于施工图预算对施工单位作用说法正确的有（　　）。
A. 可作为确定最高投标报价的依据
B. 可作为确定投标报价的参考依据
C. 可作为进行施工准备的依据
D. 可作为控制工程成本的依据
E. 可作为安排建设资金计划的依据

【答案】BCD

【解析】本题考查施工图预算的作用,是常见考点。

施工图预算是以施工图设计文件为依据,按照规定的程序、方法和依据,在工程施工前对工程项目的工程费用进行的预测和计算。施工图预算是在施工图设计阶段对工程建设所需资金做出较精确计算的设计文件。施工图预算的作用主要体现在三个方面:对建设单位的作用;对施工单位的作用;对其他方面的作用。其中,对施工单位的作用有:①确定投标报价的参考依据;②进行施工准备的依据;③控制工程成本的依据;④施工图预算与施工预算对比,找出差距,采取必要的措施。

A、E 选项的描述属于施工图预算对建设单位的作用,故选择 B、C、D 选项。

◆施工图预算的编制依据

① 国家、行业和地方有关规定；
② 预算定额或企业定额、单位估价表等；
③ 施工图设计文件及相关标准图集和规范；
④ 项目相关文件、合同、协议等；
⑤ 工程所在地人、料、机单价、工程造价指数；
⑥ 施工组织设计和施工方案；
⑦ 项目管理模式、发包模式及施工条件；
⑧ 其他

◆施工图预算的编制程序

单位工程预算→单项工程预算→总预算

◆施工图预算的编制方法

三级预算编制	当建设项目有多个单项工程时，应采用三级预算编制形式。三级预算编制形式由三块组成：①建设项目总预算；②单项工程综合预算；③单位工程预算
二级预算编制	当建设项目只有一个单项工程时，应采用二级预算编制形式。二级预算编制形式由两块组成：①建设项目总预算；②单位工程预算

★单位工程预算编制方法
① 定额单价法（掌握）；② 工程量清单单价法；③ 实物量法（掌握）。
★定额单价法（掌握）

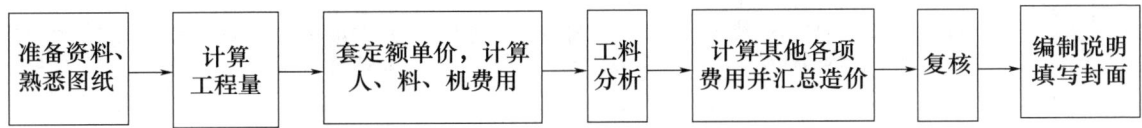

★套用定额单价的注意事项

① 分项工程的名称、规格、计量单位与定额单价或单位估价表所列内容完全一致时，直接套用定额单价

② 分项工程的主要材料品种与定额单价或单位估价表中规定材料不一致时，不可以直接套用定额单价，需要按照实际使用材料价格换算定额单价

③ 分项工程的施工工艺条件与定额单价或单位估价表不一致造成人工、机械的数量增减时，一般调量不换价

④ 分项工程不能直接套用定额、不能换算也不能调整时，应编制补充单位估价表

196.【2019】 采用定额单价法编制施工图预算时，在分项工程采用的主要材料品种与定额单价中规定的材料品种不一致，正确的做法是（　　）。

A. 直接套用定额单价并通过系数调整　　B. 按实际使用材料价格换算定额单价
C. 编制补充定额　　D. 调整材料数量，不换价

【答案】B

【解析】本题考查施工图预算的编制方法中的定额单价法，是高频考点。

定额单价法在编制施工图预算中，在套用定额单价时要注意：①分项工程的名称、规格、计量单位与定额单价或单位估价表所列内容完全一致时，直接套用定额单价；②分项工程的主要材料品种与定额单价或单位估价表中规定材料不一致时，不可以直接套用定额单价，需要按照实际使用材料价格换算定额单价；③分项工程的施工工艺条件与定额单价或单位估价表不一致造成人工、机械的数量增减时，一般调量不换价；④分项工程不能直接套用定额、不能换算也不能调整时，应编制补充单位估价表。故选择 B 选项。

◆工程量清单单价法

工程量清单单价法是根据国家统一的工程量计算规则计算工程量，采用综合单价的形式计算工程造价的方法。

不完全费用综合单价	人、材、机、管、利及一定范围内的风险费用
全费用综合单价	人、材、机、管、利、规、税等；《建设工程造价咨询规范》GB/T 51095—2015 采用的施工图预算编制方法是全费用综合单价法

★实物量法（掌握）

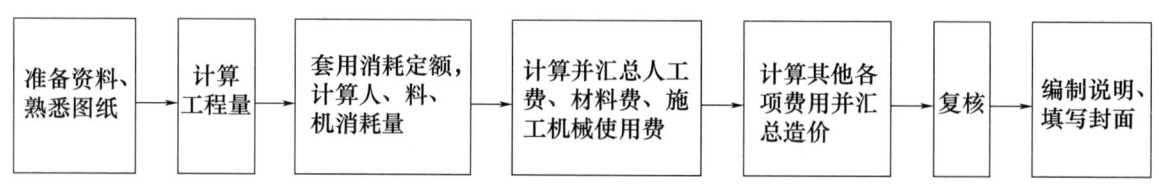

★定额单价法与实物量法的区别

编制步骤基本相似，但在具体算人工费、材料费、机械费及汇总三种费用之和时有一定区别。实物量法所用的人、料、机的单价都是当时当地的实际价格，因此工作量大、计算过程烦琐。

197.【2023】 关于采用实物量法与定额单价法编制施工图预算的说法，正确的是（　　）。

A. 实物量法与定额单价法在计算人、料、机费用及汇总方法方面完全相同
B. 实物量法编制的预算相对于定额单价法工作量更小、编制过程更快捷
C. 实物量法编制的预算相对于定额单价法更能准确反映实际价格
D. 实物量法与定额单价法均适用于市场经济条件波动较大的情况

【答案】C

【解析】本题考查施工图预算的编制方法，是高频考点。

单位工程预算包括建筑工程预算和设备及安装工程预算。单位工程预算的编制方法有定额单价法、工程量清单单价法和实物量法。定额单价法和实物量法编制施工图预算的步骤基本相似（具体过程见上文），但在具体计算人工费、材料费和机械使用费及汇总三种费用之和方面有一定区别。实物量法编制施工图预算所用的人、料、机的台班单价都是当时当地的实际价格，编制出的预算可较准确地反映实际水平，误差较小，适用于市场经济波动较大的情况。由于该方法需要统计人工、材料、机械台班消耗量，还要搜集相应的实际价格，因而工作量较大、计算过程烦琐。故选择 C 选项。

198.【2022】 采用定额单价法编制施工图预算时，若分项工程的主要材料品种与定额单价中规定的不一致，正确的处理方法是（　　）。
A. 按照实际使用材料价格换算定额单价　　B. 编织补充定价单额
C. 直接套用定额单价　　D. 调量不换价

【答案】A

【解析】本题考查施工图预算的编制方法，是高频考点。

施工图预算的编制方法有定额单价法、工程量清单单价法和实物量法。

其中，定额单价法编制施工图预算的基本步骤：①准备资料，熟悉图纸；②计算工程量；③套用定额单价，计算人、料、机费用；④编制工料分析表；⑤计算其他费用，汇总造价；⑥复核；⑦编制说明，填写封面。在步骤③中计算人、料、机费用时需注意以下几项内容：

a. 分项工程的名称、规格、计量单位与定额单价中所列内容完全一致时，可以直接套用定额单价；

b. 分项工程的主要材料品种与定额单价中规定材料不一致时，不可以直接套用定额单价，需要按实际使用材料价格换算定额单价；

c. 分项工程施工工艺条件与定额单价不一致而造成人工、机械的数量增减时，一般调量不换价；

d. 分项工程不能直接套用定额、不能换算和调整时，应编制补充定额单价。

综上，本题选择 A 选项。

199.【2022】 采用定额单价法和实物量法编制施工图预算的主要区别是（　　）。
A. 计算人工费、材料费和施工机械使用费的方法不同　　B. 计算工程量的方法不同
C. 计算企业管理费的方法不同　　D. 计算其他税费的程序不同

【答案】A

【解析】本题考查施工图预算编制的方法，是高频考点。

施工图预算的编制方法中的定额单价法和实物量法的编制步骤基本相似，但在具体算人工费、材料费和机械使用费及汇总三种费用之和方面有一定的区别。实物量法编制施工图预算所用人工、材料和机械台班的单价都是当时当地的实际价格，编制出的预算较准确地反映实际水平，误差较小，适用于市场经济波动较大的情况。故选择 A 选项。

考点3 设计概算与施工图预算的审查

◆ 内部审核和外部审核或评审

内部审核	三级管理制度：编制、审核、审定。 质量管理第一责任人：概算与预算编制的项目负责人。 编制人：编制设计概算文件或施工图预算成果文件，并整理好工作过程文件。 审核人：复核科目不应低于所有科目的10%，复核科目所占费用不应低于总投资的90%。 审定人：对设计概算文件的质量、概算数额的准确性进行整体控制
外部审查或评审 （第三方审核）	咨询企业接受委托人委托开展第三方审查应按委托合同明确的范围进行审查。合同没有明确范围的，应依据国家、地区、行业有关规定对概算文件编制的所有编制依据、工程计量、工程计价的结果进行全面的审查，并明示审查中发现的问题，调整结果，编制审查对比表，出具审查报告

◆ 设计概算审查内容

审查设计概算的编制依据	① 合法性审查； ② 时效性审查； ③ 适用性审查
建筑设计概算审查的内容	① 工程量审查； ② 采用定额或指标的审查； ③ 材料预算价格的审查； ④ 各项费用的审查
设备及安装工程概算的审查	审查重点：设备清单和安装费用的计算。 ① 采用预算单价或扩大综合单价计算安装费时的各种单价是否合适、工程量计算是否符合要求、是否准确无误。 ② 采用概算指标计算安装费时采用概算指标是否合理、计算结果是否达到精度要求。 ③ 审查所需计算安装费的设备数量及种类是否符合设计要求，避免某些不需安装的设备安装费计入在内

200.【2021】 关于设备安装工程概算审查内容的说法，正确的有（　　）。
A. 审查编制依据的合法性、时效性以及适用范围
B. 审查采用预算单价计算安装费用时的单价是否合适、工程量计算是否符合规则要求
C. 审查采用概算指标计算安装费时的指标是否合理、计算结果是否达到精度要求
D. 审查设备采购流程及运输方式是否合理合规
E. 审查需要计算安装费的设备数量及种类是否符合设计要求
【答案】ABCE

【解析】本题考查设计概算的审查内容。

设计概算的审查内容包括：①设计概算编制依据的审查（合法性审查、时效性审查、适用范围审查）；②建筑工程概算审查（工程量的审查、采用的定额或指标的审查、材料预算价格的审查、各项费用的审查）；③设备及安装工程概算审查（标准设备原价审查、非标准设备原价审查、设备运杂费审查、进口设备费用审查、设备安装工程概算的审查）。其中，设备安装工程概算的审查应注意几点，见上表。综上所述内容，故选择 A、B、C、E 选项。

◆ 设计概算审查的方法

① 对比分析法（建设规模、标准与立项批文对比，工程数量与设计图纸对比，各项取费与规定标准对比……，发现概算问题及偏差）；
② 查询核实法（对一些关键设备和设施、重要装置、引进工程图纸不全、难以核算的较大投资进行多方查询核对，逐项落实的方法）；
③ 联合会审法（设计单位主审，初审、评审、复查，层层把关，由有关单位及专家联合会审）

201.【2014】在对某建设项目设计概算审查时，找到了与其关键技术基本相同、规模相近的同类项目的设计概算和施工图预算资料，则该建设项目的设计概算最适宜的审查方法是（　　）。

A. 标准审查法　　　　　　　　　B. 分组计算审查法
C. 对比分析法　　　　　　　　　D. 查询核实法

【答案】C

【解析】本题考查概算审查方法名称，是高频考点。

① 对比分析法（建设规模、标准与立项批文对比，工程数量与设计图纸对比，各项取费与规定标准对比……发现概算问题及偏差）；
② 查询核实法（对一些关键设备和设施、重要装置、引进工程图纸不全、难以核算的较大投资进行多方查询核对，逐项落实的方法）；
③ 联合会审法（设计单位主审，初审、评审、复查，层层把关，由有关单位及专家联合会审）。

本题中"找到了与其关键技术基本相同、规模相近的同类项目的设计概算和施工图预算资料"，适合用对比分析法。

◆ 施工图预算审查的内容
施工图预算审查的重点是工程量计算是否准确，定额套用、各项取费标准是否符合现行规定或单价计算是否合理等方面（量、价、费、额）。

★施工图预算审查的方法

审查方法	适用条件
全面审查法	又称逐项审查法，适用于工程量较小、工艺较简单的工程
标准预算审查法	仅适用于采用标准图纸或通用图纸施工的工程
分组计算审查法	将预算中有关项目按类别划分为若干组，利用同组中的一组数据审查分项工程量的一种方法，组与组之间有共同数据可利用
对比审查法	当工程条件相同时，用已完工程的预算或未完但已经过审查修正的工程预算对比审查拟建工程的同类工程预算的一种方法
筛选审查法	归纳为工程量、价格、用工三个单方基本指标，并注明基本指标的使用范围，适用于审查住宅工程或不具备全面审查条件的工程
重点审查法	抓施工图中的重点来进行审查（工程量大或造价高的）

202.【2023】拟建工程与已完工程预算采用同一施工图，但基础部分和现场施工条件不同，则施工图预算审查时对相同部分审查宜采用的方法是（　　）。

A. 筛选审查法　　　B. 标准预算审查法　　　C. 分组计算审查法　　　D. 对比审查法

【答案】D

【解析】本题考查施工图预算的审查方法，是高频考点。

施工图预算审查主要就工程量计算、定额套用、各项取费标准是否符合现行规定或单价计算是否合理等方面进行审查。施工图预算的审查可采用①全面审查法、②标准预算审查法、③分组计算审查法、④对比审查法、⑤筛选审查法、⑥重点审查法、⑦分解对比审查法等方法。其中，对比审查法是指当工程条件相同时，用已完工程的预算或未完但已经过审查修正的工程预算对比审查拟建工程的同类工程预算的一种方法。对比审查法的适用条件有：

（1）拟建工程与已完或在建工程预算采用同一施工图，但基础部分和现场施工条件不同，则相同部分可采用对比审查法

（2）工程设计相同，但建筑面积不同，两工程的建筑面积之比与两工程各分部分项工程量之比大体一致。此时可按分项工程量的比例，审查拟建工程各分部分项工程的工程量，或用两工程每平方米建筑面积造价、每平方米建筑面积的各个分部分项工程量对比进行审查

（3）两工程面积相同，但设计图纸不完全相同，则相同的部分（如厂房中的柱子、屋架、屋面、砖墙等），可进行工程量的对照审查，对不能对比的分部分项工程可按图纸计算

故选择 D 选项。

203.【2021】有 10 项采用通用图纸施工的单位工程,上部结构和做法完全相同,但因地质条件差异其基础部分均有局部改变,审查这些工程上部结构的施工图预算时,宜采用的方法是（　　）。

  A. 标准预算审查法　　B. 分组计算审查法　　C. 对比审查法　　D. 重点审查法

【答案】A

【解析】本题考查施工图预算的审查方法,是高频考点。

  施工图预算的审查方法可以采用全面审查法、标准预算审查法、分组计算审查法、对比审查法、筛选审查法、重点审查法、分解对比审查法等。其中,标准预算审查法仅适用于采用标准图纸或通用图纸施工的工程。标准预算审查法先集中力量编制标准预算,以此为准来审查工程预算的一种方法。按标准设计图纸施工的工程,一般上部结构和做法相同,只是根据现场施工条件或地址情况不同,仅对基础部分做局部改变。这样的工程,以标准预算为主,对局部修改部分单独审查即可,不需进行详细审查。该方法的优点是时间短、效果好、易定案。根据本题的题干描述,应当选择 A 选项。

204.【2018】在进行施工图预算审查时,利用计算出的底层建筑面积或楼（地）面面积,对楼面找平层、顶棚抹灰等的工程量进行审查,这种审查方法是（　　）。

  A. 逐项审查法　　　　　　　　B. 分组计算审查法
  C. 对比审查法　　　　　　　　D. 筛选审查法

【答案】B

【解析】本题考查预算的审查方法,是高频考点。

  本题的题目条件适用于分组计算审查法。分组计算审查法是把预算中有关项目划分若干组,利用同组中的一组数据审查分项工程量的一种方法。这种方法首先将若干分项工程按相邻且有一定内在联系的项目进行编组,利用同组分项工程间或相近计算基数的关系,审查一个分项工程数据,由此判断同组中其他几个分项工程的准确程度。

205.【2019】采用筛选审查法审查建筑工程施工图预算时,需要先确定有关分部分项工程的单位建筑面积基本数值指标,其指标包括（　　）。

  A. 消耗　　　　　　　　　　　B. 工程量
  C. 单价　　　　　　　　　　　D. 用工量
  E. 占地

【答案】BCD

【解析】本题考查预算的审查方法。

  筛选审查法是能较快发现问题的一种方法。建筑工程虽面积和高度不同,但其各分部分项工程的单价建筑面积指标变化不大。将这样的分部分项工程加以汇集、优选,找出单位建筑面积的工程量、单价、用工的基本数值,归纳为工程量、价格、用工三个单方基本指标,并注明基本指标的使用范围。这些基本指标用来筛选各分部分项工程,不符合条件的对其进行调整。故选择 B、C、D 选项。

第 16 章 工程量清单计价

工程量清单计价是一种主要由市场定价的计价模式。工程量清单是工程量清单计价的基础，贯穿于建设工程的发包承包阶段和施工阶段，是编制最高投标限价、投标报价、计算工程量、支付工程款、调整合同价款、办理竣工结算以及工程索赔等的依据。

考点 1 工程量清单计价原理

★工程量清单的作用

① 工程量清单为投标人的投标竞争提供了一个平等和共同的基础；
② 工程量清单是建设工程计价的依据；
③ 工程量清单是工程付款和结算的依据；
④ 工程量清单是调整工程价款、处理工程索赔的依据

206.【2022】 工程量清单为投标人的投标竞争提供了一个平等和共同的基础，其理由在于（   ）。
A. 投标人均应按工程量清单列出的项目不加修改地投标
B. 工程量清单列出的工程项目内容、数量和质量要求是投标人竞争的共同基础
C. 投标人均按工程量清单中确定的计量规划计算工程量
D. 工程量清单中的项目和综合单价是投标人平等竞争的基础和依据

【答案】B
【解析】本题考查工程量清单的作用，是高频考点。

工程量清单是工程量清单计价的基础，贯穿于建设工程的发承包阶段和施工阶段，是编制最高投标限价、投标报价、计算工程量、支付工程款、调整合同价款、办公工程竣工结算以及工程索赔等的依据。工程量清单由招标人负责编制，将要求投标人完成的工程项目及其相应工程实体数量全部列出，为投标人提供拟建工程的基本内容、实体数量和质量要求等的基础信息。这样，在建设工程的招标投标中，投标人的竞争活动就有了一个共同的基础，投标人机会均等，享受的待遇是公平和公正的。

A 选项错误，措施项目清单可以调整，根据拟建工程的实际情况列项。
C 选项错误，招标人均按工程量清单中确定的计量规划计算工程量。
D 选项错误，综合单价由投标人报价。

207.【2021】工程量清单作为清单计价的基础，主要用于建设工程的（　　）。
A. 决策阶段和设计阶段　　　　　　　　B. 设计阶段和招投标阶段
C. 施工阶段和运营使用阶段　　　　　　D. 发包承包阶段和施工阶段

【答案】D

【解析】本题考查工程量清单的作用，是高频考点。

工程量清单是指建设工程的分部分项工程项目、措施项目、其他项目、规费项目和税金项目的名称和相应数量等的明细清单。工程量清单是工程量清单计价的基础、贯穿于建设工程的发承包阶段和施工阶段，是编制最高投标限价、投标报价、计算工程量、支付工程款、调整合同价款、办理竣工结算以及工程索赔等的依据。

◆工程量清单计价原理

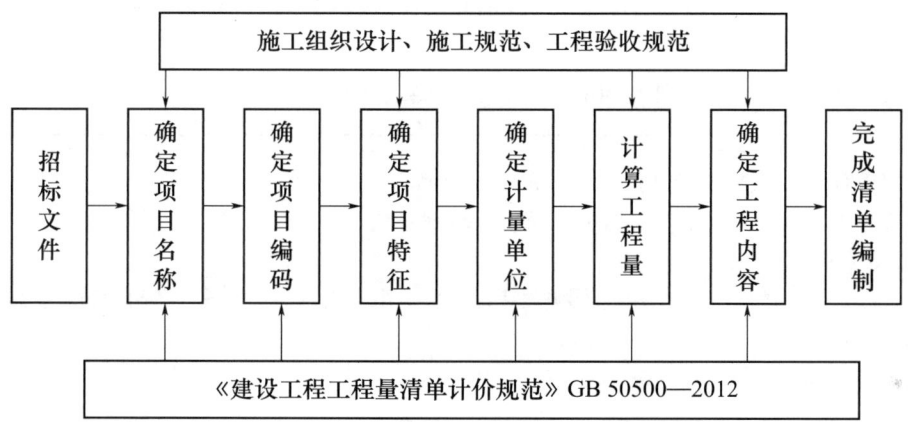

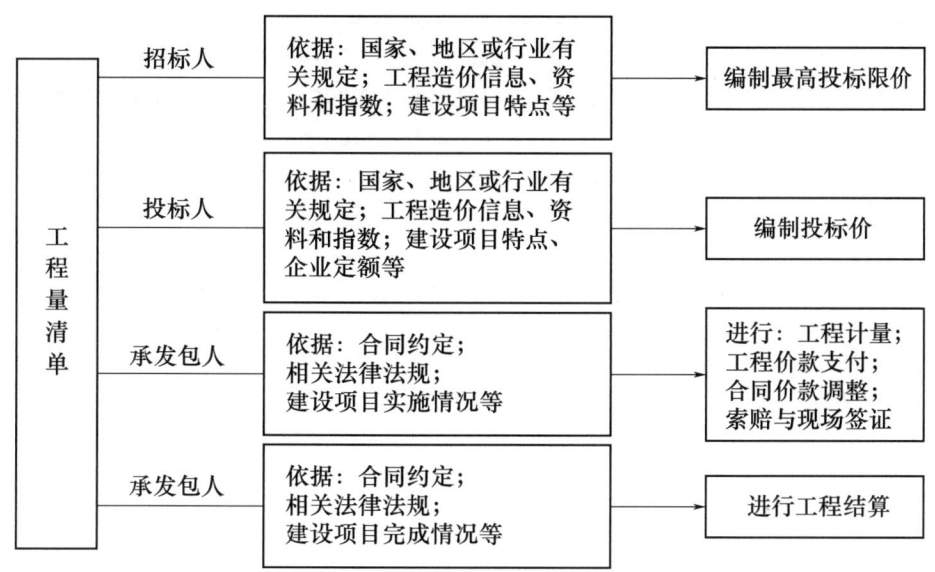

◆工程量清单计价原理

计价原理：按照工程量清单计价规范规定，在各相应专业工程的工程量计算规范规定的工程量清单项目设置和工程量计算规则的基础上，针对具体工程的施工图纸和施工组织设计计算出各个清单项目的工程量，根据规定的方法计算出综合单价，并汇总各清单合价得出工程总价。

在工程量清单计价中，如按分部分项工程单价组成来分，工程量清单计价主要有三种形式：（1）工料单价；（2）综合单价；（3）全费用综合单价法。

工料单价	=① 人工费+② 材料费+③ 施工机具使用费
★综合单价	=① 人工费+② 材料费+③ 施工机具使用费+④ 管理费+⑤ 利润
全费用综合单价	=① 人工费+② 材料费+③ 施工机具使用费+④ 管理费+⑤ 利润+⑥ 规费+⑦ 税金

本课程内容主要依据《建设工程工程量清单计价规范》GB 50500—2013，即采用综合单价法计价。

◆下列因素产生的费用均列入相应清单的综合单价中

① 满足国家现行产品标准、设计规范等要求的施工费用。
② 完成符合完工交付要求的清单必要的施工任务及一些辅助工作（测量放线、定位复测、工程点交等）产生的必要费用。
③ 受施工条件、一般气温、气候等因素影响发生的必要费用（料具二次运输、冬雨期施工、高层建筑施工、超高作业等）。
★④ 一定范围内的风险费用

★利用综合单价汇总工程造价过程

① 分部分项工程费＝∑（分部分项工程量×分部分项工程综合单价）
② 措施项目费＝∑（单价措施项目工程量×单价措施项目综合单价）+∑总价措施项目费
③ 其他项目费＝暂列金额+暂估价+计日工+总承包服务费+其他
④ 单位工程造价＝分部分项工程费+措施项目费+其他项目费+规费+税金
⑤ 单项工程造价＝∑单位工程造价
⑥ 总造价＝∑单项工程造价

208.【2021】《建设工程工程量清单计价规范》GB 50500—2013 中，分部分项工程的综合单价除包括人、料、机费用外，还包括（　　）。

　　A. 利润　　　　　　　　　　B. 一定范围内的风险费用
　　C. 规费　　　　　　　　　　D. 管理费
　　E. 税金

【答案】**ABD**

【解析】本题考查综合单价组成，是高频考点。

在工程量清单计价中，如按分部分项工程单价组成来分，工程量清单计价主要有三种形式：工料单价、综合单价、全费用综合单价。《建设工程工程量清单计价规范》GB 50500—2013 中工程量清单综合单价是指完成一个规定清单项目所需的人工费、材料和工程设备费、施工机具使用费和企业管理费、利润以及一定范围内的风险费用。故选择 A、B、D 选项。

209.【2021】根据《建设工程工程量清单计价规范》GB 50500—2013，公式中正确的是（　　）。

A. 措施项目费 = ∑（措施项目工程量×措施项目综合单价）
B. 分部分项工程费 = ∑（分部分项工程量×分部分项工程综合单价）
C. 其他项目费 = 暂列金额+暂估价+计日工+总承包服务+规费
D. 单位工程报价 = 分部分项工程费+措施项目费+其他项目费

【答案】B

【解析】本题考查利用综合单价法汇总工程造价的过程，是高频考点。

A 选项错误，措施项目费 = ∑（单价措施项目工程量×单价措施项目综合单价）+∑总价措施项目费。

C 选项错误，其他项目费 = 暂列金额+暂估价+计日工+总承包服务费+其他。

D 选项错误，单位工程造价 = 分部分项工程费+措施项目费+其他项目费+规费+税金。

故选择 B 选项。

★工程量清单计价的一般规定

1. 建设工程施工发承包应采用工程量清单计价
2. 工程量清单以分部分项工程项目清单为主要表现形式，由分部分项工程项目清单、措施项目清单、其他项目清单和规费、增值税组成
3. 工程量清单根据工程项目特点进行补充完善或采用实物量清单形式编制，应在招标文件和合同文件中对其计算规则、工作内容等予以说明
4. 工程量清单列项应遵循项目特征明确、边界清晰、便于计价的原则
5. 工程量清单计价可采用单价计价（能准确计量）和总价计价（不能准确计量）两种方式进行：分部分项清单采用单价计价；措施项目清单和其他项目清单采用单价计价或总价计价；安全文明施工费、规费、税金按照相关部门规定计算
6. 实行工程量清单计价的工程，其合同价格形式可采用单价合同、总价合同或成本加酬金合同
7. 采用单价合同价格形式的工程，分部分项工程项目、单价计价措施项目、其他项目的招标工程量清单准确性、相完整性由招标人负责。已标价总价计价措施项目清单的准确性和完整性由投标人负责
8. 采用总价合同形式的工程，已标价工程量清单的准确性和完整性由投标人负责

★ 计量计价风险

1. 计量计价中的风险内容及范围要在招标文件、合同中明确（不得采用无限风险、所有风险等语句）

2. 清单工程量按现行国家或行业计算标准计算（发生偏差执行相关规定）

3. 发包人承担的风险，发包人及时调整合同价格和工期（包括：①法律法规政策变动；②发包人提供原始数据资料错误；③发包人同意的工程变更；④约定范围外物价和费率波动；⑤发包人未履行公平、诚信义务而产生的费用）

4. 承包人承担的风险，合同价格和工期不予调整（包括：①承包人达到交付要求的施工费用；②承包人自身原因导致方案变化的费用调整；③承包人自身原因造成施工费用增加；④约定范围内的物价和汇率波动；⑤承包人未履行公平、诚信义务而产生的费用）

5. 工程价款未按约定（时间或支付比例）支付，责任方承担价款调整

6. 物价变化引起合同价格调整的，发承包双方合理分摊（①人、料、机价格波动影响合同价格，双方按照价格指数调差法或价格信息调差法调整价格；②双方应明确可调价主要材料范围，填写合同附件；③满足条件的施工机具使用费，可按主要材料调差方法调整；④综合单价的人、材、机价差调整只计取规费和增值税，不计取管理费和利润）

7. 承包人原因引起措施项目施工方案调整致使发包人损失由承包人承担

8. 汇率波动影响合同价格的，双方合理分摊

9. 清单缺陷、工程变更、计日工、物价变化、暂估价、索赔、暂列金额影响合同价格调整，按标准或规范调整

10. 合同基础条件发生重大变化（签订合同时无法预见、不属于商业风险），按标准或规范调整合同价格

11. 工程已签订合同，价款支付前要重新计量计价的，按标准和规范规定调整

12. 招标人编制最高投标限价，投标人结合优势进行投标报价

◆ 发包人提供材料

① 发包人应在招标文件中明确提供材料的相关信息，并在清单项目特征中予以描述

② 发包人应在招标文件中明确提供材料的清单单位消耗量，承包人原因导致领用数量超过合理数量，超过部分的材料费由承包人承担

③ 需要承包人保管及提供相应服务的，费用由发包人承担，承包人制定发包人材料的交货计划，发包人应按计划提供，此材料费不计入综合单价，也不计入投标总价

④ 发包人不按合同要求提供材料或发包人原因交货延误等变更情况，发包人承担承包人增加的成本和工期延误及合理利润

⑤ 发包人要求承包人提供材料（招标文件中应由发包人提供），价格应通过补充协议确定，应扣减原招标文件中的相应费用，发包人承担承包人因此增加的成本、工期及合理利润

◆ 承包人提供材料

① 承包人提供材料，承包人负责采购、运输、保管

② 承包人应将采购的材料信息提交发包人确认，并提供材料的质量证明文件，满足约定的标准

③ 经检测承包人提供的材料不符合约定的质量标准，承包人采取措施产生的费用和（或）工期延误由承包人承担，发包人要求检测具有合格证明的材料，结果符合约定的质量标准的，发包人承担由此增加的费用和（或）工期延误及合理利润

考点2 工程量清单的编制

招标工程量清单必须作为招标文件的组成部分，由招标人提供，招标人对其准确性和完整性负责。一经中标签订合同，招标工程量清单即为合同的组成部分。招标工程量清单应由具有编制能力的招标人或受其委托、具有相应资质的工程造价咨询人进行编制。

工程量清单应以合同标的为单位列项编制，应由①分部分项工程量清单、②措施项目清单、③其他项目清单、④规费项目清单、⑤税金项目清单组成。

◆ 工程量清单编制依据

① 《建设工程工程量清单计价规范》GB 50500—2013 和相关工程的国家工程量计算标准

② 省级、行业建设主管部门颁发的工程量计量计价规定

③ 拟定的招标文件及相关资料

④ 建设工程设计文件及相关资料

⑤ 与建设工程有关的标准、规范、技术资料

⑥ 施工现场情况、地勘水文资料、工程特点及合理的施工方案

⑦ 其他

210.【2023】 下列资料中，属于招标工程量清单编制依据的有（   ）。

A. 设计文件　　　　　　　　　　B. 施工现场情况

C. 合理的施工方案　　　　　　　D. 地勘水文资料

E. 企业定额

【答案】ABCD

【解析】本题考查招标工程量清单的编制依据。

招标工程量清单作为招标文件的组成部分，是工程量清单计价的基础，应作为编制最高投标限价、投标报价、计算或调整工程量、索赔等的依据之一。招标工程量清单应由招标人或受其委托具有相应资质的工程造价咨询人进行编制。招标人（或工程造价咨询人）的编制依据如上文所示。故选择 A、B、C、D 选项。

◆ 分部分项工程量清单编制

分部分项工程量清单所反映的是分部分项工程项目名称和相应数量的明细清单，招标人

负责编制，包括：① 项目编码；② 项目名称；③ 项目特征；④ 计量单位；⑤ 工程量。

★分部分项工程量清单样表

序号	项目编码	项目名称	项目特征描述	计量单位	工程量	金额（元）	
						综合单价	合价
1	011701001001	综合脚手架	① 建筑结构形式：框剪 ② 檐口高度：60m	m²	18000		

★项目编码：采用五级编码、十二位数字进行表示

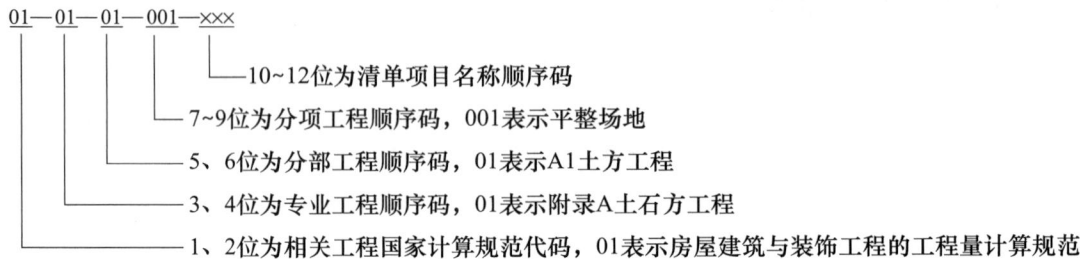

211.【2023】 根据《建设工程工程量清单计价规范》规定，代表专业工程的项目编码是（　　）位。

A. 1，2　　　　B. 3，4　　　　C. 5，6　　　　D. 7，8，9

【答案】B

【解析】本题考查分部分项工程量清单项目编码，是常见考点。

项目编码是分部分项工程和措施项目清单名称的阿拉伯数字标识。分部分项工程量清单项目编码分五级设置，用12位阿拉伯数字表示，其中，1、2位为相关工程国家计量规范代码；3、4位为专业工程顺序码；5、6位为分部工程顺序码；7~9位为分项工程顺序码；10~12位为清单项目名称顺序码。前四级是国家统一的编码，按照附录中的要求填报，最后一级由清单编制人（招标人或受其委托的工程造价咨询人）编制。

故选择B选项。

212.【2015】 根据《建设工程工程量清单计价规范》GB 50500—2013 编制的工程量清单中，某分部分项工程的项目编码010302004005，则"01"的含义是（　　）。

A. 分项工程顺序码　　　　　　B. 分部工程顺序码
C. 专业工程顺序码　　　　　　D. 工程分类顺序码

【答案】D

【解析】本题考查分部分项工程量清单项目编码的设置。

本题中"01"是第一级编码，代表不同工程顺序码，01具体代表房屋建筑与装饰工程。
故选择D选项。

◆ 项目名称

★ 应根据《计量规范》的项目名称结合拟建工程的实际确定。

《计量规范》中规定的"项目名称"为分项工程项目名称，一般以工程实体命名。编制清单时，应以附录中的项目名称为基础，应考虑项目的规格、型号、材质等特征要求，并结合拟建工程的实际情况，对其进行适当的调整细化，使其能够反映影响工程造价的主要因素。例如，计价规范中项目名称为"矩形柱"，可根据实际情况写成"C30现浇混凝土矩形柱 400×400"

213.【2018】根据《建设工程工程量清单计价规范》GB 50500—2013，关于分部分项工程量清单中项目名称的说法，正确的是（　　）。

A.《计量规范》中的项目名称是分项工程名称，以工程主要材料命名
B. 编制清单时，项目名称应根据《计量规范》的项目名称综合拟建工程实际确定
C.《计量工程》中的项目名称是分部工程名称，以工程实体命名
D. 编制清单时，《计量工程》中的项目名称不能变化，但应补充项目规格、材质

【答案】B

【解析】本题考查分部分项工程量清单项目名称的要求。

分部分项工程量清单的名称应根据《计量规范》的项目名称结合拟建工程的实际确定。《计量规范》中规定的"项目名称"为分项工程项目名称，一般以工程实体命名。编制清单时，应以附录中的项目名称为基础，应考虑项目的规格、型号、材质等特征要求，并结合拟建工程的实际情况，对其进行适当的调整细化，使其能够反映影响工程造价的主要因素。

A 选项错误，《计量规范》中规定的"项目名称"为分项工程项目名称，一般以工程实体命名。

B 选项正确。

C 选项错误，《计量规范》中规定的"项目名称"为分项工程项目名称。

D 选项错误，编制清单时，应以附录中的项目名称为基础，应考虑项目的规格、型号、材质等特征要求，并结合拟建工程的实际情况，对其进行适当的调整细化，使其能够反映影响工程造价的主要因素。

★ 项目特征

分部分项工程量清单项目特征应按《计算规范》的项目特征，结合拟建工程项目的实际情况予以描述。

它是指构成工程清单项目、措施项目自身价值的本质特征，主要涉及项目的自身特征（规格、材质、型号、品牌）、工艺特征及对项目施工方法可能产生影响的特征。分部分项工程量清单项目特征应按《计量规范》的项目特征，结合拟建工程项目的实际予以描述。重要意义：

① 项目特征是区分清单项目的依据；
② 项目特征是确定综合单价的前提；
③ 项目特征是履行合同义务的前提。

对清单项目特征不同的项目应分别列项，如基础工程，仅混凝土强度等级不同，足以影响投标人报价，应分开列项

214.【2023】关于工程量清单编制的说法，正确的是（　　）。
A. 招标工程量清单必须由招标人自行编制
B. 清单项目的工程量计算规则由清单编制人自主确定
C. 招标工程量清单应以分部工程为单位编制
D. 名称相同但特征不同的清单项目应分别列项

【答案】D

【解析】本题考查工程量清单的编制，是高频考点。

工程量清单计价是一种由市场定价的计价模式。招标工程量清单必须作为招标文件的组成部分，由招标人提供，招标人对其准确性和完整性负责。招标工程量清单应由具有编制能力的招标人或受其委托、具有相应资质的工程造价咨询人进行编制。招标工程量清单应以单位（项）工程为单位编制，由分部分项工程量清单、措施项目清单、其他项目清单、规费和税金项目清单组成。

A 选项错误，招标工程量清单由有编制能力的招标人自行编制或委托有资质的造价咨询人编制。

B 选项错误，清单项目的工程量计算规则依据相应规范。

C 选项错误，招标工程量清单应以单位（项）工程为单位编制。

215.【2022】下列属于工程量清单项目特征涉及的有（　　）。
A. 项目的工程量　　　　　　　B. 项目施工方法
C. 项目的材质　　　　　　　　D. 项目的规格、型号
E. 项目的工艺特征

【答案】CDE

【解析】本题考查工程量清单中的"项目特征"的描述要求，是高频考点。

清单项目特征主要涉及项目的自身特征（材质、型号、规格、品牌）、项目的工艺特征以及对项目施工方法可能产生影响的特征。

216.【2021】分部分项工程项目清单中项目特征描述通常包括（　　）。
A. 项目的管理模式　　　　　　B. 项目的材质、规格
C. 项目的工艺特征　　　　　　D. 项目的组织方式
E. 可能对项目施工方法产生影响的特征

【答案】BCE

【解析】本题考查工程量清单中项目特征要求，是高频考点。

项目特征是指构成工程量清单项目、措施项目自身价值的本质特征。分部分项工程量清单项目特征应按《计量规范》的项目特征，结合拟建工程项目的实际予以描述。项目清单特征主要涉及项目的自身特征（规格、材质、型号、品牌）、工艺特征及对项目施工方法可能产生影响的特征。故选择 B、C、E 选项。

217.【2020】 根据《建设工程工程量清单计价规范》，关于项目特征的说法，正确的有（　　）。

A. 分部分项工程量清单的项目特征是确定综合单价的重要依据

B. 项目特征主要涉及项目的自身特征、工艺特征及对项目施工方法可能产生影响的特征

C. 项目名称相同、项目特征不同的清单项目应分别列项

D. 项目特征是指构成分部分项工程量清单项目、措施项目自身价值的本质特征

E. 项目特征应根据《计量规范》的项目特征进行统一描述，招标人不应根据拟建项目实际情况更改项目特征的描述

【答案】ABCD

【解析】本题考查分部分项清单中项目特征的相关，要求是高频考点。

①项目特征是指构成工程量清单项目、措施项目自身价值的本质特征，主要涉及项目的自身特征（规格、材质、型号、品牌）、工艺特征及对项目施工方法可能产生影响的特征；②分部分项工程量清单项目特征应按《计量规范》的项目特征。结合拟建工程项目的实际予以描述。③重要意义：项目特征是区分清单项目的依据；项目特征是确定综合单价的前提；项目特征是履行合同义务的前提。④对清单项目特征不同的项目应分别列项。

E选项错误，分部分项工程量清单项目特征应按《计量规范》的项目特征，招标人结合拟建工程项目的实际予以描述。

218.【2019】 根据专业工程《计量规范》编制招标工程量清单时，有两种不同截面的现浇混凝土矩形柱，一种是 400mm×400mm，另一种是 600mm×400mm，混凝土强度均为 C30，其余特征相同，则在编制清单时这两个矩形柱的清单项应（　　）。

A. 合并列项，项目名称为"矩形柱"，在项目特征中注明混凝土强度

B. 分别列项，项目名称均为"现浇混凝土矩形柱"，在项目特征中注明截面尺寸

C. 分别列项，一个项目名称为"C30 现浇混凝土矩形柱 400×400"，另一个项目名称为"C30 现浇混凝土矩形柱 600×400"

D. 合并列项，项目名称为"矩形柱（400×400，600×400）"，工程数量一栏给出合并后的工程量

【答案】B

【解析】本题考查分部分项工程量清单项目特征描述的要求。

《计价规范》中对清单项目特征还有此要求："对清单项目特征不同的项目应分别列项"，例如基础工程，仅混凝土强度等级不同，足以影响投标人报价，应分开列项。故选择 B 选项。

◆计量单位

① 以"吨"为计量单位的应保留小数点后三位数字，第四位小数四舍五入；

② 以"立方米""平方米""米""千克"为计量单位的应保留小数点后二位数字，第三位小数四舍五入；

③ 以"项""个"等为计量单位的应取整数

★工程量

★应按《计量规范》的工程量计算规则计算。

除另有说明外,所有清单项目的工程量以实体量为准,并以实际完成的净值计算。因此,在计算综合单价时应考虑施工中的各种损耗和需要增加的工程量,或在措施费清单中列入相应的措施费用。

采用工程量清单计算规则,工程实体的工程量是唯一的

◆补充项目

如果出现《计量规范》附录中未包括的项目,编制人应做补充,并报省级或行业工程造价管理机构备案。补充项目的编码由对应的计量规范的代码 X(01~09)与 B 和三个阿拉伯数字组成。

工程量清单需附有补充项目的名称、项目特征、计量单位、工程量计算规则、工作内容

◆补充项目样表

项目编码	项目名称	项目特征	计量单位	工程量计算规则	工作内容
01 B001	成品 GRC 隔墙	① 隔墙材料品种、规格 ② 隔墙厚度 ③ 嵌缝、塞口材料品种	m^2	按设计图示尺度以面积计算,扣除门窗洞口及单个≥0.3m^2 的孔洞所占面积	① 骨架及边框安装 ② 隔板安装 ③ 嵌缝、塞口

219.【2017】 招标人员编制工程量清单时,对各专业工程现行《计量规范》中未包括的项目应做补充,则关于该补充项目及其编码的说法,正确的是(   )。

A. 该项目编码应由对应《计量规范》的代码和三位阿拉伯数字组成
B. 清单编制人应将补充项目报省级或行业工程造价管理机构备案
C. 清单编制人在最后一个清单项目后面自行补充该项目,不需编码
D. 该项目按《计量规范》中相近的清单项目编码

【答案】B

【解析】本题考查分部分项工程量清单补充项目的相关要求。

编制工程量时如果出现《计量规范》附录中未包括的项目,编制人应做补充,并报省级或行业工程造价管理机构备案。补充项目的编码由对应的计量规范的代码 X(01~09)与 B 和三个阿拉伯数字组成,并从 X B001 起顺序编制。工程量清单需附有补充项目的名称、项目特征、计量单位、工程量计算规则、工作内容。故选择 B 选项。

★措施项目的编制

措施项目清单是指为完成工程项目施工,发生于该工程施工准备和施工过程中的技术、生活、安全、环境保护等方面的项目清单。措施项目清单应结合拟建工程的实际情况和完工交付要求,依据拟定的合理施工方案及技术、生活、安全、文明施工等非工程实体方面的要求进行编制。

1. 措施项目分为能计量和不能计量两类。
★2. 能计量的措施项目（单价措施项目）清单的编制同分部分项工程量清单的编制。（如综合脚手架）
★3. 不能计量的措施项目（总价措施项目）清单的编制只列项目编码、项目名称。（如安全文明施工及夜间施工）
4. 由于工程建设施工特点和承包人组织施工生产的施工装备水平、施工方案及其管理水平的差异，同一工程、不同承包人组织施工采用的施工措施有时并不完全一致，因此，《建设工程工程量清单计价规范》GB 50500—2013 规定，措施项目清单应根据拟建工程的实际情况列项

◆ 单价措施项目样表

序号	项目编码	项目名称	项目特征描述	计量单位	工程量	金额（元）	
						综合单价	合价
1	011701001001	综合脚手架	① 建筑结构形式：框剪 ② 檐口高度：60m	m²	18000		

◆ 总价措施项目清单样表

序号	项目编码	项目名称	计算基础	费率（%）	金额（元）	调整费率（%）	调整后金额	备注
1	011707001001	安全文明施工	定额基价					
2	011707002001	夜间施工	定额人工费					

220.【2020】根据《建设工程工程量清单计价规范》，关于措施项目清单编制的说法，正确的有（ ）。

A. 编制总价措施项目清单时应列出项目编码、项目名称，并按照现行计量规范的规定计算其工程量，不需要列出计量单位和项目特征

B. 环境保护、安全文明施工和材料的二次搬运等措施项目清单应根据工程本身的因素列项，不需考虑不同施工企业的实际情况

C. 编制单价措施项目清单时应列出项目编码、项目名称、项目特征和计量单位并按现行计量规范的规定计算其工程量

D. 不同承包人对于同一工程可能采用的施工措施不完全一致，因此措施项目清单应允许承包人根据拟建工程的实际情况列项

E. 参考拟建工程的常规施工技术方案以确定大型机械设备进出场及安拆、混凝土模板和脚手架等措施项目

【答案】**CDE**

【解析】本题考查措施项目的编制。
（1）措施项目分为能计量和不能计量两类。

（2）能计量的措施项目（单价措施项目）清单的编制同分部分项工程量清单的编制。（①混凝土模板、②脚手架、③垂直运输）

（3）不能计量的措施项目（总价措施项目）清单的编制只列项目编码、项目名称。（①安全文明施工费、②二次搬运费、③夜间施工增加费、④冬雨期施工增加费、⑤已完设备保护费）

（4）由于工程建设施工特点和承包人组织施工生产的施工装备水平、施工方案及其管理水平的差异，同一工程、不同承包人组织施工采用的施工措施有时并不完全一致，因此《计价规范》规定，措施项目清单应根据拟建工程的实际情况列项。

（5）措施项目的设置需要考虑：①拟建工程的常规施工组织设计（环境保护、安全施工、临时施工、二次搬运等项目）；②拟建工程的常规施工技术方案（大型机械设备进出场及安拆、混凝土模板及支架、脚手架、施工排水、施工降水、垂直运输、组装平台等项目）；③相关的施工规范及工程验收规范；④设计文件中不足以写进施工方案，但要通过一定的技术措施才能实现的内容；⑤招标文件中提出的某些需要通过一定的技术措施才能实现的要求。

A 选项错误，总价项目列出项目编码、项目名称、计算基础等，不列出工程数量，见上文总价项目样表。

B 选项错误，环境保护、安全文明施工和材料的二次搬运等措施项目清单应根据拟建工程的常规施工组织设计设置。

★措施项目的设置需要考虑的内容

① 拟建工程的合理施工组织设计（环境保护、安全施工、临时施工、二次搬运等项目）；
② 拟建工程的合理施工技术方案（大型机械设备进出场及安拆、混凝土模板及支架、脚手架、施工排水、施工降水、垂直运输、组装平台等项目）；
③ 相关的施工规范及工程验收规范；
④ 设计文件中不足以写进施工方案，但要通过一定的技术措施才能实现的内容；
⑤ 招标文件中提出的某些需要通过一定的技术措施才能实现的要求

221.【2020】 根据《建设工程工程量清单计价规范》，投标人可以根据需要自行增加列项的清单是（ ）。

A. 措施项目清单　　　　　　　　B. 分部分项工程量清单
C. 其他项目清单　　　　　　　　D. 规费、税金清单

【答案】A

【解析】本题考查措施项目清单编制的相关要求。

《计价规范》中规定措施项目清单是可以调整的清单，"措施项目清单应根据拟建工程的实际情况列项"，故选择 A 选项。

222.【2022】关于招标工程量清单中措施项目清单设置的说法，正确的是（   ）
A. 需适应投标企业的资质等级、规模和采取的特殊施工方案
B. 需要考虑拟建工程施工现场可能出现的零星工作
C. 可参考拟建工程的常规施工组织设计和施工技术方案
D. 不考虑设计文件中不足以写进施工方案但要通过技术措施才能实现的内容
【答案】C
【解析】 本题考查（招标人）措施项目设置需要考虑的内容，是高频考点。
A 选项错误，招标人设置措施项目不需要考虑投标企业的资质等级、规模和采取的特殊施工方案。
B 选项错误，施工现场可能出现的零星工作应在其他项目清单中考虑。
D 选项错误，招标人设置措施项目要考虑设计文件中不足以写进施工方案但要通过技术措施才能实现的内容。

★其他项目清单的编制

暂列金额	不可预见的采购、变更、调整、索赔、签证（不一定发生）	招标人确定
暂估价	材料、设备暂估单价、专业工程暂估价（一定发生，但价格暂时确定不了）	招标人确定
计日工	计日工是为了解决现场发生的零星用工的计价而设立的； 计日工应列出项目名称、计量单位和暂估数量； 编制工程量清单时，计日工表中的人工应按工种列项；材料和机械应按规格、型号详细列项	招标人估计数量，投标人自主确定价格
总承包服务费	应列出服务项目及其内容、要求等。 总承包人对发包人自行采购的材料等进行保管及提供配套服务，配合、协调发包人进行的专业工程发包以及对非承包范围工程提供配合协调、施工现场管理、已有临时设施使用、竣工资料汇总整理等服务所需的费用	招标人预计，按投标人报价支付

223.【2021】根据《建设工程工程量清单计价规范》GB 50500—2013，关于暂列金额的说法，正确的是（   ）。
A. 暂列金额应根据招标工程量清单列出的内容和要求估算
B. 暂列金额包括在签约合同价内，属承包人所有
C. 暂列金额不能用于施工中发生的工程变更的费用支付
D. 暂列金额可用于施工过程中索赔、现场签证确认的费用支付
【答案】D
【解析】 本题考查暂列金额的确定及用途，是高频考点。
暂列金额是发包人根据工程特点，按有关计价规定计算，施工过程中由发包人掌握

使用，扣除合同价款调整后如有余额，归发包人。暂列金额用于：①施工中尚未确定或者不可预见的所需材料、设备、服务的采购；②施工中可能发生的工程变更；③合同约定调整因素出现时的工程价款；④发生的索赔；⑤现场签证确认等的费用。故选择 D 选项。

224.【2021】 编制其他项目清单时，关于计日工表中的材料和机械列项要求的说法，正确的是（　　）。
 A. 材料和机械仅按实际使用数量列项
 B. 材料和机械应按规格、型号详细列项
 C. 材料应按使用数量详细列项，机械应按类别粗略列项
 D. 材料应按供应厂商详细列项，机械应按型号粗略列项

【答案】B

【解析】本题考查其他项目清单编制中计日工表的编制要求。

计日工是为了解决现场发生的零星工作的计价而设立的。计日工以完成零星工作所消耗的人工工时、材料数量、机械台班进行计量，并按照计日工表中填报的适用项目的单价进行计价支付。编制工程量清单时，计日工表中的人工应按工种，材料和机械按照规格、型号详细列项。其中人工、材料、机械数量，应由招标人根据工程的复杂程度，工程设计质量的优劣及设计深度等因素，按照经验估算一个比较贴近实际的数量，并作为暂定量写到计日工表中，纳入投标竞争。故选择 B 选项。

225.【2022】 根据《建设工程工程量清单计价规范》，关于工程项目清单编制的说法，正确的是（　　）。
 A. 其他项目清单中应列出总承包服务费
 B. 暂估价应列出材料暂估价和工程设备暂估价，不考虑专业工程暂估价
 C. 暂列金额一般应尽可能列高，以避免在实际中超出该数量
 D. 计日工应按照招标工程的复杂程度估算一个数量，该数量一般要比实际大

【答案】A

【解析】本题考查其他项目清单的编制，是高频考点。

其他项目清单是指分部分项工程量清单、措施项目清单所包含的内容以外，因招标人特殊要求而发生的与拟建工程有关的其他费用项目和相应数量的清单。其他项目清单应根据拟建工程的具体情况，参照《建设工程工程量清单计价规范》GB 50500—2013 提供的下列四项内容列项：①暂列金额；②暂估价；③计日工；④总承包服务费。

B 选项错误，暂估价是指招标人在工程量清单中提供的用于支付必然发生，但暂时不能确定价格的材料价款、工程设备价款以及专业工程金额。

C 选项错误，暂列金额在实际履行过程中可能发生，也可能不发生。投标人只需直接将招标工程量清单中所列的暂列金额纳入投标总价，不需要在所列暂列金额以外再考虑其他费用。

D 选项错误，计日工是为了解决现场发生的零星工作的计价而设立的。编制工程量清单

时，计日工通常按照经验估算一个比较贴近实际的数量，并作为暂定量写入计日工表中，纳入有效投标竞争，以期获得合理的计日工单价。

◆规费、税金项目清单的编制（非竞争性）

规费项目清单	① 社会保险费：包括养老保险、失业保险、医疗保险、工伤保险、生育保险； ② 住房公积金
税金项目清单	增值税

◆工程量清单总说明的编制

（1）工程概况	对建设规模、工程特征、计划工期、施工现场实际情况、自然地理条件、环境保护要求等做出描述
（2）工程招标（或合同）范围	招标范围是指单位工程的招标范围
（3）工程量清单编制依据	工程量清单计价规范、设计文件、招标文件、施工现场情况、工程特点及合理施工方案等
（4）工程质量、材料、施工等的特殊要求	工程质量的要求，是指招标人要求拟建工程的质量应达到合格或优良标准；对材料的要求，是指招标人根据工程的重要性、使用功能及装饰装修标准提出的；施工要求，一般是指建设项目中对单项工程的施工顺序等的要求

226.【2022】在工程量清单总说明的编制中，招标人要求拟建工程的质量应达到合格或优良的标准，属于（　　）。

A. 工程概况　　　　　　　　　　　B. 工程招标及分包范围
C. 工程单清单编制依据　　　　　　D. 工程质量材料施工等的特殊要求

【答案】D

【解析】本题考查工程量清单总说明的编制。

工程量清单编制总说明包括以下内容：（1）工程概况；（2）工程招标及分包范围；（3）工程量清单编制依据；（4）工程质量、材料、施工等的特殊要求；（5）其他需要说明的事项。其中，工程质量的要求，是指招标人要求拟建工程的质量应达到合格或优良标准；材料的要求，是指招标人根据工程的重要性、使用功能及装饰装修标准提出，诸如对水泥的品牌、钢材的生产厂家、花岗石的出产地、品牌等的要求；施工要求，一般是指建设项目中对单项工程的施工顺序等的要求。

考点3　最高投标限价的编制

最高投标限价是指招标人根据国家及省级、行业建设主管部门有关规定，以及拟定的招标文件和招标工程量清单，结合工程实际情况、市场价格编制的，限定投标人投标报价的最高价格。招标人编制最高投标限价的，应在发布招标文件时公布最高投标限价及其编制依据与方法。最高投标限价应由具有编制能力的招标人或受其委托的工程造价咨询人编制。

◆最高投标限价从以下几点理解

① 国有资金的项目实行清单招标，必须编制最高投标限价（国有资金投资项目，招标人可设标底；招标人不设标底时，招标人必须编制最高投标限价）。
② 最高投标限价超过批准的概算时，招标人应将其报原概算审批部门审核。
③ 投标价高于控制价的要被拒绝。
④ 由招标人或其委托的工程造价咨询人编制和复核。
⑤ 在招标文件中公布，不应上调或下浮，招标人应将其报送工程所在地工程造价管理机构备查

227.【2021】根据《建设工程工程量清单计价规范》GB 50500—2013，关于工程项目最高投标限价的说法，正确的是（　　）。
　　A. 最高投标限价是所有投标人的最高投标限价
　　B. 最高投标限价可以根据需要在开标时适当上调或者下浮
　　C. 最高投标限价必须由工程造价咨询人编制，不得由招标人自行编制
　　D. 最高投标限价性质与标底相同，必须保密

【答案】 A

【解析】 本题考查有关最高投标限价的几点理解，是高频考点。
　　B 选项错误，在招标文件中公布，不应上调或下浮，招标人应将其报送工程所在地工程造价管理机构备查。
　　C 选项错误，由招标人或其委托的工程造价咨询人编制和复核。工程造价咨询人不得同时接受招标人和投标人对同一工程的最高投标限价和投标报价的编制。
　　D 选项错误，最高投标限价不同于标底，其在招标文件中公布。
　　故选择 A 选项。

◆最高投标限价的编制依据

① 《建设工程工程量清单计价规范》GB 50500—2013
② 招标文件（包括招标工程量清单）
③ 国家或省级、行业建设主管部门颁发的有关依据
④ 建设工程设计文件及相关资料
⑤ 与建设项目相关的标准、规范、技术资料
⑥ 工程特点及拟定的合理施工方案
⑦ 工程计价信息

★ 最高投标限价的编制内容

分部分项工程费		工程量：招标文件中工程量清单提供的工程量。 综合单价：依据清单特征描述、行业建设主管部门颁布的计价依据、标准和办法（考虑风险费用，以风险费率的形式）。招标文件提供了暂估单价的材料，应按暂估单价计入综合单价
措施项目费		依据招标文件的措施项目清单和拟建工程的施工组织设计确定。 安全文明施工费按国家或地方的规定标准计价
其他项目费	暂列金额	按招标工程量清单列出的金额填写
	暂估价	材料、设备单价按清单列出的单价计入综合单价。 专业工程暂估价按招标工程量清单中列出的金额填写
	计日工	按招标工程量清单中列出的工程内容和要求计算。 人工单价、机械台班单价参考工程造价管理机构公布的单价。 材料单价首先参照造价管理机构发布的工程造价信息，未公布的，参考市场调查确定单价
	总承包服务费	总承包服务费根据招标工程量清单列出的内容和要求计算。 编制最高投标限价时，总承包服务费应按照省级或行业建设主管部门的规定，并根据招标文件列出的内容和要求估算，计算时参考 1.5%、3%～5%、1% 几种标准（具体见下文）
规费和税金		按照规定计算，不得作为竞争性费用

◆ 总承包服务费在计算时可参考的标准

① 招标人仅要求总包人对其发包的专业工程进行施工现场协调和统一管理、对竣工材料进行统一汇总整理等服务时，总承包服务费按发包的专业工程估算造价的 1.5% 左右计算

② 招标人要求总包人对其发包的专业工程既进行总承包管理和协调，又要求提供相应配合服务时，总承包服务费应根据招标文件列出的配合服务内容，按发包的专业工程估算造价的 3%～5% 计算

③ 招标人自行供应材料、设备的，按招标人供应材料、设备价值的 1% 计算

228.【2023】关于最高投标限价编制的说法，正确的是（　　）。
A. 暂估价应采用基准日期的市场平均价格
B. 计算总承包服务费时，不考虑招标人是否自行供应材料和设备
C. 编制措施项目费时，针对无法计算工程量的措施项目，可以以"项"为单位的方式计价，但不包括规费和税金
D. 综合单价应包括由招标人承担的风险费用

【答案】C

【解析】本题考查最高投标限价的编制内容，是常见考点。

最高投标限价是招标人根据国家以及当地有关规定的计价依据和计价办法、招标文件、市场行情，并按工程项目设计施工图纸等具体条件编制的，对招标工程项目限定的最高工程造价。

A 选项错误，暂估价中的材料、工程设备单价按招标工程量清单列出的单价计入综合单价；暂估价专业工程金额应按招标工程量清单中列出的金额填写。

B 选项错误，计算总承包服务费时，招标人自行供应材料、设备的，按招标人供应材料设备价值的 1% 计算。

D 选项错误，综合单价包括由投标人承担的风险费用。

229.【2023】编制某项目最高投标限价的数据如下：建筑分部分项工程费 5000 万元，安装分部分项工程费 2400 万元，装饰装修分部分项工程费 3000 万元，其中定额人工费占分部分项工程费用的 25%，措施项目费以分部分项工程费为计费基础，费率合计 11%，其他项目费合计 900 万元。规费以定额人工费为计费基础，费率为 12%。以上费用均不含增值税进项税额。增值税税率 9%，该项目的最高投标限价为（　　）万元。

　　A. 12756.00　　　　　　　　　　　　B. 13692.00
　　C. 13904.04　　　　　　　　　　　　D. 14138.04

【答案】C

【解析】本题考查建筑安装工程的计价程序，是高频考点。

分部分项工程费	5000+2400+3000=10400 万元	①
措施项目费	10400×11%=1144 万元	②
其他项目费	900 万元	③
规费	10400×25%×12%=312 万元	④
税金	（①+②+③+④）×9%=1148.04 万元	⑤
合计	①+②+③+④+⑤=13904.04 万元	

故选择 C 选项。

230.【2022】根据《建设工程工程量清单计价规范》编制某办公楼的最高投标限价，相关数据为：建筑分部分项工程费为 2400 万元（不含增值税进项税额）；安装分部分项工程费为 1200 万元（不含增值税进项税额），装饰装修分部分项工程费为 900 万元（不含增值税进项税额），其中定额人工费占分部分项工程费的 15%，措施项目费以分部分项工程费为计费基础，其中安全文明施工费率为 4%，其他措施项目费率合计 1%，其他项目费合计 900 万元（不含增值税进项税额），规费率为 14%，增值税税率为 9%，则该项目的最高投标限价合计为（　　）万元。

　　A. 6234.255　　　　　　　　　　　　B. 4725.000
　　C. 5625.000　　　　　　　　　　　　D. 5719.500

【答案】A

【解析】本题考查最高投标限价的计算，是高频考点。

分部分项工程费：2400+1200+900＝4500 万元　　　　　①
措施项目费：4500×（4%+1%）＝225 万元　　　　　　②
其他项目费：900 万元　　　　　　　　　　　　　　　③
规　费：4500×15%×14%＝94.5 万元　　　　　　　　　④
增值税：（①+②+③+④）×9%＝514.755 万元
招标控制价合计：4500+180+45+900+94.5+514.755＝6234.255 万元

◆ 异议和修正

① 投标人经复核认为招标人公布的最高投标限价未按照规定进行编制或存在不合理的，可在规定时间内向招标人提出异议。

② 招标人应当在规定的时间内对投标人的异议做出答复。招标人不回复或投标人在得到招标人的异议回复后，认为最高投标限价仍然未按照招标文件的规定进行编制或存在不合理的，可向有关行政监督部门反映。

③ 当最高投标限价经有关行政监督部门复查，与原公布的最高投标限价偏差较大时，招标人应当做出说明。

④ 招标人根据最高投标限价复查结论需要重新公布最高投标限价的，应根据相关要求和程序重新公布

考点4　投标价的编制

投标报价是指投标人投标时响应招标文件要求所报出的总价及综合单价等，是由投标人或受其委托的具有相应资质的工程造价咨询人按照招标文件的要求以及有关计价规定，依据发包人提供的工程量清单、施工设计图纸，结合工程项目特点、施工现场情况及企业自身的施工技术、装备和管理水平等，自主确定的工程造价。

★投标价的编制原则

① 投标报价由投标人自主确定。投标报价应由投标人或受其委托具有相应资质的工程造价咨询人编制。

② 投标人的投标报价不得低于工程成本。

③ 要求投标人应按招标人提供的工程量清单填报投标价格，填写的项目编码、项目名称、项目特征、计量单位、工程量必须与招标人提供的一致。

④ 投标报价要以招标文件中设定的发承包双方责任划分，作为设定投标报价费用项目和费用计算的基础。

⑤ 应该以施工方案、技术措施等作为投标报价计算的基本条件。

⑥ 报价计算方法要科学严谨，简明适用

231.【2023】 关于投标人进行工程量清单报价的说法，正确的有（   ）。

A. 投标报价不得低于工程成本
B. 暂列金额应根据招标工程量清单列出的金额填写
C. 投标人对投标报价的任何优惠均应反映在相应的综合单价中
D. 暂估价应依据投标人市场询价结果进行填报
E. 投标人应在综合单价中计入招标文件要求其承担的风险费用

【答案】ABCE

【解析】本题考查投标价的编制，是高频考点。

D 选项错误；暂估价不得变动和更改。暂估价中的材料、工程设备必须按照暂估单价计入综合单价；专业工程暂估价必须按照招标工程量清单中列出的金额填写。

232.【2021】 建设工程采用工程量清单招标模式时，关于投标报价的说法正确的有（   ）。

A. 投标人应以施工方案、技术措施等作为标报价计算的基本条件
B. 投标报价不得低于工程成本
C. 招标工程量清单的工程数量与施工图纸不完全一致时，应按照招标人提供的清单工程量填报投标价格
D. 投标报价只能由投标人编制，不能委托造价咨询机构编制
E. 投标报价应以招标文件中设定的发承包责任划分，作为设定投标报价费用项目和费用计算的基础

【答案】ABCE

【解析】本题考查投标报价的编制原则，是高频考点。

D 选项错误，投标报价由投标人自主确定。投标报价应由投标人或受其委托具有相应资质的工程造价咨询人编制。

◆投标报价的编制依据

★投标价的编制（在编制投标报价之前，需要先对清单工程量进行复核）

（1）项目特征——①在招投标过程中，若出现招标文件中分部分项工程量清单特征描述与设计图纸不符，投标人应以招标工程量清单的项目特征描述为准，确定投标报价的综合单价；②在施工过程中，当施工图纸或设计变更与工程量清单项目特征描述不一致时，发承包双方应按实际施工的项目特征，依据合同约定重新确定综合单价

（2）材料、设备暂估价——按招标文件提供了暂估单价的材料、设备，按暂估单价计入综合单价

（3）考虑合理的风险（当风险内容及其范围在招标文件规定的范围内时，综合单价不得变动，合同价款不做调整）

233.【2023】 工程量清单计价模式下，投标人应按照招标工程量清单中列出的金额填写且不得变动的是（　　）。

A. 暂列金额和总承包服务费　　B. 计日工和总承包服务费
C. 暂列金额和专业工程暂估价　　D. 计日工和专业工程暂估价

【答案】C

【解析】本题考查最高投标限价中其他项目费的编制，是常见考点。

最高投标限价由招标人（或工程造价咨询人）编制。采用工程量清单计价时，最高投标限价的编制内容包括分部分项工程费、措施项目费、其他项目费、规费和税金五个部分。其中，其他项目费由①暂列金额、②暂估价、③计日工、④总承包服务费组成。

暂列金额应按照招标工程量清单中列出的金额填写，不得变动。

暂估价不得变动和更改。暂估价中的材料、工程设备必须按照暂估单价计入综合单价；专业工程暂估价必须按照招标工程量清单中列出的金额填写。

计日工中人工、机械按照省级行业建设主管部门或其授权的工程造价管理机构公布的单价；材料单价首先参照工程造价信息发布，未公布的，按市场调查。

总承包服务费应按照省级或行业建设主管部门的规定，根据招标文件列出的内容和要求估算。

故选择 C 选项。

234.【2022】 投标报价时，若投标人发现招标工程量清单项目特征描述与施工图纸不符，应以（　　）进行报价。

A. 投标人按规范修正后的项目特征
B. 投标人参照以往完成的实际施工的项目特征
C. 招标文件中的施工图纸
D. 招标工程量清单的项目特征描述

【答案】D

【解析】本题考查投标价的编制，是高频考点。

在投标价的编制过程中，对于项目特征的处理分两种情况：①在招投标过程中，若出现招标文件中分部分项工程量清单特征描述与设计图纸不符，投标人应以招标工程量清单的项目特征描述为准，确定投标报价的综合单价；②在施工过程中，当施工图纸或设计变更与工程量清单项目特征描述不一致时，发承包双方应按实际施工的项目特征，依据合同约定重新确定综合单价。

235.【2020】 投标过程中，投标人发现招标工程量清单项目特征描述与设计图纸的描述不符时，标价时应以（　　）为准。

A. 投标人按规范修正后的项目特征　　B. 招标工程量清单的项目特征
C. 实际工程量清单的具体特征　　D. 招标文件中的设计图纸及其说明

【答案】B

【解析】本题考查投标人投标报价的细节，是高频考点。

(1) 在招投标过程中，若出现招标文件中分部分项工程量清单特征描述与设计图纸不符，投标人应以招标工程量清单的项目特征描述为准，确定投标报价的综合单价。

(2) 在施工过程中，当施工图纸或设计变更与工程量清单项目特征描述不一致时，发承包双方应按实际施工的项目特征，依据合同约定重新确定综合单价。

故选择 B 选项。

★综合单价确定的步骤和方法

(1) 确定计算基础（①本企业实际消耗量水平；②询价及市场行情综合确定的人、料、机台班单价）
(2) 分析每一清单项目的工程内容
(3) 计算工程内容的工程数量（根据企业定额的工程量计算规则）与清单单位的含量：

$$清单单位含量 = \frac{某工程内容的企业定额工程量}{清单工程量}$$

(4) 分部分项工程人工、材料、施工机具使用费的计算

每一计量单位清单项目某种资源的使用量=该种资源的企业定额单位用量×相应企业定额条目的清单单位含量

人工费=完成单位清单项目所需人工的工日数量×人工工日单价

材料费=∑（完成单位清单项目所需材料半成品数量×材料半成品单价）+工程设备费

施工机具使用费=∑（完成单位清单项目所需各种机械的台班数量×各种机械台班单价）+∑（完成单位清单项目所需各种仪器仪表的台班数量×各种仪器仪表的台班单价）

(5) 计算综合单价（汇总人、材、机、管、利五项费用，考虑合理的风险费用）

企业管理费=（人工费+施工机具使用费）×企业管理费率

利润=（人工费+施工机具使用费）×利润率

236.【2023】已知招标工程量清单中挖土方的工程量为 3000m^3，其投标人在考虑工作面和放坡后，预计挖土方量为 3600m^3，经测算，完成该挖土方的人工费 40000 元，材料费 2000 元，施工机具使用费 140000 元，管理费取人、料、机械费之和的 10%，利润取人、料、机费用及管理费之和的 6%。不考虑其他因素，根据《建设工程工程量清单计价规范》，该分项工程报价的综合单价应为（　　）元/m^3。

A. 53.89　　　　　　　　　　B. 70.74
C. 58.95　　　　　　　　　　D. 66.73

【答案】B

【解析】本题考查综合单价的计算，是高频考点。

《建设工程工程量清单计价规范》GB 50500—2013 规定，分部分项工程量清单应采用综合单价计价。工程量清单综合单价是指完成一个规定清单项目所需的人工费、材料费和工程设备费、施工机械使用费、企业管理费、利润以及一定范围内的风险费用。

因此，综合单价=（人、料、机费用+管理费+利润+风险）/清单工程量=（40000+2000+140000）×（1+10%）×（1+6%）/3000=70.74 元/m^3

故选择 B 选项。

237.【2022】 某工程项目的土方工程采用机械挖土方、人工运输和机械运输,招标工程量清单中的挖土方数量为 $4000m^3$,投标人根据拟采用的施工方案计算的挖土方数量为 $7500m^3$,余土外运,投标人估算的机械挖土方费用为 130000 元,人工运土费用为 30000 元,机械运土费用 50000 元,管理费取人、料、机费用之和的 15%,利润取人、料、机与管理费之和的 6%,根据《建设工程工程量清单计价规范》,不考虑其他因素,投标人投标报价时挖土方综合单价为(　　)元/m^3。

　　A. 34.13　　　　　　　　　　B. 64.00
　　C. 39.62　　　　　　　　　　D. 63.53

【答案】B

【解析】本题考查综合单价的计算,是高频考点。

$$综合单价 = \frac{人工费+材料费+机具费+管理费+利润+风险}{清单工程量}$$

$$= \frac{(130000+30000+5000) \times (1+15\%) \times (1+6\%)}{4000} = 64 \text{ 元}/m^3。$$

238.【2021】 已知招标工程量清单中土方工程量为 $2000m^3$,某投标人根据施工方案确定的土方工程量为 $3800m^3$,根据测算,完成该土方工程的人工费为 50000 元,机械费为 40000 元,材料费为 10000 元,管理费按照人、料、机费用之和的 10% 计取,利润按人、料、机费用以及管理费之和的 6% 计取。其他因素均不考虑。则该土方工程的投标综合单价为(　　)元/m^3。

　　A. 58.30　　　　　　　　　　B. 30.53
　　C. 30.68　　　　　　　　　　D. 58.00

【答案】A

【解析】本题考查工程量清单综合单价的计算,是高频考点。

《建设工程工程量清单计价规范》GB 50500—2013 中的工程量清单综合单价是指完成一个规定清单项目所需的人工费、材料费和工程设备费、施工机械使用费和企业管理费、利润以及一定范围内的风险。因此,综合单价 =(人、料、机费用+管理费+利润+风险)/清单工程量 =(50000+40000+10000)×(1+10%)×(1+6%)/2000 = 58.3 元/m^3,故选择 A 选项。

★投标总价

　投标总价应与分部分项工程费、措施项目费、其他项目费和规费、税金的合计金额一致;不能进行总价优惠,任何优惠(降价、让利)均应在综合单价中予以体现

239.【2018】 某工程的招标工程量清单中人工挖土方数量为 $5800m^3$,投标单位根据已方施工方案确定的挖土工程量为 $11200m^3$,人工、材料、机械费用之和为 50 元/m^3,综合单价确定为 80 元/m^3,则在如下人工挖土方分项工程的综合单价分析表汇总,"＊"位置对应

的数量应为（　　）。

项目编号			项目名称		人工挖土方		计量单位			m³
清单综合单价组成明细										
定额编号	定额名称	定额单位	数量	单价			合计			
				人工费	材料费	机械费	管理费和利润	人工费	材料费	机械费	管理费和利润
	人工挖土	m³	*								

A. 1.93　　　　B. 1.60　　　　C. 0.63　　　　D. 0.52

【答案】A

【解析】本题考查投标人投标报价的计算过程。

题中"*"位置的数量实为实际工程量与清单工程量的倍数，这样才能将两者差异体现在综合单价中。11200/5800=1.93，故选择A选项。

考点5　合同价款的约定

◆一般约定

1. 实行招标的工程合同价款应在中标通知书发出之日起30天内，由发承包双方依据招标文件和中标人的投标文件在书面合同中约定。合同约定不得违背招投标文件中关于工期、造价、质量等方面的实质性内容。招标文件与中标人投标文件不一致的，以招标文件为准

2. 不实行招标的工程施工合同价格，应在发承包双方认可的工程价格基础上，由发承包双方在合同中约定

3. 发承包双方在招标后或合同履行过程中，不得另行订立背离中标合同实质性内容的合同或补充合同（协议），但发包人与承包人因客观情况发生了在招标投标时难以预见的变化而另行订立的合同除外

4. 建设规模较大，技术较复杂，工期较长，实际施工与预计施工可能有较大差异，计量计价不可控因素较多，容易导致合同价格产生较大波动的工程，可采用单价合同。建设规模较小，技术难度低，工期较短，实际施工与预计施工差异较小，计量计价稳定因素较多，合同价格波动较小的工程，可采用总价合同。紧急抢险、救灾以及施工技术先进或特别复杂的工程，可采用成本加酬金合同

240.【2022】突发疫情，某单位接受政府委托，要在15日内建成方舱医院，可采用的计价方式（　　）。

A. 固定总价合同　　　　　　B. 固定单价合同
C. 可调单价合同　　　　　　D. 成本加酬金合同

【答案】D

【解析】本题考查成本加酬金合同的适用条件。

成本加酬金合同的特点和适用条件：

（1）工程特别复杂，工程技术、结构方案不能预先确定，或者尽管可以确定工程技术和结构方案，但是不可能进行竞争性的招标活动并以总价合同或单价合同的形式确定承包商，如研究开发性质的工程项目。

（2）时间特别紧迫，如抢险、救灾工程，来不及进行详细的计划和商谈。

◆ 合同价款约定

合同价款约定	① 人工费（金额、支付方式、支付周期）及农民工工资专用账户	⑥ 工程保险（类型、范围、投保责任、保费支付等）
	② 预付工程款（比例或金额、支付时间、抵扣方式）	⑦ 价格风险（内容、范围、超出时的调整办法）
	③ 过程结算（节点及计量、计价、支付的比例时限等）	⑧ 工程量清单（缺陷、变更、计日工、物价变化、工程索赔、暂列金额等的调整方法、支付、时限等）
	④ 进度款（计量、计价的比例、时限等）	⑨ 违约责任及争议解决（方法、时间、授权工程师及其权限）
	⑤ 工程质量保证（方式、数额、扣留、时限）	⑩ 竣工结算（计量、计价、支付方法时限等）

第 17 章 工程计量与支付

考点 1 工程计量

★ 工程计量原则

计量原则	① 工程量应以承包人完成合同工程且应予计量的工程数量确定。工程数量应按照相关工程现行国家工程量计算标准或发承包双方约定的工程量计算规则计算
	② 工程计量周期可以月为单位，也可按其他时间节点、工程形象进度分段计量
	③ 因承包人原因造成的超出合同工程范围施工或返工的工程量，发包人不予计量

★ 工程计量的范围

工程计量的范围	① 工程量清单的全部项目
	② 合同文件中规定的项目
	③ 工程变更项目

241.【2016】 监理工程师进行工程计量项目一般不包括（　　）。
A. 工程量清单中的全部项目　　　　B. 合同文件中规定的项目
C. 工程索赔项目　　　　　　　　　D. 工程变更项目
【答案】C
【解析】本题考查工程计量范围，是常见考点。
监理人一般只对以下三方面的工程进行计量：①工程量清单中的全部项目；②合同文件规定的项目；③工程变更项目。故选择 C 选项。

242.【2017】 某土方工程按《建设工程工程量清单计价规范》签订了单价合同，招标清单中土方开挖工程量为 $8000m^3$，施工过程中承包人采用了放坡的开挖方式，完工计量时，承包人因放坡增加土方开挖量 $1000m^3$，因工作面增加土方开挖量 $1600m^3$，因施工操作不慎而塌方，增加土方开挖量 $500m^3$，则应予结算的土方开挖工程量为（　　）m^3。
A. 11100　　　　　　　　　　　　B. 10600
C. 9000　　　　　　　　　　　　　D. 8000
【答案】D
【解析】本题考查工程计量范围，是常见考点。

监理人一般只对以下三方面的工程进行计量：①工程量清单中的全部项目；②合同文件规定的项目；③工程变更项目。题目中，清单中的只有土方开挖量 8000m³ 属于计量范围，故选择 D 选项。

◆ 工程计量的依据

★ 计量依据	① 质量合格证书
	② 工程量清单及说明、工程量计算规范
	③ 设计图纸
	④ 合同条件与技术规范

243.【2014】 某灌注桩计量支付条款约定工程量以米计算，若设计长度为 20m 的灌注桩，承包人做了 21m，监理工程师未对施工质量表示异议，则发包人应该按（　　）m 支付价款。

A. 19　　　　　　　　　　　　　B. 20
C. 21　　　　　　　　　　　　　D. 22

【答案】B
【解析】本题考查工程计量的依据。

单价合同以实际完成的工程量进行结算，但被监理工程师计量的工程数量，并不一定是承包人实际施工的数量。计量的几何尺寸要以设计图纸为依据，监理人对承包人超出设计图纸要求增加的工程量和自身原因造成返工的工程数量不予计量。故选择 B 选项。

244.【2015】 施工过程中可以作为工程量计量依据的资料有（　　）。

A. 质量合格证书　　　　　　　B.《计量规范》
C. 招标文件　　　　　　　　　D. 技术规范
E. 设计图纸

【答案】ABDE
【解析】本题考查工程计量的依据。

工程计量的依据一般有：①质量合格证书；②工程量清单及说明、工程量计算规范；③设计图纸；④合同条件与技术规范。故选择 A、B、D、E 选项。

★ 单价合同计量

1. 对采用单价合同的工程进行工程量计量时，若出现工程量清单缺陷、因工程变更引起工程量增减，按承包人在履行合同义务中实际完成并应予计量的工程量计算

2. 承包人应当按照约定的计量周期和时间向发包人提交当期已完工程的计量报告。发包人应在收到报告后 7 天内核实，并将核实的计量结果通知承包人。发包人未在约定时间内进行核实的，承包人提交的计量报告中所列的工程量应视为承包人实际完成的应予计量的工程量

3. 发包人认为需要进行现场计量核实时，应在计量前24h通知承包人，承包人应为计量提供便利条件并派人参加。当发承包双方均同意核实结果时，应签字确认。承包人收到通知后不派人参加计量的，应视为认可发包人的计量核实结果。发包人不按照约定时间通知承包人，致使承包人未能派人参加计量的，计量核实结果无效。

4. 当承包人认为发包人核实后的计量结果有误时，应在收到计量结果通知后的7天内向发包人提出书面意见，并提供详细的计算资料。发包人收到书面意见后，应在7天内对承包人的计量结果进行复核后通知承包人。承包人对复核计量结果仍有异议的，按照争议解决办法处理。

5. 承包人完成履行合同义务中每个项目的工程量并经发包人核实无误后，发承包双方应对每个项目的历次计量报表进行汇总，以核实最终结算工程量，并在汇总表上签字确认。

245.【2020】 单价合同在执行过程中，发现招标工程量清单中出现工程量偏差引起工程量增加，则该合同工程量应按（　　）计量。

A. 原招标工程量清单中的工程量　　B. 招标文件中所附的施工图纸的工程量
C. 承包人在履行合同义务中完成的工程量　　D. 承包人提交的已完工程量报告中的数量

【答案】C

【解析】本题考查单价合同计量。

采用单价合同的工程进行工程计量时，如果出现工程量清单缺陷引起工程量增减，或因工程变更引起工程量增减，单价计价的清单项目，按承包人在履行合同义务中实际完成并应予计量的工程量计算。故选择C选项。

246.【2022】 根据《建设工程施工合同（示范文本）》，关于单价合同计量的说法，正确的是（　　）。

A. 发包人应在收到承包人提交的已完工程量报告后的14天内完成对承包人提交的工程量报告的审核并将计量结果通知承包人
B. 发包人未在收到承包人提交的工程量报告后的5天内完成复核的，承包人提交的工程量报告中的工程量视为承包人实际完成的工程量
C. 承包人收到通知后不派人参加计量的，应视为认可发包人的计量核实结果
D. 承包人为保证施工质量超出施工图纸范围施工的工程量，监理人应予以计量

【答案】C

【解析】本题考查单价合同的计量，是高频考点。

A选项错误，发包人应在收到承包人提交的工程量报告后的7天内完成对承包人提交的工程量报告的审核并将计量结果通知承包人。

B选项错误，发包人未在收到承包人提交的工程量报告后的7天内完成复核的，承包人提交的工程量报告中的工程量视为承包人实际完成的工程量。

D选项错误，对于不符合合同文件要求的工程，承包人超出施工图纸范围或因承包人原因造成返工的工程量，不予计量。

★总价合同计量

1. 总价合同，工程量按以下规定计量	① 除工程变更外，总价合同各项目的工程量应为承包人用于结算的最终工程量，由于工程量清单缺陷引起工程量增减的，工程量不做调整。 ② 工程变更引起工程量增减的，按承包人完成变更工程应予计量的工程量确定

2. 发承包双方应以已标价工程量清单（合同工程量清单）的设计文件为依据，在约定的时间节点、形象目标或工程进度节点，按照上述单价合同计量②~⑤条计量程序的规定进行工程计量

考点2 合同价款调整

★一般规定

1. 下列事项发生时，发承包双方应按合同规定调整合同价格：①清单缺陷；②工程变更；③计日工；④物价变化；⑤暂估价；⑥工程索赔；⑦暂列金额

2. 出现合同价格调增事项（不含工程量清单缺陷、计日工、索赔）后的14天内，承包人应向发包人提交合同价格调增报告并附上相关资料；承包人在14天内未提交合同价格调增报告的，应视为承包人对该事项不存在调整价格请求

3. 出现合同价格调减事项（不含工程量清单缺陷、索赔）后的14天内，发包人应向承包人提交合同价格调减报告并附相关资料；发包人在14天内未提交合同价格调减报告的，应视为发包人对该事项不存在调整价格请求

4. 发生上述两种事件（调增或调减）后，一方在收到（调增或调减）报告后14天内核实，予以确认后书面通知对方，未确认也未提出协商意见的，应视为上述报告被认可；一方提出协商意见的，另一方应在收到意见后的14天内核实，14天内既不确认也不提出不同意见的，应视为协商意见被认可

5. 发承包双方对合同价格调整不能达成一致意见的，可由双方约定解决合同价款争议的工程师在其职权范围内做出暂定结果，双方继续履行合同义务，直到争议得到处理

6. 经发承包双方确认调整的合同价格，作为追加或追减的合同价格，应与工程进度款和施工过程结算款同期支付，因发包人原因延期支付的，发包人应从应付日起向承包人支付应付款的利息，并承担违约责任

7. 合同价格调整事项引起工期变化的，发承包双方可结合工程实际情况协商调整工期

★工程量清单缺陷

单价合同	① 已标价工程量清单中有适用于工程量清单缺陷项目的，采用该项目的综合单价； ② 已标价工程量清单中没有适用，但有类似工程量清单缺陷项目的，可在合理范围内参考类似项目的综合单价； ③ 已标价工程量清单中没有适用，也没有类似工程量清单缺陷项目的，由发承包双方根据实施工程的合理成本和利润协商确定综合单价； ④ 已标价总价计价措施项目清单费用包干，合同价格不因招标工程量清单缺陷而调整

总价合同	合同价格不因招标工程量清单缺陷而调整
工程量偏差	当工程量偏差超过15%时，进行调整： ① 当工程量增加15%以上时，增加部分的工程量的综合单价（P_1）双方按照成本加利润的原则确定；② 当工程量减少15%以上时，减少后剩余部分工程量的综合单价（P_1）双方按照成本加利润的原则确定

247.【2017】 根据《中华人民共和国标准施工招标文件》，某招标工程量清单中现浇混凝土构件混凝土的强度等级为C30，承包人的综合单价为500元/m³（其中材料费为300元/m³），但施工图纸上该构件的强度等级为C35，招标工程量清单中无其他类似混凝土构件。则关于该分项工程综合单价确定的说法，正确的是（　　）。

A. 由监理工程师指定新的综合单价

B. C30和C35强度等级相差不大，用原综合单价

C. 双方协商确定新的综合单价

D. 按承包商提出的新的综合单价确定

【答案】C

【解析】本题考查工程量清单缺陷的价款调整规定。

工程量清单中现浇混凝土的项目特征描述与实际不符，属于工程量清单缺陷，新项目的价格按照如下规定处理：已标价工程量清单中没有适用也没有类似工程量清单缺陷项目的，由发承包双方根据实施工程的合理成本和利润协商确定综合单价。故选择C选项。

248.【2023】 某混凝土结构工程，工程量清单中估计工程量为8000m²，合同规定综合单价为11.3元/m²，并且当实际工程量超过估计工程量15%时，应调整单价，单价调为10.99元m²。工程结束时承包商实际完成混凝土结构工程量为10000m²，则该项工程结算款为（　　）万元。

A. 10.000　　　　　　　　　　B. 11.040

C. 11.300　　　　　　　　　　D. 11.196

【答案】D

【解析】本题考查工程量偏差下工程款的结算，是高频考点。

工程量偏差是指在合同履行的过程中，由于种种原因（施工条件、地质水文、工程变更等变化以及清单编制人专业水平的差异），导致应予计量的工程量与招标工程量出现偏差。根据工程量偏差的处理原则"①当工程量偏差超过15%时，进行调整：当工程量增加15%以上时，增加部分的工程量的综合单价（P_1）双方按照成本加利润的原则确定；②当工程量减少15%以上时，减少后剩余部分工程量的综合单价（P_1）双方按照成本加利润的原则确定"。因此，题目中该工程的结算款为8000×1.15×11.3+（10000-8000×1.15）×10=11.196万元。故选择D选项。

249.【2021】 某土方工程招标文件清单工程量为 3000m³，合同约定：土方工程综合单价 80 元/m³，当实际工程量增加 15% 以上时，增加部分的工程量综合单价 72 元/m³。工程结束时实际完成并经发包人确认的土方工程量为 3600m³，则该土方工程价款为（　　）元。

A. 259200　　　　　　　　　　B. 286800
C. 283200　　　　　　　　　　D. 288000

【答案】B

【解析】本题考查工程量偏差下的工程价款的计算，是高频考点。

根据工程量偏差的处理原则"①当工程量偏差超过 15% 时，进行调整：当工程量增加 15% 以上时，增加部分的工程量的综合单价（P_1）双方按照成本加利润的原则确定；②当工程量减少 15% 以上时，减少后剩余部分工程量的综合单价（P_1）双方按照成本加利润的原则确定"。因此，该土方工程价款为 3000×1.15×80+（3600-3000×1.15）×72=286800 元，故选择 B 选项。

◆ 当发承包双方没有约定 P_1 时，可与最高投标限价（P_2）联系

【修改后的例题】某独立土方工程，招标文件中估计工程量为 100 万 m³，土方工程投标报价为 80 元/m³，工程结束时实际完成土方工程量为 130 万 m，（报价浮动率 6%），求土方工程结算款。

解：改过的例题与上题相比没有告知超出部分的工程量的价格（72 元），此时就需要结合下面的图形，看报价 80 元处于图形中的哪个区间，再结合相应规定求解，具体过程见下面例题。

当工程量偏差项目出现承包人报价与发包人最高投标限价偏差超过 15% 时，参照下图调整综合单价：

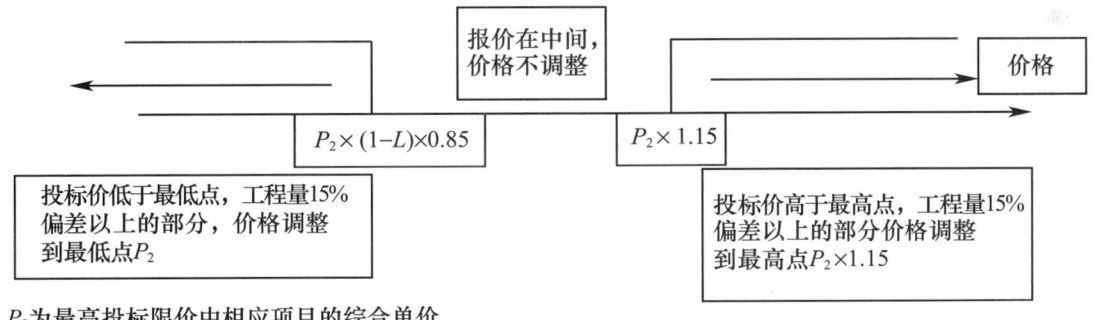

P_2 为最高投标限价中相应项目的综合单价

250.【2018】 采用清单计价的某分部分项工程，招标控制的综合单价为 350 元，投标报价的综合单价为 406 元，结算时，该分部分项工程工程量比清单工程量增加了 18%，且合同未确定综合单价调整方法，则综合单价的处理方式是（　　）。

A. 上浮 18%　　　　　　　　　B. 下调 5%
C. 调整为 292.5 元　　　　　　D. 调整为 402.5 元

【答案】D

【解析】本题考查工程量偏差下价款调整的计算。
本题的解题思路是画出最高投标限价的横轴：
左侧端点：350×0.85×（1−L）<350
右侧端点：350×1.15=402.5

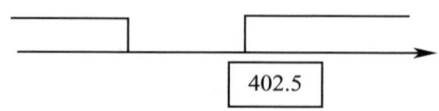

题目中的报价406>402.5，根据规定，超出15%的部分工程量价格调整至402.5元。故选择D选项。

◆计日工（承包人完成发包人提出的零星项目）

★计日工：任一计日工项目实施结束后，承包人应按照确认的计日工现场签证报告核实工程数量并按已标价工程量清单中的计日工单价计算应付款；已标价工程量清单中没有单价的，由发承包双方按工程变更的规定商定计日工单价

251.【2017】根据《建设工程工程量清单计价规范》GB 50500—2013，施工过程中发生的计日工，应按照（　　）计价。
A. 已标价工程量清单中的计日工单价
B. 计日工发生时承包人提出的综合单价
C. 计日工发生当月市场人工工资单价
D. 计日工发生当月造价管理部门发布的人工指导价

【答案】A

【解析】本题考查计日工引起价款调整的相关规定。
计日工引起的价款调整注意"量"和"价"的确认：
量——已核实的计日工现场签证工程量；
价——已标价工程量清单中的计日工单价。故选择A选项。

★物价变化

物价变化合同价格调整原则	（1）当人、料、机价格波动超过5%（或约定幅度）时，可按①价格指数法或②价格信息调差法调整合同价格
	（2）当市场价格出现异常变动（双方订立合同时无法预见、不属于商业风险），继续履行合同对合同一方明显不公平，受不利影响的一方可与对方协商合同风险幅度调整合同价格
	（3）非承包人导致工期延误，后续工程的价格，采用计划进度日期与实际进度日期两者价格较高者；因承包人原因导致工期延误的，后续工程的价格，采用计划进度日期与实际进度日期两者价格较低者

252.【2021】 由于发包人设计变更原因导致承包人未按期竣工，需对原约定竣工日期后继续施工的工程进行价格调整时，宜采用的价格指数是（　　）。

A. 原约定竣工日期与实际竣工日期的两个价格指数中较低的一个
B. 原约定竣工日期与实际竣工日期的两个价格指数中较高的一个
C. 原约定竣工日期与实际竣工日期的两个价格指数的平均值
D. 承包人与发包人协商新的价格指数

【答案】B

【解析】本题考查市场价格波动引起的价款调整的相关规定。

根据《建设工程施工合同（示范文本）》GF-2017-0201 的有关市场价格波动引起的价款调整的规定"因承包人原因导致工期延误的，后续工程的价格，采用计划进度日期与实际进度日期两者价格较低者"，但是本题题干明确"发包人设计变更原因导致承包人未按期竣工"，故采用的价格指数应选择原约定竣工日期与实际竣工日期的两个价格指数中较高的一个，选择 B 选项。

★ 价格指数调差法

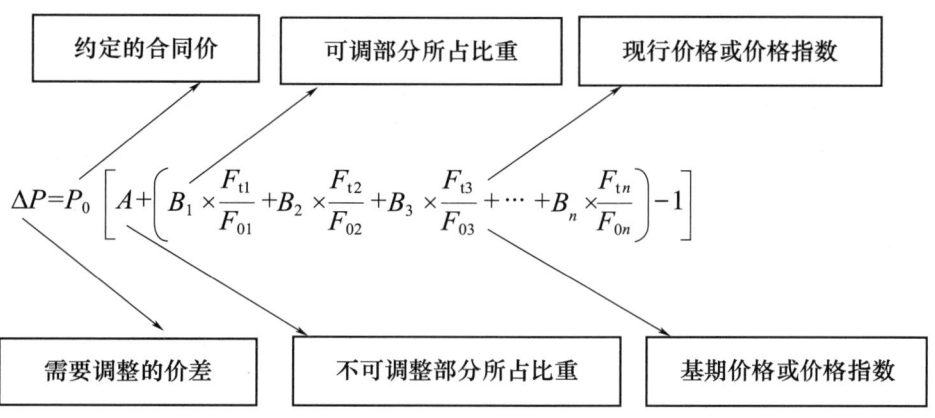

式中　ΔP——需调整的价格差额；

P_0——约定的计量周期中承包人应得到的不含税合同金额（不含价格调整、变更、质保金、预付款的支付及扣回）；

A——定值权重（即不调部分的权重）；

$B_1, B_2, \cdots, B_n$——各可调因子的变值权重（即可调部分的权重），为各可调因子在签约合同价中所占的比例；

$F_{t1}, F_{t2}, \cdots, F_{tn}$——各可调因子的现行价格指数，指约定的付款证书相关周期最后一天的前 42 天的各可调因子的价格指数；

$F_{01}, F_{02}, \cdots, F_{0n}$——各可调因子的基本价格指数，指基准日期的各可调因子的价格指数。

（1）在计算调整差额时无现行价格指数的，合同当事人同意暂时用上一计量周期价格指数计算。

（2）当变值权重未约定时，可调因子的变值权重可采用最高投标限价或标底的相应权重。

（3）当计量周期内市场价格波动形成多个价格指数的，可采用价格指数的平均值、加权平均值或主要用量施工期间价格指数作为现行价格指数。

（4）招标工程基准日价格指数，为投标截止日前28天的价格指数，非招标工程为合同签订前28天价格指数。

253.【2018】 某工程随工合同约定根据价格调整公式调整合同价，已知不调值部分占合同价的比例为15%，可参与调值部分的费用类型、占合同总价的比例和相关价格指数如下表，若结算当月完成的合同额为1000万元，则调整后的合同金额为（　　）。

	占合同总价的比例	基准日期价格指数	合同签订时价格指数	结算时价格指数
人工	30%	101	103	106
钢筋	20%	101	110	105
混凝土	25%	105	109	115
木材	10%	102	102	105

A. 1050　　　　B. 1034　　　　C. 1017　　　　D. 1000

【答案】A

【解析】本题考查市场价格波动引起的价款调整的计算。将题目条件带入公式：

$$\Delta P = P_0 \left[A + \left(B_1 \times \frac{F_{t1}}{F_{01}} + B_2 \times \frac{F_{t2}}{F_{02}} + B_3 \times \frac{F_{t3}}{F_{03}} + \cdots + B_n \times \frac{F_{tn}}{F_{0n}} \right) - 1 \right]$$

结合题意有两点要注意：一是题目问题要计算的是合同总价，而本公式计算的是价差。公式中分子"F_{t1}，F_{t2}，…，F_{tn}"指的是"现行价格指数"，而公式中分母"F_{01}，F_{02}，…，F_{0n}"指的是"基本价格指数（基准日期价格指数）"。

因此，调整后的合同金额=1000［0.15+（0.3×106/101+0.2×105/101+0.25×115/105+0.1×105/102）］=1050，故选择 A 选项。

◆ 价格信息调差法

1. 价格信息调差公式为 $\Delta P = (\Delta C - C_0 \times r) \times Q$，$\Delta C = C_i - C_0$，要求 $|\Delta C| > |C_0 \times r|$。

式中，ΔP 为价差调整费用；ΔC 为可调因子价差；C_0 为基准价；C_i 为计量周期市场价格；Q 为可调因子数量；r 为风险幅度系数（当 $\Delta C > 0$ 时，r 为正值；当 $\Delta C < 0$ 时，r 为负值）。

C_0 和 C_i 采用的价格、信息来源、可调差材料数量、风险系数等由发包人在招标文件中明确

2. 暂时确定调整差额（计量周期市场价格争议较大时，可暂用造价机构发布的价格信息计算）

续表

3. 计量周期内市场价格波动形成多个价格指数的，可采用价格指数的平均值或加权平均值或主要用量施工期间价格指数作为现行价格指数

4. （主要材料价格变化）双方按下列规定调整引起的合同价格：
① 投标报价中可调价因子单价低于基准价，造价机构发布的单价涨幅以基准价为基础超过合同约定的风险幅度值，或材料单价跌幅以投标报价为基础超过合同约定的风险幅度值，超过部分按实调整；
② 投标报价中调价因子单价高于基准价，造价机构发布的单价跌幅以基准价为基础超过合同约定的风险幅度值，或材料单价涨幅以投标报价为基础超过合同约定的风险幅度值，超过部分按实调整。
小技巧：① 价格上涨用（报价和基准价两者）高的计算涨幅；
② 价格下降用（报价和基准价两者）低的计算跌幅；
③ 超过部分按实际调整。
几点说明：
① 基准价——投标截止日前28天（非招标工程为合同签订前28天）工程造价管理机构发布的信息；
② 现行市场价——计量周期工程造价管理机构发布的信息价；
③ 可调价因子——发包人提供；
④ 可调价主要材料表——承包人提供

5. 承包人在采购材料前应将采购数量和单价报发包人核对，发包人应确认材料数量和单价，分批采购时按权重取平均值计算，发包人在收到承包人报送的资料后3个工作日不予答复视为已认可，作为调整依据。如果承包人未报经发包人核对即自行采购材料，再报发包人确认调整合同价格的，如发包人不同意，则不调整

254.【2017】 某工程项目所用 B 材料，风险系数为 5%，施工期间实际价格 435 元，基准单价 410 元，投标单价 400 元，则施工期间 B 材料的单价调整为（   ）元。
A. 435
B. 410
C. 404.5
D. 407.9

【答案】C

【解析】本题考查造价信息差额调整法的计算。

首先计算价格波动幅度，435 元的实际采购价与基准价（410 元）和投标价（400 元）比较，价格上涨了，按照规定，应当用基准价和报价两者价高的做基数计算涨幅：435/410−1 =6.1%＞5%。然后，超过 5% 的部分按实调整，则 B 材料调整以后的单价为 400+410× (6.1%−5%) = 404.5 元。

◆ 暂估价

1. 发包人在招标工程量清单中给定材料暂估价和专业工程暂估价属于依法必须招标的，应以招标确定的价格为依据取代暂估价，调整合同价格

2. 发包人在招标工程量清单中给定材料暂估价不属于依法必须招标的，应由承包人进行采购定价或自主报价（承包人自产自供的），经发包人确认单价后取代暂估价，调整合同价格

3. 发包人在招标工程量清单中给定的专业工程暂估价不属于依法必须招标的，按照工程变更相关规定确定专业工程价款，并以此为依据取代专业工程暂估价，调整合同价格

4. 由承包人作为招标人进行材料、专业工程暂估价招标的，其组织招标工作有关的费用应当被认为已经包括在承包人的签约合同价（投标总报价）中，需要发包人配合的费用由发包人自行承担

由发包人作为招标人进行材料、专业工程暂估价招标的，组织招标工作有关的费用由发包人承担，需要承包人配合的，应向承包人支付总承包服务费

5. 承包人参加暂估专业工程的投标并中标的，对专业工程提供施工管理、协调配合、工程照管、成品半成品保护、竣工资料汇总整理等服务所需的费用应包含在中标价格中，已经计列在总承包服务费总额中的暂估专业工程的单项总承包服务费应予扣减

◆ 暂列金额

已签约合同价中的暂列金额由发包人掌握使用。发包人按照合同的规定做出支付后，如有剩余，则暂列金额的余额归发包人所有

255.【2020】 根据《建设工程工程量清单计价规范》，关于暂列金额的说法，正确的是（　　）。

A. 暂列金额应根据招标工程量清单列出的内容和要求估算
B. 暂列金额包括在签约合同价内，属承包人所有
C. 已签约合同价中的暂列金额由发包人掌握使用
D. 用于必然发生但暂时不能确定价格的材料、工程设备及专业工程的费用

【答案】C

【解析】本题考查暂列金额对合同价款调整的相关规定。

暂列金额是招标人在工程量清单中暂定并包括在合同中价款中的一笔款项，用于：①合同签订时尚未确定或不可预见的采购（材料、设备、服务）；②施工中可能发生的合同变更；③调整因素出现时价款的调整；④索赔、现场签证等确认的费用。已签约合同价中的暂列金额由发包人掌握使用。发包人按照合同做出支付后，如有剩余，归发包人所有。故选择C选项。

考点3　工程变更价款确定

工程变更是指经发包人批准的对合同工程的工作内容、设计文件、质量要求、位置与尺寸、施工顺序与时间、施工条件或其他特征及合同条件等的改变［本课程的工程变更内容主要依据《中华人民共和国标准施工招标文件》（2007年版）中的通用条款］。

★ 变更的范围及内容

① 取消合同中任何一项工作，但被取消的工作不能转由发包人或其他人实施；
② 改变合同中任何一项工作的质量或其他特性；
③ 改变合同工程的基线、标高、位置或尺寸；
④ 改变合同中任何一项工作的施工时间或改变已批准的施工工艺或顺序；
⑤ 为完成工程需要追加的额外工作。

256.【2016】根据《中华人民共和国标准施工招标文件》（2007年版）中的通用条款，除专用合同条款另有约定的外，下列情形不属于工程变更的是（ ）。

A. 增加一项分项工程　　　　　　　　B. 基础工程的标高略有改变
C. 改变施工的质量标准　　　　　　　D. 混凝土浇筑的数量稍有改变

【答案】D

【解析】本题考查工程变更的范围，是高频考点。

除专用合同条款另有约定外，合同变更的范围一般包括：
① 取消合同中任何一项工作，但被取消的工作不能转由发包人或其他人实施；
② 改变合同中任何一项工作的质量或其他特性；
③ 改变合同工程的基线、标高、位置或尺寸；
④ 改变合同中任何一项工作的施工时间或改变已批准的施工工艺或顺序；
⑤ 为完成工程需要追加的额外工作。
故选择D选项。

★ 变更权

在履行合同过程中，经发包人同意，监理人可按约定的变更程序，向承包人做出变更指示，承包人应遵照执行。没有监理人的变更指示，承包人不得擅自变更

★ 变更程序

1. 合同履行过程中，可能发生上述变更范围内约定情形的，监理人可向承包人发出变更意向书（说明变更具体内容、时间要求、附图纸及相关资料），变更意向书应要求承包人提交拟实施变更工作的计划等的实施方案。发包人同意承包人的变更实施方案的，由监理人按约定发出变更指示

2. 合同履行过程中，发生上述变更范围内约定情形的，监理人应按照约定向承包人发出变更指示

3. 承包人收到监理人发出的图纸和文件，经检查认为存在变更范围内情形的，可向监理人提出书面变更建议（阐明变更依据、附图纸说明），监理人收到书面建议后，应与发包人共同研究，确认存在变更的，应在收到书面建议后14天内做出变更指示（如不同意，由监理人书面答复承包人）

4. 若承包人收到监理人的变更意向书后认为难以实施此项变更,应立即通知监理人,说明原因并附详细依据,监理人与发承包人协商后确定撤销、改变或不改变原变更意向书

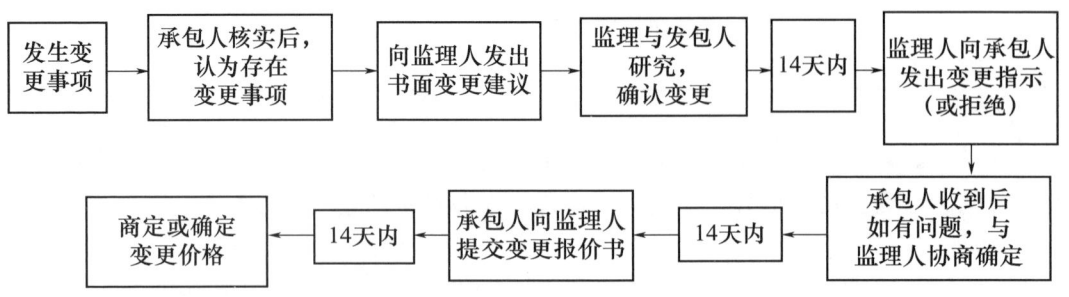

★变更估价

1. 承包人在收到变更指示或变更意向书后的 14 天内,向监理人提交变更报价书,详细列出变更工作的价格组成及其依据,附必要的施工方法说明和有关图纸
2. 变更工作影响工期的,承包人应提出调整工期的具体细节
3. 监理人应在收到承包人变更报价书后的 14 天内,商定或确定变更价格

257.【2020】 根据《中华人民共和国标准施工招标文件》(2007 年版)中的通用条款,因设计单位提出设计变更,变更后已标价工程量清单中没有相同及类似变更单价的,变更报价书应由( )提出。

A. 监理人　　　　　　　　　B. 承包人
C. 发包人　　　　　　　　　D. 设计人

【答案】B

【解析】本题考查变更程序。

根据《中华人民共和国标准施工招标文件》(2007 年版)中的通用条款,变更估价的程序如下:①承包人在收到变更指示或变更意向书后的 14 天内,向监理人提交变更报价书,详细列出变更工作的价格组成及其依据,附必要的施工方法说明和有关图纸;②变更工作影响工期的,承包人应提出调整工期的具体细节;③监理人应在收到承包人变更报价书后的 14 天内,商定或确定变更价格。故选择 B 选项。

★变更指示

1. 变更指示(说明变更目的、范围、内容、工程量及其进度和技术要求)只能由监理人发出
2. 承包人收到变更指示后,应按变更指示进行变更工作

◆ 变更的估价原则

原则	前提
① 已标价工程量清单中有适用于变更工作的子目的，采用该子目的单价	采用的材料、施工工艺和方法相同，也不因此增加关键线路上工程的施工时间
② 已标价工程量清单中无适用于变更工作的子目，但有类似子目的，可在合理范围内参照类似子目的单价，由监理人按商定或确定条款变更工作的单价	其采用的材料、施工工艺和方法基本类似，不增加关键线路上工程的施工时间，可仅就其变更后的差异部分，参考类似的项目单价由发承包双方协商新的项目单价
③ 已标价工程量清单中无适用或类似子目的单价，可按照成本加利润的原则，由监理人按商定或确定条款变更工作的单价	无法找到适用和类似的项目单价时，应采用招标投标时的基础资料和工程造价管理机构发布的信息价格（若无信息发布，单价由发承包双方协商确定），按成本加利润的原则由发承包双方协商新的综合单价

258.【2022】根据《中华人民共和国标准施工招标文件》，当合同履行期间出现工程变更时，若变更在已标价工程量清单中无相同项目，但有类似项目单价的，则变更估价的原则是（　　）。

A. 参照类似项目的单价认定
B. 按照直接成本加适当利润的原则，由发包人确定变更单价
C. 按照合理的成本加利润的原则，由承包人确定变更工作的单价
D. 根据合理的成本加适当利润的原则，由监理人确定新的变更单价

【答案】A

【解析】本题考查《中华人民共和国标准施工招标文件》中变更估价的相关约定。

① 已标价工程量清单中有适用于变更工作的子目的，采用该子目的单价。

② 已标价工程量清单中无适用于变更工作的子目，但有类似子目的，可在合理范围内参照类似子目的单价，由监理人按商定或确定条款变更工作的单价。

③ 已标价工程量清单中无适用或类似子目的单价，可按照成本加利润的原则，由监理人按商定或确定条款变更工作的单价。

故选择 A 选项。

◆ 承包人的合理化建议

1. 承包人对发包人提供的图纸、技术要求以及其他方面提出的合理化建议，均应以书面形式提交监理人。监理人应与发包人协商是否采纳建议。建议被采纳并构成变更的，应按约定向承包人发出变更指示

2. 承包人提出的合理化建议降低了合同价格、缩短了工期或者提高了工程经济效益的，发包人可按国家有关规定在专用合同条款中的约定给予奖励

★措施项目费调整

工程变更引起施工方案改变并使措施项目发生实质性内容（工程范围、建设工期、工程质量、技术标准等）变化时，合同不利一方提出（如果未提出，则认为放弃调整权力）调整措施项目费的，可事先将拟实施的方案提交合同另一方确认，经发承包双方确认后执行，并按照下列规定调整措施项目费：

1. 单价计价的措施项目按变更估价的原则规定调整

2. 与建筑面积增减有关的总价计价措施项目，根据与其相关的已标价总价计价措施项目清单费用合计，按增减比例（增减面积/建筑面积）计算增减金额

3. 与建筑面积增减无关的总价计价措施项目，根据施工工程的合理成本和利润协商计算总价计价措施项目的增减金额

当发包人提出的工程变更因非承包人原因删减了合同中的某项原定工作或工程，致使承包人发生的费用或（和）得到的收益不能被包括在其他已支付或应支付的项目中，也未被包含在任何替代的工作或工程中时，承包人有权提出并应得到合理的成本及利润补偿。

259.【2020】 根据《中华人民共和国标准施工招标文件》，因工程变更引起措施项目发生变化时，承包人提出措施项目费调整，在措施项目拟实施方案得到发承包双方确认后，措施费调整的正确做法有（　　　）。
A. 单价计价的措施项目按变更估价的原则规定调整
B. 与建筑面积增减有关的总价计价措施项目，根据与其相关的已标价总价计价措施项目清单费用合计，按增减比例（增减面积/建筑面积）计算增减金额
C. 与建筑面积增减无关的总价计价措施项目，根据施工工程的合理成本和利润协商计算总价计价措施项目的增减金额
D. 除非措施项目费变动超过一定幅度，一般采用总价计算的措施项目费不能进行调整
E. 安全文明施工费应该按实际发生的措施项目计算，并考虑承包人报价浮动因素进行调整

【答案】ABC

【解析】本题考查《中华人民共和国标准施工招标文件》措施费变更的几点规定。

1. 单价计价的措施项目按变更估价的原则规定调整。

2. 与建筑面积增减有关的总价计价措施项目，根据与其相关的已标价总价计价措施项目清单费用合计，按增减比例（增减面积/建筑面积）计算增减金额。

3. 与建筑面积增减无关的总价计价措施项目，根据施工工程的合理成本和利润协商计算总价计价措施项目的增减金额。

故选择 A、B、C 选项。

考点 4　工程索赔

工程索赔是指当事人一方因非己方的原因而遭受经济损失或工期延误，按照法律法规规定或合同约定，应由对方承担补偿义务，而向对方提出经济损失补偿和（或）工期调整及其他的要求。当合同一方向另一方提出工程索赔时，应有正当的工程索赔理由和有效证据。导致索赔的事件如下：

★法律法规变化导致的索赔

1. 招标工程以投标截止日前 28 天、非招标工程以合同签订前 28 天为基准日，其后因法律法规与政策发生变化引起工程造价增减变化的，发承包双方应按照省级、行业建设主管部门或其授权的工程造价管理机构据此发布的规定调整合同价格

2. 因承包人原因导致工期延误的，在工期延误期间出现法律法规与政策变化的，合同价格调增的不予调整，合同价格调减的予以调整

3. 因非承包人原因导致工期延误的，在工期延误期间出现法律法规与政策变化的，合同价格调减的不予调整，合同价格调增的予以调整

260.【2018】 某招标工程截止日期为 2018 年 3 月 10 日，但是在 3 月 1 日相关法律发生了变化，造成费用增加，则该工期延误和费用增加的责任承担问题的说法，正确的是（　　）。

A. 发承包双方应按照省级、行业建设主管部门或其授权的工程造价管理机构据此发布的规定调整合同价格
B. 工期延误和费用增加均属不可抗力，费用增加由业主承担，工期延误由承包商承担
C. 因法律变化发生在投标截止日前，所以延误的工期和增加的费用均由承包商承担
D. 工期延误和费用增加由非承包商原因造成，费用增加由承包商承担，工期延误由业主承担

【答案】A

【解析】本题考查法律法规变化导致价款调整的规定。

根据上述规定"招标工程以投标截止日前 28 天、非招标工程以合同签订前 28 天为基准日，其后因法律法规与政策发生变化引起工程造价增减变化的，发承包双方应按照省级、行业建设主管部门或其授权的工程造价管理机构据此发布的规定调整合同价格"，题目中的"2018 年 3 月 10 日"的前 28 天为基准日，3 月 1 日相关法律法规发生变化，属于"其（基准日）后"，根据规定"发承包双方应按照省级、行业建设主管部门或其授权的工程造价管理机构据此发布的规定调整合同价格"，故选择 A 选项。

★不可抗力事件导致的索赔

1. 永久工程、已运至施工现场的材料和工程设备的损坏以及因工程损害导致第三方人员伤亡和财产损失由发包人承担

2. 承包人的施工机械设备损坏及停工损失，由承包人承担	
3. 发包人、承包人各自承担人员伤亡和财产损失	
4. 因不可抗力引起暂停施工的，停工期间按照发包人要求照管、清理、修复工程的费用和发包人要求留在施工现场必要的管理与保卫人员工资由发包人承担	
5. 因不可抗力影响承包人履行合同约定的义务，引起工期延误的，应当顺延工期，发包人要求赶工的，由此增加的赶工费用由发包人承担	
6. 其他	

261.【2023】 某工程在施工过程中，由于不可抗力造成永久工程损失 55 万元，承包人受伤人员医药费 6 万元，施工机具损失 18 万元，复工后承包人按发包人要求清理工程费用 8 万元，以上费用应由发包人承担的金额为（　　）万元。

A. 32　　　　B. 63　　　　C. 69　　　　D. 87

【答案】B

【解析】本题考查不可抗力的索赔，是高频考点。

题目条件中：不可抗力造成永久工程损失 55 万元——发包人承担；承包人受伤人员医药费 6 万元——承包人负责；承包人机具损失 18 万元——承包人负责；复工后承包人按发包人要求清理工程费用 8 万元——发包人承担。

因此，发包人承担的金额为 55+8＝63 万元。

262.【2020】 某施工项目因 80 年一遇的特大暴雨停工 10 天，承包人在停工期间按照发包人要求照管工程发生费用 2 万元，承包人施工机具损坏 10 万元，已经建成的永久工程损坏损失 20 万元，之后应发包人要求修复被暴雨冲毁的道路花费 23 万元，修复道路时因施工质量问题返工费用 1 万元，以上事件产生的费用和损失中，承包人应承担（　　）万元。

A. 21.0　　　B. 13.5　　　C. 11.0　　　D. 10.0

【答案】C

【解析】本题考查不可抗力事件导致的索赔，是高频考点。

本题中：发包人要求照管工程发生费用 2 万元——发包人承担；承包人施工机具损坏 10 万元——承包人承担；已经建成的永久工程损坏损失 20 万元——发包人承担；之后应发包人要求修复被暴雨冲毁的道路花费 23 万元——发包人承担；修复道路时因施工质量问题返工费用 1 万元——承包人承担；共由承包人承担的有 10+1＝11 万元，故选择 C 选项。

★因非承包人原因发生暂停施工事件导致的工程索赔

承包人可向发包人提出延长工期，并根据工期延长和损失情况索赔以下费用：
1. 已进场无法进行施工的人员窝工费用

续表

2. 已进场无法投入使用的材料损失费用

3. 已进场无法进行施工的机械设备停滞费用

4. 由于工期延长增加的措施项目费、管理费和可得利润损失

★因提前竣工（赶工）事件导致的工程索赔

1. 发承包双方应约定提前竣工费用的计算方法或金额和补偿费用上限

2. 发包人要求合同工程提前竣工的，应征得承包人同意后与承包人商定采取加快工程进度的措施，并应修订合同工程进度计划。发包人应承担承包人由此增加的提前竣工（赶工）补偿费用

3. 发包人未做要求，由承包人自行提前竣工的，由此增加的费用应由承包人承担

赶工费用主要包括：①人工费的增加；②材料费的增加；③机械费的增加

263.【2022】工程实施过程中，发包人要求合同工程提前竣工的，其正确的做法是（　　）。
A. 通过监理工程师下达变更指令要求承包人必须提前竣工，并支付由此增加的提前竣工费用
B. 增加合同补充条款要求承包人采取加快工程进度措施，发包人不承担赶工费用
C. 征得承包人同意后，与承包人商定采取加快工程进度的措施，并承担承包人由此增加的提前竣工费用
D. 发承包双方应签订补充合同约定提前竣工的赶工费用总额，并各承担50%的费用

【答案】C
【解析】本题考查提前竣工导致的索赔。
A选项错误，发包人要求提前竣工应征得承包人同意。
B、D选项错误，提前竣工由发包人承担赶工费用。

★因工期延误导致的工程索赔

1. 因承包人原因延误工期导致的工程索赔：
① 发承包双方应约定误期赔偿费的计算方法或金额和赔偿费用上限；
② 合同工程发生误期，承包人应赔偿发包人由此产生的损失，并应向发包人支付误期赔偿费，且不能因此免除承包人应承担的责任和应履行的义务；
③ 在工程竣工之前，合同工程内的某单项（位）工程已通过了竣工验收，且该单项（位）工程接收证书中表明的竣工日期并未延误，而是合同工程的其他部分产生了工期延误时，误期赔偿费按照已颁发工程接收证书的单项（位）工程造价占合同价格的比例幅度予以扣减

2. 因非承包人原因延误工期导致的工程索赔，发承包双方按（因非承包人原因发生暂停施工事件导致的工程索赔）规定调整合同价格

3. 因发承包一方原因导致工期延误，且在延长的工期内遭遇不可抗力的，不可抗力事件造成的损失由责任方（双方按过错比例另行协商）承担

发生工程索赔事件后，合同当事人均应采取措施尽量避免和减少损失的扩大，任何一方当事人没有采取有效措施导致损失扩大的，应对扩大的损失承担责任。

264.【2020】某工程施工时处于当地正常的雨季，导致工程延误，在工期延误期间又出现政策变化，根据《建设工程工程量清单计价规范》，对由此增加的费用和延误的工期，正确的处理是（　　）。

A. 费用、工期均由发包人承担
B. 费用由发包人承担，工期由承包人承担
C. 费用由承包人承担，工期由发包人承担
D. 费用、工期均由承包人承担

【答案】D

【解析】本题考查工期延误导致的索赔。

本题中"工程施工时处于当地正常的雨季，导致工程延误，在工期延误期间又出现政策变化"，属于承包人原因造成工期延误，根据"② 合同工程发生误期，承包人应赔偿发包人由此产生的损失，并应向发包人支付误期赔偿费，且不能因此免除承包人应承担的责任和应履行的义务"，故费用、工期均由承包人承担，选择 D 选项。

★承包人索赔

索赔程序	① 承包人应在知道或应当知道工程索赔事件发生后 28 天内，向发包人提交工程索赔意向通知书（逾期未发，丧失索赔的权利）。 ② 承包人应在发出工程索赔意向通知书后 28 天内，向发包人正式提交工程索赔报告。 ③ 工程索赔事件具有连续影响的，承包人应按合理时间间隔继续提交延续工程索赔通知。 ④ 在工程索赔事件影响结束后的 28 天内，承包人应向发包人提交最终工程索赔报告
索赔处理	① 发包人收到承包人的工程索赔报告后，应及时查验承包人的记录和证明材料。 ② 发包人应在收到工程索赔报告或有关工程索赔的进一步证明材料后的 28 天内，将工程索赔处理结果答复承包人，如果发包人逾期答复或逾期未做出答复，视为承包人工程索赔要求已被发包人认可。 ③ 承包人接受工程索赔处理结果的，工程索赔款项应作为增加合同价款，在当期进度款、施工过程结算款、竣工结算款中进行支付；承包人不接受工程索赔处理结果的，应按争议解决方式办理。导致合同解除的，按合同解除结算规定进行处理

续表

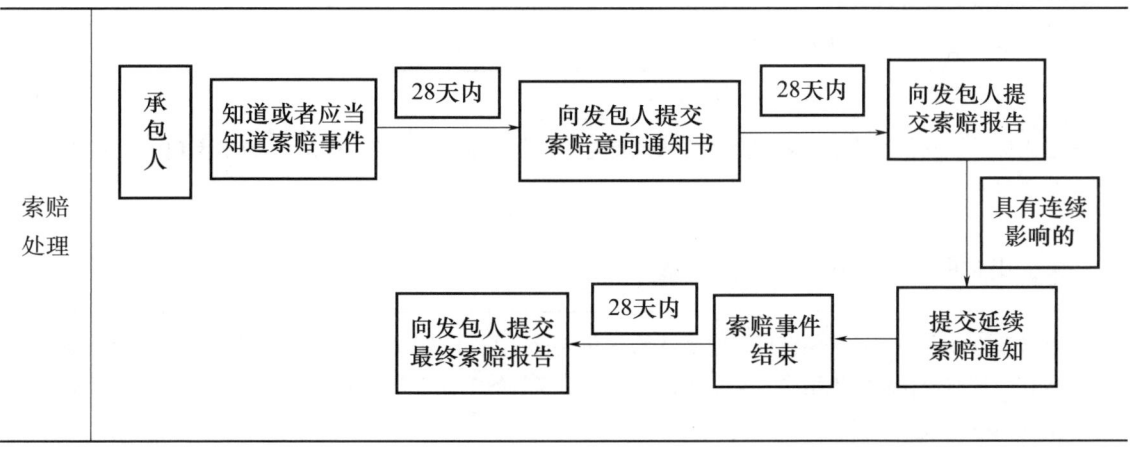

265.【2023】根据《建设工程合同（示范文本）》，承包人向监理人正式递交索赔报告应在发出索赔意向通知书后（　　）天内。

A. 14　　　　　　　　　　　　　　B. 28
C. 21　　　　　　　　　　　　　　D. 56

【答案】B

【解析】本题考查承包人索赔的程序，是高频考点。

承包人应在发出索赔意向通知书后 28 天内，向监理人正式递交索赔报告。故选择 B 选项。

266.【2021】根据《建设工程施工合同（示范文本）》，关于承包人索赔的说法，正确的有（　　）。

A. 承包人应在发出索赔意向通知书 28 天后，向监理人正式递交索赔报告

B. 承包人应在知道或应当知道索赔事件发生后 28 天内，向监理人递交索赔意向通知书

C. 监理人应在收到索赔报告后 14 天内完成审查并报送发包人

D. 承包人接受索赔处理结果的，索赔款项应在竣工结算时进行支付

E. 具有持续影响的索赔事件，承包人应按合理时间间隔持续递交延续索赔通知

【答案】ABE

【解析】本题考查承包人索赔的程序，是高频考点。

C 选项错误，发包人应在收到工程索赔报告或有关工程索赔的进一步证明材料后的 28 天内，将工程索赔处理结果答复承包人。

D 选项错误，承包人接受索赔处理结果的，索赔款项在当期进度款、施工过程结算款、竣工结算款中进行支付。

★发包人索赔

发包人认为由于承包人的原因造成发包人损失的，可按承包人索赔和处理的程序进行索赔和处理。发包人要求赔偿时可以选择下列一项或几项方式获得赔偿：

1. 延长质量缺陷修复期限
2. 要求承包人支付实际发生的额外费用
3. 要求承包人按合同的约定支付违约金

承包人应付给发包人的工程索赔金额可从拟支付给承包人的合同价款中扣除，或由承包人以其他方式支付给发包人

★提出索赔截止期限

发承包双方在办理了竣工结算后，应被认为承包人已无权再提出竣工结算前所发生的任何工程索赔。承包人在提交的最终结清申请中，只限于提出竣工结算后的工程索赔，提出工程索赔的期限应自发承包双方最终结清时终止

★索赔费用的组成和计算

分部分项工程量清单	① 人工费［增加工作内容（按计日工计算）；停工损失、工作效率降低的损失（按窝工费算）］
	② 设备费［工作内容增加（按台班费计算）；窝工（自有按折旧计算；租赁按租赁费计算）］
	③ 材料费（索赔事件引起的材料用量增加、价格上涨；非承包人原因造成的工期延误而引起的材料价格上涨和材料超期存储费用）
	④ 管理费
	⑤ 利润
	⑥ 延迟付款利息

267.【2022】 某建设工程施工过程中，由于发包人设计变更导致承包人暂停施工，致使承包人自有机械窝工10个台班，该机械的台班单价为400元/台班，台班折旧费为300元/台班；承包人的租赁机械窝工10个台班，台班租赁费用为500元，工作时每台班燃油动力费100元；人员窝工20个工作日，人工工资单价300元/工日，人工窝工补贴100元/工日。不考虑其他因素，则承包人可以索赔的费用为（　　）元。

A. 14000　　　　　B. 15000　　　　　C. 16000　　　　　D. 10000

【答案】D

【解析】本题考查分部分项工程索赔费用的计算，是高频考点。

发包人原因导致的承包人机械窝工属于索赔内容，可以索赔，其中，自有设备窝工使用折旧费计算索赔费用（10×300），租赁的设备用租赁费计算索赔费用（10×500）；燃油动力费不属于索赔内容；人工费属于索赔内容，窝工费使用窝工费单价计算（20×100）。因此，承包人可以索赔的费用共计 10×300+10×500+20×100＝10000元。

268.【2020】 某建设工程施工过程中，由于发包人提供的材料没有及时到货，导致承包人自有一台机械窝工4个台班。每台班折旧费为500元，工作时每台班燃油动力费为100

元。另外,承包人租赁的一台机械窝工3个台班。台班租赁费为300元,工作时每台班燃油动力费为80元。不考虑其他因素,则承包人可以索赔的费用为(　　)元。

A. 3540　　　　　　B. 3300　　　　　　C. 3140　　　　　　D. 2900

【答案】D

【解析】本题考查索赔费用的组成,是高频考点。

分部分项工程量清单的索赔费用一般有以下六项组成:①人工费[增加工作内容(按计日工计算)、停工损失、工作效率降低的损失(按窝工费算)];②设备费[工作内容增加(按台班费计算)、窝工(自有按折旧计算;租赁按租赁费计算)];③材料费(索赔事件引起的材料用量增加、价格上涨;非承包人原因造成的工期延误而引起的材料价格上涨和材料超期存储费用);④管理费;⑤利润;⑥延迟付款利息。

根据以上组成及价格,本题中的索赔费用共计500×4+300×3=2900元。

★《中华人民共和国标准施工招标文件》中承包人索赔可引用的条款

序号	主要内容	可补偿内容		
		工期	费用	利润
1	施工过程发现文物、古迹以及其他遗迹、化石、钱币或物品	✓	✓	
2	承包人遇到不利物质条件	✓	✓	
3	发包人要求向承包人提前交付材料和工程设备		✓	
4	发包人提供的材料和工程设备不符合合同要求	✓	✓	✓
5	发包人提供资料错误导致承包人的返工或造成工程损失	✓	✓	✓
6	发包人的原因造成工期延误	✓	✓	✓
7	异常恶劣的气候条件	✓		
8	发包人要求承包人提前竣工		✓	+奖金
9	发包人原因引起的暂停施工	✓	✓	✓
10	发包人原因造成暂停施工后无法按时复工	✓	✓	✓
11	发包人原因造成工程质量达不到合同约定验收标准的	✓	✓	✓
12	监理人对隐蔽工程重新检查,经检验证明工程质量符合合同要求的	✓	✓	✓
13	基准日后法律变化引起的价格调整		✓	
14	发包人在全部工程竣工前,使用已接收的单位工程导致承包人费用增加的	✓	✓	✓
15	发包人的原因导致试运行失败的		✓	✓
16	发包人原因导致的工程缺陷和损失		✓	✓
17	不可抗力	✓	部分费用 ✓	

续表

序号	主要内容	可补偿内容		
		工期	费用	利润
18	提供图纸延误	✓	✓	✓
19	延迟提供施工场地	✓	✓	✓
20	采取合同未约定的安全作业环境及安全施工措施		✓	
21	因发包人原因造成承包人人员工伤事故		✓	
22	因发包人提供的材料、工程设备造成工程不合格	✓	✓	✓
23	承包人应监理人要求对材料、工程设备和工程重新检验且检验结果合格	✓	✓	
24	工程移交后因发包人原因出现的缺陷修复后的实验和试运行		✓	
25	因发包人违约导致承包人暂停施工	✓	✓	✓

269.【2023】 根据《中华人民共和国标准施工招标文件》，下列导致承包人工期延误和费用增加的事件中，承包人能同时获得工期、费用和利润索赔的有（　　）。

A. 承包人应监理人要求对材料重新检验且检验结果合格

B. 设计单位提供图纸延误

C. 采用合同未约定的安全作业环境及安全施工措施

D. 异常恶劣的气候条件

E. 发包人的原因造成工期延误

【答案】ABE

【解析】本题考查《中华人民共和国标准施工招标文件》中合理补偿承包人的条款，是高频考点。

C 选项错误。采用合同未约定的安全作业环境及安全施工措施，承包人索赔费用。

D 选项错误。异常恶劣的气候条件，承包人索赔工期。

270.【2022】 根据《中华人民共和国标准施工招标文件》，下列导致承包人工期延误的费用增加的情形中，承包人可以同时索赔工期、费用和利润的有（　　）。

A. 承包人遇到不利物质条件　　B. 不可抗力

C. 承包人原因引起的暂停施工　　D. 延期提供施工场地

E. 发包人提供的材料和设备不符合合同要求

【答案】DE

【解析】本题考查《中华人民共和国标准施工招标文件》合理补偿承包人的条款，是高频考点。

A 选项错误，承包人遇到不利物质条件可以索赔工期和费用。

B 选项错误，不可抗力可以索赔工期和部分费用。

C 选项错误，发包人（非承包人）引起的暂停施工索赔工期、费用和利润。

271.【2021】根据《中华人民共和国标准施工招标文件》，下列导致承包人成本增加的情形中，可以同时补偿承包人费用和利润的是（　　）。

A. 发包人原因导致的工程缺陷和损失
B. 发包要求向承包人提前交付材料和工程设备
C. 异常恶劣的气候条件
D. 施工过程中发现文物

【答案】A

【解析】本题考查《标准施工招标文件》中的条款，是高频考点。
B 选项错误，发包要求向承包人提前交付材料和工程设备，承包人可以索赔费用。
C 选项错误，异常恶劣气候条件，承包人可以索赔工期。
D 选项错误，施工过程发现文物，承包人可以索赔工期和费用。

272.【2015】某施工项目 6 月份因异常恶劣的气候条件停工 3 天，停工费用 8 万元，之后因停工待图损失 3 万元，因施工质量不合格，返工费用 4 万元。根据《标准施工招标文件》，施工承包商可索赔的费用为（　　）万元。

A. 15　　　　　B. 11　　　　　C. 7　　　　　D. 3

【答案】D

【解析】本题考查《标准施工招标文件》中的条款，是高频考点。

根据《标准施工招标文件》中的条款"异常恶劣气候条件"可以补偿承包人工期，所以本题中异常恶劣气候条件导致的承包人停工费用 8 万元不能索赔；停工待图损失属于发包人责任，可以索赔；施工质量不合格，返工费用属于承包人责任，不能索赔。则承包商可以索赔的费用只有 3 万元。故选择 D 选项。

◆索赔费用的计算方法

1. 实际费用法（最常用）：以承包商为某项索赔工作所支付的实际开支为依据，仅限于索赔事件引起的、超过原计划的费用
2. 总费用法（对业主不利）：索赔金额＝实际总费用－投标报价估算费用
3. 修正总费用法：索赔金额＝某项工作调整后的实际总费用－该项工作的报价费 ① 索赔时段局限于受外界影响的时段（而不是整个工期）；② 只计算受影响时段的某项工作（而不是整个施工阶段）；③ 对投标报价费用重新计算，得出调整后的报价费用

★现场签证（双方就责任事件所做的签认证明）

范围	① 适用于施工合同范围以外零星工程的确认； ② 在工程施工过程中发生变更后需要现场确认的工程量； ③ 非承包人原因导致的人工、设备窝工及有关损失； ④ 符合施工合同规定的非承包人原因引起的工程量或费用增减； ⑤ 确认修改施工方案引起的工程量或费用增减； ⑥ 工程变更导致的工程施工措施费增减等

◆ 现场签证的程序及费用计算方法

签证程序	计算方法
① 承包人应在接受发包人要求的 7 天内向发包人提出签证，发包人签证后施工。 ② 发包人应在收到承包人的签证报告 48 小时内给予确认或提出修改意见，否则视为该报告已认可。 ③ 双方确认的现场签证费用与工程进度款同期支付	① 完成合同以外的零星工作，按计日工单价计算。 ② 完成非承包人引起的事件，按合同中的约定计算

273.【2023】施工过程中，需要进行现场签证的事项是（　　）。
A. 工程变更导致的施工措施费增减
B. 完成施工合同以内的零星工程
C. 承包人原因导致设备窝工损失
D. 承包人原因引起的工程量增减

【答案】A

【解析】本题考查现场签证的范围。
现场签证，是指发承包双方现场代表（或其委托人）就施工过程中涉及的责任事件所做的签认证明。现场签证的范围见上表。
B 选项错误。现场签证适用于施工合同范围以外零星工程的确认。
C 选项错误。现场签证适用于非承包人原因导致的人工、设备窝工及有关损失。
D 选项错误。现场签证适用于符合施工合同规定的非承包人原因引起的工程量或费用增减。

考点5　合同价款期中支付

★ 预付款

1. 承包人应将预付款专用于工程施工前发生的必要费用。发包人不得向承包人收取预付款的利息

2. 预付款支付比例应符合国家有关部门的规定。对重大工程项目，应按年度工程进度计划逐年预付

3. 发包人应在双方签订合同后不迟于约定开工日期的 7 天前预付工程款，发包人不按约定预付，承包人应在预付时间到期后 10 天内向发包人发出要求预付的通知，发包人收到通知后仍不按要求预付的，承包人在发出通知 14 天后有权暂停施工，发包人应从约定应付之日起向承包人支付应付款的利息，并承担违约责任

4. 可选择当累计支付达到合同总价的一定比例后一次扣回或分次扣回的方式抵扣预付款。提前解除合同的，尚未扣完的预付款应与合同价款一并结算

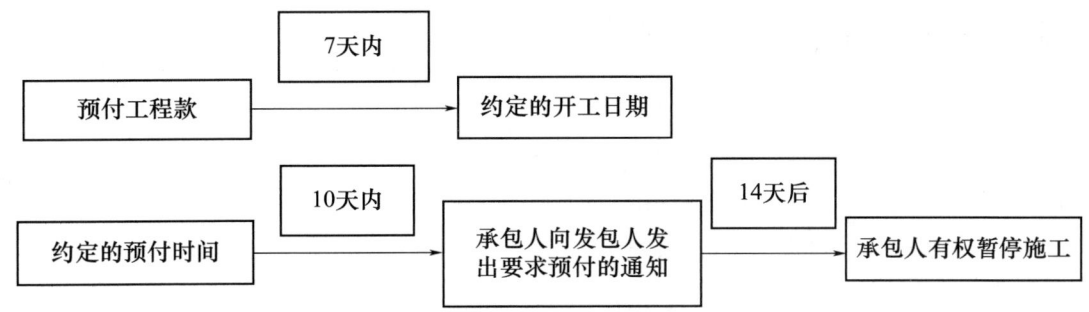

274.【2021】 工程预付款的支付应按照专用合同的约定执行，但最迟支付的时间是（　　）。

A. 签订施工合同后 30 天内　　　B. 开工通知载明的开工日期 7 天前

C. 收到中标通知书并确认后 30 天内　　D. 实际开工日前 14 天

【答案】B

【解析】本题考查预付款支付的相关规定，是高频考点。

相关规定如下：发包人应在双方签订合同后不迟于约定开工日期的 7 天前预付工程款，发包人不按约定预付，承包人应在预付时间到期后 10 天内向发包人发出要求预付的通知，发包人收到通知后仍不按要求预付的，承包人在发出通知 14 天后有权暂停施工，发包人应从约定应付之日起向承包人支付应付款的利息，并承担违约责任。故选择 B 选项。

★安全文明施工费

1. 安全文明施工费的内容和使用范围，应符合国家、省级、行业建设主管部门的相关规定
2. 发包人应在开工后 28 天内预付安全文明施工费总额的 50%给承包人，其余部分应按照提前安排的原则进行分解，并与工程进度款同期支付（重大工程项目，预付的安全文明施工费应按年度工程进度计划分解计算）
3. 发包人没有按时支付安全文明施工费的，承包人可催告发包人支付；发包人在付款期满后 7 天内仍未支付的，承包人有权暂停施工，发包人应承担违约责任
4. 承包人对安全文明施工费应专款专用，并在财务账目中单独列项备查，不得挪作他用，否则发包人有权责令其限期改正；逾期未改正的，可以责令其暂停施工，由此增加的费用和（或）延误的工期由承包人承担

275.【2016】 根据《企业安全生产费用提取和使用管理方法》（财企〔2012〕16 号），关于安全文明施工费的说法，正确的有（　　）。

A. 发包人应在开工后 28 天内预付安全文明施工费总额的 50%

B. 承包人对安全文明施工费应专款专用，不得挪作他用

C. 承包人应将安全文明施工费在账务账目中单独列项备查

D. 发包人没有按时支付安全文明施工费的，承包人可以直接停工

E. 承包人经发包人同意采取合同约定以外的安全措施所产生的费用，由发包人承担

【答案】ABCE

【解析】本题考查安全文明施工费支付的相关规定。

D选项错误，发包人没有按时支付安全文明施工费的，承包人可催告发包人支付；发包人在付款期满后的7天内仍未支付的，若发生安全事故，发包人应承担相应责任。

★进度款

1.	发承包双方应按照约定的时间、程序和方法，根据工程计量、计价结果，支付进度款
2.	进度款支付周期可按时间或工程形象进度划分阶段节点，并与工程计量周期一致
3.	单价合同工程，其分部分项工程项目和单价计价的措施项目应按照工程计量确认的工程量与综合单价计算，列入本期应支付的进度款中。综合单价发生调整的，以发承包双方确认的综合单价计算进度款。单价合同工程，其总价计价的措施项目应按照支付分解方式计算，列入本期应支付的进度款中
4.	总价合同工程，应按照约定的时间或形象进度节点及其支付分解方式支付进度款。支付分解方式，应以合同总价为基础，按照时间或工程形象进度节点实际完成工程量占总工程量的比例支付进度款
5.	其他项目费支付：①总承包服务费应按服务事项的计算方式计算，并按当期确认的非承包人自行施工的专业工程造价和发包人提供的材料总额的进场比例进行支付；②专业工程暂估价应按当期发包人确认的专业工程项目的金额进行支付
6.	发包人确认的合同价格调整金额应列入当期支付的进度款中，并同期支付
7.	规费和增值税应按规定计算并列入当期支付的进度款中，并同期支付
8.	成本加酬金合同，可按当期确认的工程量根据合同约定的计价方式计算相应的工程成本和酬金以及规费和增值税进行支付
9.	发包人支付进度款的比例，应不低于当期完成且应予计算工程价款总额的80%
10.	承包人应在每个计量周期到期后的7天内向发包人提交已完工程进度款支付申请，一式四份，并应详细说明此周期内其认为有权得到的款额，包括分包人已完工程的价款
11.	发包人应在收到承包人进度款支付申请后的14天内，对申请内容予以核实，确认后向承包人（就无争议部分）出具进度款支付证书并在支付证书签发后14天内支付进度款
12.	发包人逾期不支付工程进度款的，承包人应及时向发包人发出要求付款的通知，发包人收到承包人通知后仍不能按要求付款的，可与承包人协调签订延期付款协议，经承包人同意后可延期付款，协议应明确延期支付的时间和从应付期限逾期之日起计算的应付利息（按照全国银行间同业拆借中心公布的贷款利率LPR）
13.	发包人不按约定支付进度款，且双方未达成延期协议，导致施工无法进行的，承包人有权暂停施工，发包人应承担由此增加的费用和延误的工期，向承包人支付合理利润，并承担违约责任
14.	发现已签发的进度款支付证书有错误、遗漏或重复的，发包人和承包人均有权提出修正申请。经发承包双方同意的修正，应在下期进度款中进行支付或扣除

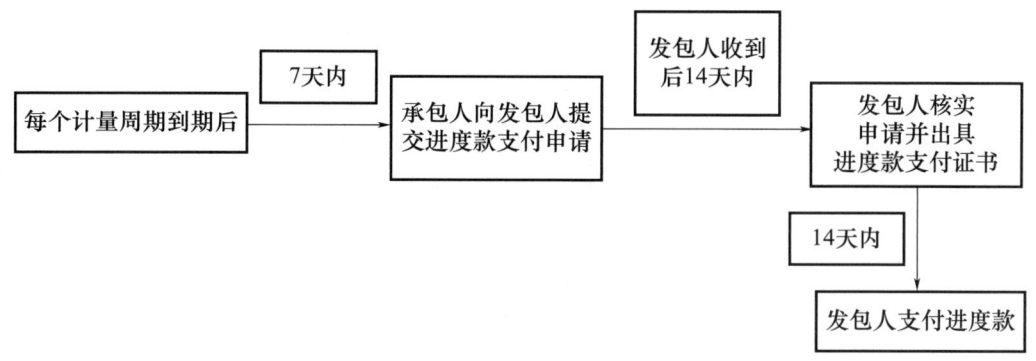

276.【2023】根据《施工合同示范文本》关于进度款审核和支付的说法，正确的是（　　）。

A. 发包人签发进度款支付证书表明发包人已接受承包人完成的相应工作

B. 发包人逾期支付工程进度款的，应按照中国人民银行发布的同期存款利率支付违约金

C. 发包人和监理人对承包人进度付款申请单有异议的，有权要求承包人修正和补充资料

D. 监理人应在收到承包人进度付款申请单及资料后7天内完成审查并报送发包人

【答案】C

【解析】本题考查进度款的审核与支付，是高频考点。

A选项错误。发包人签发进度款支付证书或临时进度款支付证书，不表明发包人已同意、批准或接受了承包人完成的相应部分的工作。

B选项错误。发包人逾期不支付工程进度款的，承包人应及时向发包人发出要求付款的通知，发包人收到承包人通知后仍不能按要求付款的，可与承包人协调签订延期付款协议，经承包人同意后可延期付款，协议应明确延期支付的时间和从应付期限逾期之日起计算的应付利息（按照全国银行间同业拆借中心公布的贷款利率LPR）。

D选项错误。发包人应在收到承包人进度款支付申请后的14天内，对申请内容予以核实，确认后向承包人（就无争议部分）出具进度款支付证书并在支付证书签发后14天内支付进度款。

277.【2018】根据《建设工程施工合同（示范文本）》GF-2017-0201，除专用合同条款另有约定的外，发包人确认的合同价格调整金额的支付的时间是（　　）。

A. 变更事项完成后，立即支付　　　B. 计入最终的结算款中支付

C. 列入当期支付的进度款中，同期支付　　　D. 与最终索赔款项一起支付

【答案】C

【解析】本题考查进度款支付的相关规定，是高频考点。

根据进度款支付的相关规定"发包人确认的合同价格调整金额应列入当期支付的进度款中，并同期支付"，故选择C选项。

★施工过程结算

施工过程结算是指发包人和承包人根据有关法律法规规定和合同约定，在施工过程结算节点上对已完工程进行当期合同价格的计算、调整、确认的活动。

施工过程结算	1. 编制施工过程结算的依据（计价规范、施工合同及补充协议、设计文件、招投标文件、确认后的变更计日工索赔资料、双方确认的工程量及结算的合同价款、调整后追加或追减的合同价款）
	2. 双方已确认应计入当期施工过程结算的合同价格调整金额应列入施工过程结算款，并同期支付
	3. 经发承包双方签署认可的施工过程结算文件，应作为竣工结算文件的组成部分，竣工结算不应再重新对该部分工程内容进行计量、计价
	4. 施工过程结算款的支付比例在合同中予以约定，应不低于当期施工过程结算价款总额的90%
	5. 施工过程结算节点工程完工后14天内，承包人应向发包人提交本期施工过程结算文件
	6. 施工过程结算的核实、复核、异议争议解决、确认等程序的要求与时限应符合后文所述的竣工结算相关要求
	7. 承包人提交施工过程结算文件时，应同时提交计量、计价工程相应的自检质量合格证明材料和满足合同要求的相应验收资料（注：施工过程验收不代替竣工验收）
	8. 施工过程结算确定后，承包人应根据办理的施工过程结算文件向发包人提交施工过程结算款支付申请
	9. 施工过程结算款支付申请后的核实、签发、支付： ① 发包人应在收到承包人提交结算款支付申请后的7天内予以核实，向承包人签发结算支付证书； ② 发包人签发结算支付证书后的14天内，应按照结算支付证书列明的金额向承包人支付结算款； ③ 发包人在收到承包人提交的结算款支付申请后7天内不予核实，不向承包人签发结算支付证书的，视为承包人的结算款支付申请已被发包人认可；发包人应在收到承包人提交的结算款支付申请7天后的14天内，按照承包人提交的结算款支付申请列明的金额向承包人支付结算款
	10. 发包人未按照约定支付施工过程结算款的，承包人可催告发包人支付，并有权获得延迟支付的利息。发包人在施工过程结算支付证书签发后或者在收到承包人提交的施工过程结算款支付申请7天后的56天内仍未支付，且双方未达成延期协议，导致施工无法进行的，承包人有权暂停施工，发包人应承担由此增加的费用和延误的工期，向承包人支付合理利润，并承担违约责任
	11. 发现已签发的进度款支付证书有错误、遗漏或重复的，发包人和承包人均有权提出修正申请。经发承包双方同意的修正，应在下期进度款中予以支付或扣除

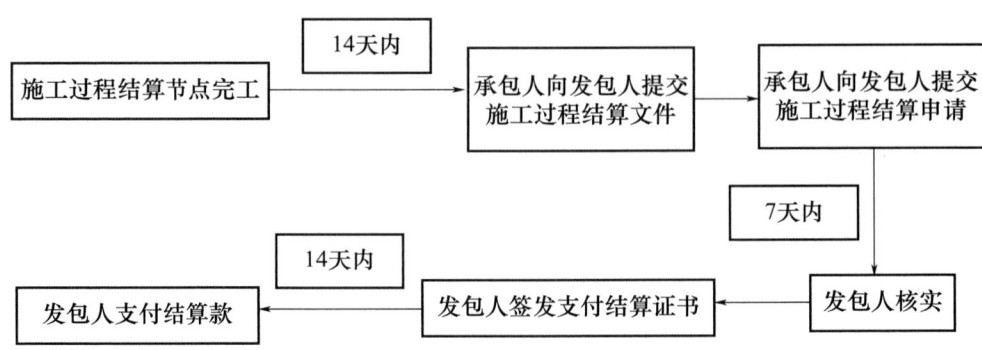

210

◆ 竣工结算

1. 工程完工后,发承包双方应在约定的时间内办理工程竣工结算

2. 工程竣工结算的编制依据(计价标准、施工合同及补充协议、双方确认的施工过程结算价款、确认的工程量及结算价款、确认调整后的结算价款、设计文件及相关资料、招投标文件)

3. 承包人汇总编制竣工结算文件,在提交竣工结算申请时向发包人提供竣工结算文件(承包人未在约定时间内提交竣工结算文件,催告后仍未提交或答复的,发包人编制竣工结算文件作为依据,承包人应认可)

4. 发包人收到竣工结算文件后的 14 天内进行核对(发包人经核实后,认为承包人需要进一步补充和修改结算文件的,向承包人提出核实意见,承包人收到意见后 14 天内向发包人提出补充要求资料,修改竣工结算文件,再次提交发包人复核后批准)

5. 发包人应在收到承包人再次提交的竣工结算文件后的 14 天内予以复核,将复核结果通知承包人。
① 发包人、承包人对复核结果无异议的,应于 7 天内在竣工结算文件上签字确认,竣工结算办理完毕。
② 发包人或承包人认为复核结果有误的,无异议部分按照本条①规定办理不完全竣工结算;有异议部分由发承包双方协商解决;协商不成的,应按照规定的争议解决方式处理

6. 发包人在收到承包人竣工结算文件后的 14 天内,不核对竣工结算或未提出核对意见的,应视为承包人提交的竣工结算文件已被发包人认可,竣工结算办理完毕

7. 承包人在收到发包人提出的核实意见后的 14 天内,不确认也未提出异议的,应视为发包人提出的核实意见已被承包人认可,竣工结算办理完毕

8. 发包人委托工程造价咨询人核对竣工结算的,工程造价咨询人应在 14 天内核对完毕,核对结论与承包人竣工结算文件不一致的,应提交给承包人复核;承包人应在 14 天内将意见提交给工程造价咨询人。工程造价咨询人收到后,应再次核对,核对无异议的,应于 7 天内在竣工结算文件上签字确认,竣工结算办理完毕;核对后发包人或承包人认为复核结果有误的,无异议部分应于 7 天内在竣工结算文件上签字确认,办理不完全竣工结算;有异议部分由发承包双方协商解决;协商不成的,应按照争议解决方式处理。
承包人在收到核对结论后的 28 天内,未提出书面异议的,应视为工程造价咨询人核对的竣工结算文件已被承包人认可

9. 经发包人或发包人委托的工程造价咨询人指派的专业人员与承包人指派的专业人员核对后无异议的竣工结算文件,发承包人应签名并盖章确认

10. 合同工程竣工结算核对完成,发承包双方签字并盖章确认后,发包人不得要求承包人与另一个或多个工程造价咨询人重复核对竣工结算,不得以工程审计为由拖延竣工结算时间,不得以审计结果作为竣工结算依据

11. 因承包人原因导致工程质量不合格的,发包人可要求承包人整改合格;承包人经整改仍不合格或不整改的,发包人可要求承包人支付违约金或赔偿修理、返工、改建的合理费用

12. 竣工结算确定后，承包人应根据办理的竣工结算文件向发包人提交竣工结算款支付申请。申请包括：
① 竣工结算合同价款总额；
② 累计已实际支付的合同价款；
③ 已预留的质量保证金或保函；
④ 实际应支付的竣工结算金额

13. 发包人应在收到承包人提交的竣工结算款支付申请后的 14 天内予以核实，向承包人签发竣工结算支付证书

14. 发包人签发竣工结算支付证书后的 14 天内，应按照竣工结算支付证书列明的金额向承包人支付结算

15. 发包人在收到承包人提交的竣工结算款支付申请后 7 天内不予核实，不向承包人签发竣工结算支付证书的，视为承包人的竣工结算款支付申请已被发包人认可；发包人应在收到承包人提交的竣工结算款支付申请 7 天后的 14 天内，按照承包人提交的竣工结算款支付申请列明的金额向承包人支付结算款

16. 发包人未按照合同约定支付竣工结算款的，承包人可催告发包人支付，并有权获得延迟支付的利息。发包人在竣工结算支付证书签发后或者在收到承包人提交的竣工结算款支付申请天后的 56 天内仍未支付的，除法律法规另有规定外，承包人可与发包人协商将该工程折价，也可直接向人民法院申请将该工程依法拍卖。承包人有权就该工程折价或拍卖的价款优先受偿

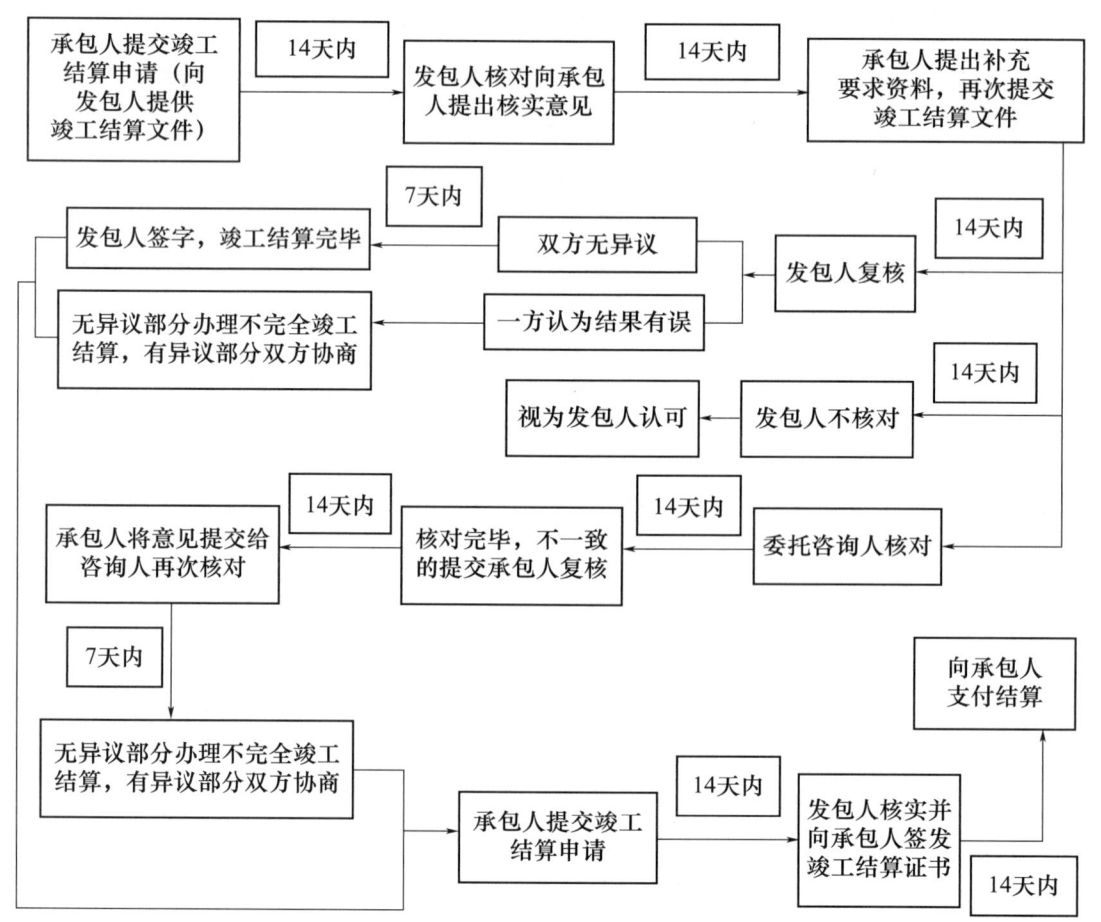

◆ 合同解除结算

1. 发承包双方协商一致解除合同的，应按照达成的协议办理结算和支付合同价款

2. 因不可抗力导致合同无法履行连续超过 84 天或累计超过 140 天的，发包人和承包人均有权解除合同

3. 因承包人违约解除合同的，发包人应暂停向承包人支付任何价款

4. 因发包人违约解除合同的，发包人除应按照合同解除结算的规定向承包人支付各项价款以及退还质量保证金外，还应核算发包人应支付的违约金以及给承包人造成损失或损害的索赔金额费用

★ 质保金
在工程项目竣工前，承包人已经提供履约担保的，发包人不得同时预留工程质量保证金。

1. 承包人提供质保金的方式：原则上采用质量保证金保函

2. 质量保证金的扣留：原则上在支付工程进度款时逐次扣留（发包人累计扣留的质量保证金不得超过工程价款结算总额的 3%，如承包人在发包人签发竣工付款证书后 28 天内提交质量保证金保函，发包人应同时退还扣留的作为质量保证金的工程价款；保函金额不得超过工程价款结算总额的 3%。发包人在退还质量保证金的同时按照中国人民银行发布的同期间同类贷款基准利率支付利息）

3. 质保金的退还：缺陷责任期内，承包人认真履行合同约定的责任，到期后，承包人可向发包人申请返还保证金（发包人应在收到承包人返还保证金申请后 14 天内核实，发包人应在核实后 14 天内将保证金返还承包人，逾期未还的，承担违约责任；发包人在收到承包人返还保证金申请后 14 天内不予答复，视为认可）

4. 保修：
（1）保修责任：工程保修期从工程竣工验收合格之日起算；发包人未经竣工验收擅自使用工程的，保修期自转移占有之日起算。
（2）修复费用：
① 保修期内，因承包人原因造成工程的缺陷、损坏，承包人应负责修复，并承担修复的费用以及因工程的缺陷、损坏造成的人身伤害和财产损失；
② 保修期内，因发包人使用不当造成工程的缺陷、损坏可以委托承包人修复但发包人应承担修复的费用，并支付承包人合理利润；
③ 因其他原因造成工程的缺陷、损坏，可以委托承包人修复，发包人应承担修复的费用，并支付承包人合理的利润，因工程的缺陷、损坏造成的人身伤害和财产损失由责任方承担

278.【2023】 根据《建设工程施工合同（示范文本）》，关于工程保修期内的保修责任和修复费用的说法正确的有（　　）。
A. 因承包人原因造成工程的缺陷，承包人应负责修复并承担修复费用
B. 因发包人使用不当造成工程的缺陷，发包人承担修复费用并支付承包人合理利润
C. 发包人未经验收擅自使用工程的，承包人不再承担修复责任和费用

D. 因不可抗力原因造成工程的缺陷，发包人承担修复费用并支付承包人合理利润

E. 因工程的缺陷导致人身伤害和财产损失应由造成缺陷的责任方承担

【答案】ABDE

【解析】本题考查保修期内修复费用的处理，是高频考点。

C选项错误，发包人未经验收擅自使用工程的，保修责任自转移占有之日起算。

279.【2022】 根据《建设工程施工合同（示范文本）》，关于工程保修期和保修责任的说法，正确的是（　　）。

A. 单位工程中各分部分项工程的保修期必须相同

B. 保修期内，承包人应承担全部工程损坏的维修责任

C. 工程保修期从工程竣工验收合格之日起算

D. 发包人未经竣工验收擅自使用工程的，保修期自使用之日起算

【答案】C

【解析】本题考查保修的相关规定，是高频考点。

A选项错误，具体分部分项工程的保修期由合同当事人在专用合同条款中约定，但不得低于法定最低保修年限。

B选项错误，承包人原因造成缺陷、损坏，承包人应负责修复，并承担修复费用及因缺陷损坏造成的人身伤害和财产损失。

D选项错误，发包人未经竣工验收擅自使用工程的，保修期自转移占有之日起算。

280.【2021】 根据《建设工程施工合同（示范文本）》，关于工程保修期内修复费用的说法，正确的是（　　）。

A. 因承包人原因造成的工程缺陷，承包人应负责修复，并承担修复费用，但不承担因工程缺陷导致的人身伤害

B. 因第三方原因造成的工程损坏，可以委托承包人修复，发包人应承担修复费用，并支付承包人合理利润

C. 因发包人不当使用造成的工程损坏，承包人应负责修复，发包人应承担合理的修复费用，但不额外支付利润

D. 因不可抗力造成的工程损坏，承包人应负责修复，并承担相应的修复费用

【答案】B

【解析】本题考查《建设工程施工合同（示范文本）》GF-2017-0201中保修期内，修复费用的有关规定，是高频考点。

A选项错误，因承包人原因造成的工程缺陷，承包人应负责修复，并承担修复费用，应承担因工程缺陷导致的人身伤害。

C选项错误，因发包人不当使用造成的工程损坏，承包人应负责修复，发包人应承担合理的修复费用，需要支付承包人合理利润。

D选项错误，因不可抗力造成的工程损害，属于因其他原因造成缺陷、损坏，可以委托

承包人修复，发包人承担修复费用，并承担承包人合理利润，因缺陷、损坏造成人身伤害和财产损失的由责任方承担。故选择 B 选项。

281.【2020】 根据《建设工程施工合同（示范文本）》，关于工程保修期的说法，正确的是（　　）。

A. 发包人未经竣工验收擅自使用工程的，保修期自转移占有之日起算
B. 各分部工程的保修应该是相同的
C. 工程保修期从工程完工之日起算
D. 工程保修期可以根据具体情况适当低于法定最低保修年限

【答案】A

【解析】本题考查保修的相关规定，是高频考点。

B 选项错误，具体分部分项工程的保修期由合同当事人在专用条款中约定，但不得低于法定最低保修年限。

C 选项错误，保修期从工程竣工验收合格之日起算。

D 选项错误，具体分部分项工程的保修期由合同当事人在专用条款中约定，但不得低于法定最低保修年限。

282.【2020】 根据《建设工程施工合同（示范文本）》，质量保证金扣留的方式原则上采用（　　）。

A. 在支付工程进度款时逐次扣留　　B. 工程竣工结算时一次性扣留
C. 按照里程碑扣留　　　　　　　　D. 签订合同后一次性扣留

【答案】A

【解析】本题考查质保金的相关规定，是高频考点。

《建设工程施工合同（示范文本）》GF-2017-0201 中规定：除专用合同条款另有约定外，质保金的扣留原则上在支付进度款时逐次扣留，质保金的计算基数不包括预付款的支付、扣回以及价格调整的金额。故选择 A 选项。

◆ 最终结清

1. 缺陷责任期终止后 7 天内，承包人应向发包人提交最终结清申请单和相关证明材料

2. 最终结清款=预留的质量保证金-缺陷责任期内发生的应由承包人承担的修复费用+尚未付清的工程结算价款

3. 发包人对最终结清申请单内容有异议的，可要求承包人进行修正和提供补充资料，承包人应向发包人提交修正后的最终结清申请单

4. 发包人应在收到承包人提交的最终结清申请单后的 14 天内完成审批并向承包人签发最终结清支付证书

5. 发包人应在签发最终结清支付证书后的7天内完成支付。发包人逾期支付的,按照全国银行间同业拆借中心公布的贷款市场报价利率（LPR）支付利息;逾期支付超56天的,按照全国银行间同业拆借中心公布的贷款市场报价利率（LPR）的两倍支付违约金

6. 承包人对发包人支付的最终结清款有异议的,应按规定的争议解决方式处理

283.【2019】 根据《建设工程施工合同（示范文本）》,除专用合同条款另有约定外,承包人应提交最终结清申请单及证明材料的最迟时间为（　　）。

A. 竣工验收合格后7天　　　　　　B. 缺陷责任期终止证书颁发后7天
C. 签发竣工付款证书后14天　　　　D. 工程竣工验收合格后28天

【答案】B

【解析】本题考查最终结清的相关规定。

除另有约定外,承包人应在缺陷责任期终止证书颁发后7天内,按专用合同条款约定的份数向发包人提交最终结清的申请单,故选择B选项。

284.【2023】 某工程采用单价合同计价方式,其中一个分项工程的全费用综合单价为500元/m³,合同约定：发包人从第一个月起,从承包人工程进度款中按3%扣留质量保证金,监理人每月签发付款凭证的最低金额为25万元,在第一个月承包人仅进行了该分项工程施工实际完成并经监理人计量的该分项工程量为450m³,第1个月监理人实际的付款金额为（　　）万元。

A. 0　　　　B. 21.825　　　　C. 22.500　　　　D. 25.000

【答案】A

【解析】本题考查工程价款的结算,是常见考点。

建设工程每月工程价款的结算,需要在当月计算的工程量价款（按照监理计量后的数量及题目中给出的价格条件）的基础上,按照题目给出的条件考虑每月质保金的扣除比率、预付款的抵扣条件、每月安全文明施工费的支付金额等条件支付,如果当月应支付金额小于监理每月签发的最低付款凭证,则当月不支付,推迟到下期结算。本题中第一个月的工程量价款为 $450 \times 500 \times (1-3\%) = 21.825$ 万元,小于每月最低付款金额,所以本月不给予支付,选择A选项。

285.【2017】 某工程项目预付款200万元,合同约定：每月进度款按结算价的80%支付;每月支付安全文明施工费20万元;质量保证金按进度款的3%逐月扣留,预付款最后两个月等额扣回,工期6个月,结算价如下表,则第5个月应支付的款项为（　　）万元。

月份	1	2	3	4	5	6
计算价	300	400	500	500	400	200

A. 201.4　　　　B. 230.4　　　　C. 330.4　　　　D. 400

【答案】 B

【解析】 本题考查工程价款的结算,是常见考点。

本题中第 5 个月涉及的价款有四项:预付款(扣除 100 万元)、进度款(400×80% 万元)、安全文明施工费(20 万元)、质保金(扣除 400×80%×3%)。

因此第 5 个月应结算的价款为 400×80%×(1−3%)+20 万−100=230.4 万元。

故选择 B 选项。

考点 6　合同价款争议的处理

◆ 争议的暂定

1. 若发包人和承包人之间就工程质量、进度、价款支付与扣除、工期延期、索赔、价款调整等发生争议,首先应提交双方约定解决合同价款争议的工程师解决,并应抄送另一方。工程师应会同发承包双方进行协商,并可按协商结果审慎、公正地做出暂定结果

2. 工程师在收到争议提交件后 14 天内应将暂定结果以书面形式通知发包人和承包人,并附详细依据。发承包双方认可暂定结果的,应以书面形式予以签名、盖章确认并执行

3. 发承包双方在收到工程师的暂定结果通知之后的 14 天内未对暂定结果予以确认也未提出不同意见的,应视为发承包双方已认可该暂定结果

4. 发承包双方或其中一方不同意暂定结果的,应以书面形式向工程师提出,说明自己认为正确的结果,同时抄送另一方;发承包双方按照合同约定或计价标准的争议解决方式处理

5. 争议解决前,只要对合同履行不产生实质性影响,可暂按发承包双方中较低价格方案执行;争议解决后,争议解决的结果与较低价格方案不一致的,应按照争议解决的结果执行,由此造成的损失由责任人承担

◆ 工程计量依据的解释

1. 发承包双方可就合同价款争议中有关工程计价依据的内容以书面形式提请工程计价,依据主编单位给予的解释

2. 工程计价依据主编单位应在收到申请的 15 个工作日内就发承包双方提请的争议问题进行书面解释

3. 发承包双方或其中一方在收到工程计价依据主编单位书面解释后仍可提请仲裁或诉讼

第18章 工程总承包计价

工程总承包是指承包单位按照与建设单位签订的合同，对工程设计、采购、施工或者设计、施工等阶段实行总承包，并对工程的质量、安全、工期和造价等全面负责的工程建设组织实施方式。与工程量清单计价"量价分离"计价原则不同，工程总承包计价遵循的是"量价包含"的计价原则。

考点1 工程总承包计价原理

★工程总承包模式的适用情形

1. 方案设计批准后发包的	（可采用）设计—采购—施工总承包模式（EPC）或设计施工总承包（DB）模式
2. 可行性研究报告批准后发包	（宜采用）设计—采购—施工总承包模式（EPC）
3. 初步设计批准后发包的	（宜采用）设计施工总承包（DB）模式

◆补充：一般而言，上述三项的先后顺序方案设计→可行性研究报告→初步设计

286.【模拟练习】工程总承包包括（但不限于）下列模式（　　）。
　A. 设计采购施工总承包（EPC）　　　B. 设计施工总承包（DB）
　C. 设计采购施工管理总承包（EPCM）　D. 设计采购总承包（EP）
　E. 建设经营移交（BOT）
【答案】AB
【解析】工程总承包可以是全过程的承包，也可以是分阶段的承包，工程总承包常见的两种模式是设计采购施工总承包（EPC）和设计施工总承包（DB）。可行性研究报告批准后发包的，宜采用设计采购施工总承包（EPC）模式；初步设计批准后发包的，宜采用设计施工总承包（DB）模式。

287.【模拟练习】建设单位可在建设项目的（　　）批准立项或方案设计批准后，或初步设计批准后采用工程总承包的方式发包。
　A. 项目评估报告　　　　　　　　　B. 可行性研究
　C. 初步方案　　　　　　　　　　　D. 初步设计

【答案】B

【解析】工程总承包模式下，发包人应当根据项目特点、自身管理能力、实际需要和风险控制等选择恰当的阶段进行工程总承包发包。一般而言，按照时间的先后顺序，方案设计后发包的，可采用设计—采购—施工总承包模式（EPC）或设计施工总承包（DB）模式；可行性研究报告批准后发包的，宜采用设计采购施工总承包（EPC）模式；初步设计批准后发包的，宜采用设计施工总承包（DB）模式。

288.【模拟练习】初步设计批准后，宜采用（　　）模式。
A. 设计采购施工总承包（EPC）　　　B. 设计施工总承包（DB）
C. 施工承包　　　D. 设计承包

【答案】B

【解析】工程总承包是指承包单位按照与建设单位签订的合同，对工程设计、采购、施工或者设计、施工等阶段实行总承包。发包人应当根据项目特点、自身管理能力、实际需要和风险控制等选择恰当的阶段进行工程总承包发包，通常可行性研究报告批准后发包的，宜采用设计采购施工总承包（EPC）模式；初步设计批准后发包的，宜采用设计施工总承包（DB）模式。

289.【模拟练习】建设项目工程总承包可在（　　）批准后进行。发包人应当根据建设项目特点、实际需要和风险控制选择恰当的阶段进行工程总承包的发包。
A. 可行性研究报告　　　B. 初步可行性研究报告
C. 方案设计　　　D. 初步设计
E. 施工图设计

【答案】ACD

【解析】工程总承包模式下，一般而言，按照时间的先后顺序，方案设计后发包的，可采用设计—采购—施工总承包模式（EPC）或设计施工总承包（DB）模式；可行性研究报告批准后发包的，宜采用设计采购施工总承包（EPC）模式；初步设计批准后发包的，宜采用设计施工总承包（DB）模式。

◆ 不宜采用工程总承包模式的情形

1. 发包人未编制"发包人要求"或"发包人要求"不能实现工程建设目标
2. 发包人以施工图项目进行工程计量和计价，宜采用施工总承包

◆ 补充

《发包人要求》——《建设工程项目总承包合同示范文本》GF-2020-0216（简称"2020版《示范文本》"）中"发包人要求"的定义为"指构成合同文件组成部分的名为《发包人要求》的文件，其中列明工程的目的、范围、设计与其他技术标准和要求，以及合同双方当事人约定对其所做的修改或补充"。

◆ 不宜采用 EPC，宜采用 DB 的情形

1. 投标人没有足够时间或信息仔细审核发包人要求或进行设计、风险评估和估价
2. 施工涉及实质性地下工程或投标人无法检查的其他区域的工程
3. 发包人要密切监督或控制承包人的工作，或审查大部分施工图纸

★ 工程总承包计价方式

投资控制目标	可行性研究报告批准或方案设计后——投资估算中对应的总金额
	初步设计批准后——设计概算中对应的总金额
材料设备采购原则	除合同另有约定外，采用工程总承包模式发包时，应由承包人负责材料和设备的采购、运输和保管
建筑安装工程计价	除专用合同条件约定的按照应予计量的实际工程量进行结算支付的单价项目外，不得以项目的施工图为基础对合同价款进行重新计量或调整
预备费	① 可调总价合同，已签约合同价中的预备费应由发包人掌握使用，发包人按照合同约定支付后，预备费如有余额，应归发包人所有。 ② 固定总价合同，预备费可作为风险包干费用，在合同专用条件中约定，预备费归承包人所有

290.【模拟练习】 可行性研究报告批准或方案设计后，按照（　　）中与发包内容对应的总金额作为投资控制目标。

A. 设计概算　　　　　　　　B. 投资估算
C. 施工图预算　　　　　　　D. 设计估算

【答案】B

【解析】与施工总承包模式不同，工程总承包的计价遵循的是价格包含的原则，即总承包的报价应当包括含合同约定的工程范围内的全部费用，即工程总承包模式下宜采用固定总价合同（EPC）或者可调总价合同（DB）。在投资控制目标上，应遵循如下规定：
① 可行性研究报告批准或方案设计后（EPC），按照投资估算中与发包内容对应的总金额作为投资控制的目标；
② 初步设计批准后（DB），按照设计概算中与发包内容对应的总金额作为投资控制的目标。

291.【模拟练习】 工程总承包为可调总价合同，已签约合同价中的预备费应由发包人掌握使用，发包人按照合同约定做出支付后，预备费如有余额，应归（　　）所有。

A. 监理人　　　　　　　　　B. 承包人
C. 发包人　　　　　　　　　D. 设计单位

【答案】C

【解析】工程总承包模式下，宜采用总价合同，具体而言，EPC 模式下宜采用固定总价合

同，D 模式下宜采用可调总价合同。所谓可调总价合同，是指当合同约定的价格风险超过约定范围时，发承包双方根据合同约定调整合同价款；而固定总价合同，即若合同约定总价包干，不予调整时，由承包人承担价格变化的风险。因此，可调总价合同，已签约合同价中的预备费应由发包人掌握使用，发包人按照合同约定支付后，预备费如有余额，应归发包人所有；固定总价合同，预备费可作为风险包干费用，在合同专用条件中约定，预备费归承包人所有。

★工程总承包费用项目构成

1. 工程费用	① 建筑工程费；② 安装工程费；③ 设备购置费
2. 其他费 （参照总投资中的其他费调整）	① 勘察费；② 设计费；③ 工程总承包管理费；④ 研究试验费；⑤ 临时用地及占道使用补偿费；⑥ 场地准备及临时设施费；⑦ 检验测验及试运转费；⑧ 系统集成费；⑨ 工程保险费；⑩ 其他专项费。 注：如果发包人将建设项目的报建报批以及与建设、供电、规划、消防、水务、城管等部门相关的技术与审批等其他服务工作列入了发包范围，则相应的代办服务费也应纳入工程总承包其他费

292.【模拟练习】工程总承包中的工程费用包括建设项目总投资中的下列费用（　　）。

A. 建筑工程费　　　　　　　　B. 不可预见费
C. 设备购置费　　　　　　　　D. 其他专项费
E. 安装工程费

【答案】 ACE

【解析】 工程总承包项目费用构成，是在工程建设项目总投资的构成中选出适用的工程总承包的费用项目。一般而言，建设项目的工程总承包费用由工程费用和工程总承包其他费两部分组成。工程费用是发包人按照合同约定支付给承包人，用于完成建设项目发生的建筑工程、安装工程和设备购置所需的费用。工程费用包括：①建筑工程费；②安装工程费；③设备购置费。

293.【模拟练习】工程总承包中的其他费包括（　　）。

A. 工程总承包管理费　　　　　B. 临时用地及占道使用补偿费
C. 系统集成费　　　　　　　　D. 工程保险费
E. 其他管理及代办费

【答案】 ABCD

【解析】 工程总承包费用项目主要包括工程费用和其他费两部分。其中，其他费是发包人按照合同约定支付给承包人，除工程费用外分摊计入相关项目的各项费用，一般包括：①勘察费；②设计费；③工程总承包管理费；④研究试验费；⑤临时用地及占道使用补偿费；⑥场地准备及临时设施费；⑦检验测验及试运转费；⑧系统集成费；⑨工程保险费；⑩其他专项费。此外，代办服务费视情况而定（如果发包人将建设项目的报建报批以及与建设、供电、规划、消防、水务、城管等部门相关的技术与审批等其他服务工作列入了发包范围，则相应的代办服务费也应纳入工程总承包其他费）。

★ 工程总承包费用项目清单

定义	项目清单是指发包人提供的载明工程总承包项目勘察费（如果有）、设计费、建筑安装工程费、设备购置费、暂估价、暂列金额和双方约定的其他费用的名称和相应数量等内容的项目明细
分类	① 可行性研究或方案设计后清单； ② 初步设计后清单
项目清单编制依据	（1）工程费用项目清单依据：①发包人要求；②有关计价规范；③专业工程工程量计价规范。 （2）其他费清单：依据不同发承包阶段的发包范围和内容。 （3）项目名称依据相关规范中的项目名称结合拟建工程实际情况。 （4）发包人对工程费用项目清单可只提供项目清单格式不列工程数量，由承包人根据招标文件和发包人要求填写工程数量并报价

◆ 可行性研究或方案设计后清单编制

项目编码	项目名称	计量单位	计量规则	工程内容
A××10	竖向土石方工程	m³	按设计图示尺寸以体积计算	包括竖向土石方（含障碍物）开挖、竖向土石方回填、余方处置等全部工程内容

★ 可行性研究或方案设计后项目清单编码包含四级编码

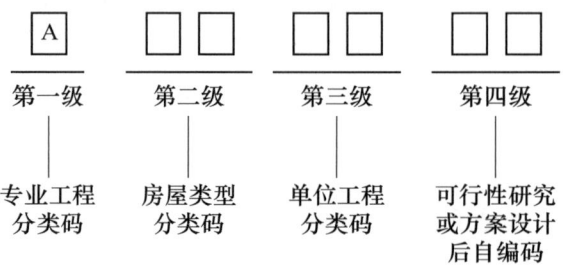

★ 初步设计后清单编制

初步设计后项目清单编码应在可行性研究或方案设计后项目清单编码的基础上进行编制。

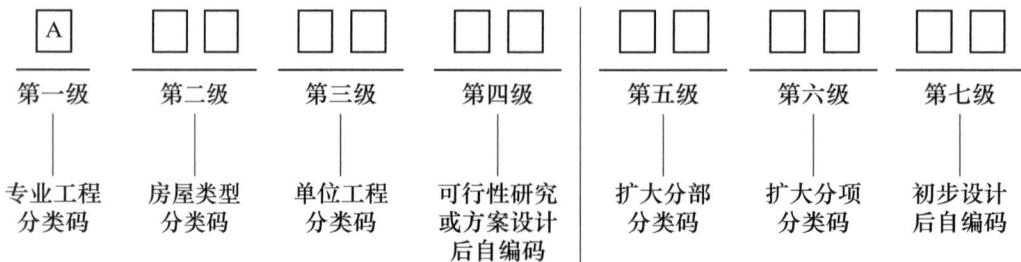

★工程总承包费用价格清单

工程总承包的项目清单应由具有编制能力的发包人或受其委托、具有相应资质的工程造价咨询人编制。投标人应在项目清单上自主报价，形成价格清单。

价格组成	成本；利润。 成本中的应纳税金由发包人按照下列规定在发包人要求中明确，并在合同中约定： ① 由承包人结合具体工程测算，将应纳税金计入价格清单项目汇入合同总价； ② 由承包人将应纳税金单列计算
工程量	仅为估算的工程量，仅限于变更和支付的参考，不作为结算依据

294.【模拟练习】工程总承包中价格清单项目的价格应包括成本、利润。成本中的应纳税金由发包人按照规定（　　）。

A. 在发包人要求中明确，可以不在合同中约定
B. 在发包人要求中明确，并在合同中约定
C. 不要求在发包人要求中明确，但要在合同中约定
D. 不要求在发包人要求中明确，也不要求在合同中约定

【答案】B

【解析】工程总承包费用价格清单是由承包人按照发包人提供的项目清单规定的格式和要求，填写并表明价格的清单，是构成合同文件的组成部分。根据《建设工程项目总承包计价规范》工程总承包中价格清单项目的价格应包括成本和利润。成本中的应纳税金由发包人按照下列规定在发包人要求中明确，并在合同中约定：

① 由承包人结合具体工程测算，将应纳税金计入价格清单项目汇入合同总价；
② 由承包人将应纳税金单列计算。

考点 2　工程总承包最高投标限价和投标报价编制

◆最高投标限价编制

发包人采用工程总承包模式招标发包时，可自行决定是否选择设置最高投标限价进行招标。

1. 发包人宜选择设置标底进行招标发包（《建设项目工程总承包计价规范》）	一个项目只有一个标底，标底保密
2. 发包人设置最高投标限价	要在招标文件中明确

295.【模拟练习】依据《建设项目工程总承包计价规范》，发包人宜选择设置标底进行招标发包，以利于工程价款在充分竞争的基础上合理确定。发包人选择设置标底时，一个招标项目应只能有一个标底，标底（　　）。

A. 公开　　　　　B. 公开或保密　　　　　C. 其他　　　　　D. 保密

【答案】D

【解析】发包人采用工程总承包模式招标发包时,可自行决定是否选择设置最高投标限价进行招标。《建设工程总承包计价规范》T/CCEAS 001—2022 规定:"发包人宜选择设置标底进行招标发包。当选择设置标底时,一个招标项目只能有一个标底,标底应当保密;当发包人选择设置最高投标限价时,应在招标文件中明确最高投标限价。"

◆最高投标限价编制方法及编制内容

在编制最高投标限价时,若估算、概算中有与项目清单内容相对应的数额,可以直接采用;若有的项目相同,但发包范围缩小,扣除未包括的内容计列;若没有相同的项目,可在估算或概算的总金额范围内计列。

编制方法	可行性研究或方案设计后发包——发包人宜采用投资估算中与发包范围一致的估算金额为限额,修订后计列
	初步设计后发包的——发包人宜采用投资概算中与发包范围一致的估算金额为限额,修订后计列
编制内容	① 工程费用(建筑工程费、设备购置费、安装工程费)——按估算或概算的费用计列
	② 其他费——根据发包的不同范围,按估算和概算中同类费用金额计列
	③ 预备费——应根据不同阶段的发包内容,采用建设项目投资估算或设计概算中的预备费计列

◆工程总承包投标报价编制

一般原则	工程总承包项目的发包人应通过招标或直接发包等方式,择优选择承包人;投标人应依据招标文件、项目清单等文件,自主确定工程费用和工程总承包其他费进行投标报价,但投标报价不得低于成本
DB 模式下	① 项目清单内容可增加或减少; ② 对项目应进行细化(原项目下填写投标人认为需要的项目、数量及单价)
预备费	① 可调总价合同——预备费按招标文件中的金额填写,不得变动,计入投标总价; ② 固定总价合同——预备费由投标人自主报价,合同价款不予调整

296.【模拟练习】 工程总承包投标报价时,采用可调总价合同的,预备费应(　　);采用固定总价合同的,预备费应(　　)。

A. 投标人自主报价,合同价款不予调整;按招标文件中的金额填写,不得变动

B. 按招标文件中的金额填写,不得变动;投标人自主报价,合同价款不予调整

C. 归承包人所有;归发包人所有

D. 按合同约定;按合同约定

【答案】B

【解析】工程总承包宜使用固定总价合同或可调总价合同,这两种合同下预备费的处理方式的差异导致承包人在投标报价时对预备费处理方式也不一样。

（1）当工程总承包合同为可调总价合同时，已签约合同价中的预备费应由发包人掌握使用，发包人按照合同约定支付后，预备费如有剩余，应归发包人所有；承包人在投标报价时，预备费应按照招标文件中列出的金额填写，不得变动，并应计入投标总价中。

（2）当工程总承包合同为固定总价合同时，预备费应作为风险包干费用，在合同专用条件中约定，预备费归承包人所有；承包人在投标报价时，预备费由投标人自主报价，合同价款不予调整。

考点3　工程总承包合同价款约定

◆ 基本事项

1. 工程费用及工程总承包其他费用	2. 预付款	3. 期中结算
4. 合同价款的调整	5. 竣工结算	6. 提前竣工
7. 质量保证金	8. 违约责任以及争议解决	9. 其他

◆ 合同价格形式及计价风险

1. 价格形式	一般采用总价合同，除变更外，工程量不予调整（特别复杂、抢险救灾工程宜采用成本加酬金合同；无法把握施工条件变化的允许单独列项，按实际工程量和单价结算支付）
2. 计价风险	发包人承担的（价格和工期）风险：①国家法律发生变化；②人工、主要材料市场价格变化超出约定幅度；③可行性研究报告或方案设计后（初步设计）发包，发包人要求和方案设计（初步设计）发生变更；④不可预见的地质条件、地下掩埋物等变化；⑤不可抗力
3. 计价风险种类	（1）发包人要求错误 EPC模式下，承包人复核发包人要求，发现错误应书面通知发包人： ① 如确有错误，发包人坚决不改的，发包人承担承包人增加的费用、工期以及合理利润； ② 如承包人未发现发包人要求中的错误或未通知发包人提交说明文件的，除另有约定外，承包人自行承担费用增加和工期延误； ③ 无论承包人发现与否发包人要求中的错误（约定由发包人负责的或不可变的数据和资料；对工程或其他部分预期目的的说明，竣工工程的试验和性能标准；承包人不能核实的数据和资料），发包人承担费用、工期和利润。 DB模式下，承包人复核发包人要求，发现错误应书面通知发包人。发包人要求中的错误，发包人应承担承包人由此增加的费用、延误的工期及合理的利润 （2）设计优化和深化 承包人在约定的承包人范围内优化设计和深化设计，导致的盈亏归承包人享有或承担 （3）承包人文件错误 承包人文件中存在错误、遗漏、含糊、不一致或其他缺陷，即使发包人做出了同意或批准，承包人仍应对前述问题带来的问题进行改正，并应承担相应费用和工期延误

◆ 合同价款支付分解表

里程碑节点确定	根据《建设项目工程总承包计价规范》，进度款按里程碑节点进行支付。 ① 合同生效后14天内，承包人编制工程总进度计划和工程项目管理及实施方案，报送发包人，发包人收到后14天予以批准或提出修改意见； ② 工程总进度计划和工程项目管理及实施方案，应明确里程碑节点，作为控制进度以及工程支付分解的依据； ③ 采用工程量清单及其单价计算的单价项目，应列入工程总进度计划，明确里程碑节点
合同价款支付分解表编制	（1）工程费用 ① 建筑工程费按照合同约定的里程碑节点及对应的价款比例计算占比，进行支付分解； ② 设备购置费和安装工程费按照订立采购合同、进场验收、安装就位等阶段约定比例计算占比，进行支付分解； ③ 里程碑节点相邻之间超过一个月，承包人按照法律规定提出按月拨付人工费比例。 （2）其他费（结合工程进度计划拟完成的工作量或者比例计算金额占比，进行支付分解） ① 勘察、设计费按照阶段性成果文件的时间、对应的工作量进行支付分解； ② 其他专项费用按照其工作完成的时间顺序及相关工作关系进行支付分解
合同价款支付分解表审批	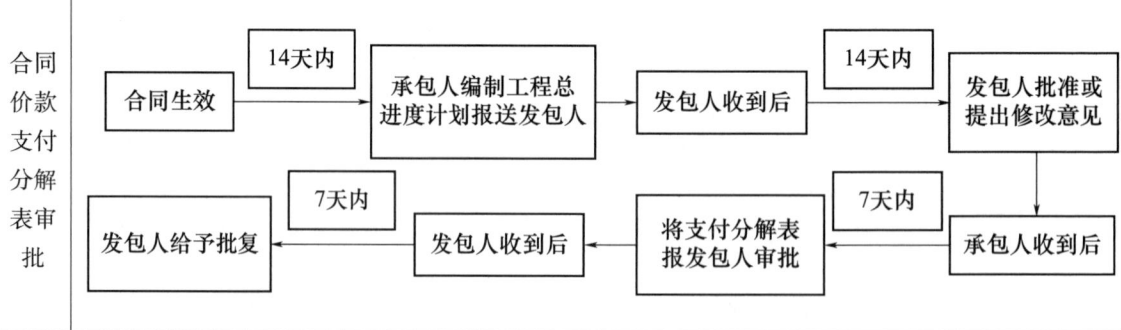

297.【模拟练习】承包人应在合同生效后（　　）天内，编制工程总进度计划和工程项目管理及实施方案报送发包人。

A. 7　　　　　　　B. 14　　　　　　　C. 21　　　　　　　D. 28

【答案】B

【解析】根据《建设工程总承包计价规范》T/CCEA S001—2022，工程总承包模式中，进度款是按照里程碑节点进行支付的，工程总承包合同中应以工程总承包进度计划为基础，明确里程碑节点，作为工程款支付分解的依据。里程碑节点的确定：

① 合同生效后14天内，承包人编制工程总进度计划和工程项目管理及实施方案，报送发包人，发包人收到后14天予以批准或提出修改意见；

② 工程总进度计划和工程项目管理及实施方案，应明确里程碑节点，作为控制进度以及工程支付分解的依据；

③ 采用工程量清单及其单价计算的单价项目，应列入工程总进度计划，明确里程碑节点。

考点 4　工程总承包合同价款调整与索赔

工程总承包与施工总承包合同价款调整和索赔程序基本相同，在市场价格变化、不可抗力和工期提前或延误等事项下的调整方法类似。

★工程变更及合同价款调整

工程总承包下的工程变更	① 发包人或承包人提出，经发包人批准的对"发包人要求"做出改变（改变工程基本特征、调整工作范围、提高工程标准、要求提前竣工等）
	② 方案设计后发包的，发包人对方案设计所做的改变
	③ 初步设计后发包的，发包人对初步设计所做的改变

◆发包人提出工程变更

1. 因发包人变更发包人要求（或初步设计），导致承包人成本、工期增加的，由承包人提出新的价格、工期报发包人确认后进行调整

2. 因发包人提出工程变更引起承包人措施项目发生改变，承包人提出调整措施项目费，并事先将拟实施的方案提交发包人确认，再按规范确定措施费的调整

3. 发包人提出的工程变更因非承包人原因删减了合同中的某项原定工作，导致承包人发生费用或收益受损，承包人有权提出并得到合理的费用及利润补偿

◆承包人提出工程变更

1. 承包人对方案设计或初步设计文件进行设计优化，如满足发包人要求，形成的利益应归承包人享有

2. 承包人对发包人要求做出修改的，应以书面形式向发包人提出合理化建议，经发包人认可并指示变更的，发承包双方应利益分享，调整合同价款和工期

★工程变更时合同价款调整原则

1. 合同中未包含价格清单，合同价格应执行变更工程的成本加利润进行调整

2. 合同中包含价格清单
① 价格清单中有适用变更工程项目的，应采用该项目的费率和价格；
② 价格清单中没有适用、但有类似的变更工程项目的，可在合理的范围内参照类似项目的费率或价格；
③ 价格清单中没有适用、也没有类似变更工程项目的，该工程项目应按成本加利润原则调整适用的费率或价格

★索赔

承包人索赔特点	工程总承包模式下，承包人应对工程的设计负责，且工程总承包项目普遍采用固定总价合同，因此与施工总承包相比，承包人索赔的机会更小，索赔难度更大

承包人索赔的一般原则	① 发包人自身原因直接导致的索赔，承包人可以索赔工期、费用和利润（发包人要求错误、发包人对竣工实验的干扰）； ② 发包人负责的其他原因导致的索赔，承包人一般可以索赔工期和费用，不能得到利润补偿（审批延迟）； ③ 个别原因造成的索赔，承包人尽可能得到工期延长，不能得到费用补偿

◆ 发包人要求模糊（内容要求不明确）引起工程索赔

1. 发包人增加或减少合同中的工作→承包人向发包人申请变更费用→若能协商一致→签证方式解决（若不能协商一致，承包人可向发包人提出工期、费用、利润的索赔）

2. 发包人提供的技术文件设计深度不够（设计不当）→承包人可向发包人索赔工期、费用和利润（发包人也可以承包人未审查为由向承包人提出索赔）

3. 发包人在合同中未对一些细节要求进行明确（施工中操作要求、采购要求）→承包人向发包人索赔费用

★ 工程总承包项目索赔的变化（对比施工合同和总承包合同）

项目	《建设工程施工合同》	《建设工程总承包合同（示范文本）》
索赔范围扩大	发包人——要求延长缺陷责任期； 承包人——没有此项索赔内容	发包人、承包人均可——延长缺陷责任期和（或）延长工期；追加/减少付款
索赔中的处理期限变化	① 承包人索赔时，监理人收到报告后14天完成审查并报送发包人	期限没有明确要求，仅要求进行及时审查
	② 发包人应在监理人收到索赔报告或进一步证明材料后28天内，由监理人出具经发包人签认的索赔处理结果	42天
	③ 承包人应在收到索赔报告或进一步证明材料后的28天内，将索赔处理结果答复发包人	42天
	④ 承包人接受索赔处理结果的，索赔款项在当期进度款中进行支付	承包人接受索赔处理结果的，发包人应在做出索赔处理结果答复后的28天内完成支付

★ 工程总承包项目结算与支付

进度款 （按照合同约定结算与支付）	① 按月计量付款（对于承包人进度管理作用比较有限）； ② 里程碑付款（有效控制承包人保质保量按照合同约定逐步完成项目）
期中结算	① 双方按照完成进度计划的里程碑节点办理期中价款结算（相邻里程碑节点超过一个月的，发包人按月以约定比例支付人工费）； ② 按照合同价款支付分解表支付进度款，进度款支付比例不低于80%

	续表
进度款支付申请	承包人应在实际完成进度计划的里程碑节点到期后的 7 天内向发包人提出进度款支付申请

298.【模拟练习】 按照《建设项目工程总承包计价规范》规定，进度款支付比例（　　）。
A. 不宜低于 70%　　　　　　　　　　B. 不宜低于 80%
C. 不应低于 70%　　　　　　　　　　D. 不应低于 80%
【答案】D
【解析】工程总承包的发承包双方应按照合同约定的时间、程序和方法，在合同履行过程中根据完成进度计划的里程碑节点办理期中价款结算，并按照合同价款支付分解表支付进度款，进度款的支付比例不应低于 80%，发承包双方可在确保承包人提供质量保障金的前提下，在合同中约定进度款支付比例。

◆ 竣工决算与支付

竣工结算文件内容	① 按照合同约定完成的所有工作、工程的合同价款； ② 工期提前或延后的天数，增加或减少的金额； ③ 调整合同价款增加或减少的金额； ④ 确认工程变更、签证、索赔应增加或减少的金额； ⑤ 实际已收到的金额以及发包人还应支付的金额
竣工结算的编制内容	① 可调总价合同的竣工结算价=签约合同价-预备费±合同约定调整价款和索赔金额； ② 固定总价合同的竣工结算价=签约合同价±索赔金额； 未支付的价款=竣工结算价格-已支付的合同价款
竣工结算的审核	审核的重点：项目是否满足发包人要求以及实现了合同约定的功能。 审核内容：① 资料完备性审核； ② 差异性审核（仅对合同约定的可调部分进行审核）； ③ 变更审核； ④ 合同管理审核； ⑤ 工程签证审核； ⑥ 材料与设备采购审核
扫尾工作清单	发承包双方协商，部分工作在工程竣工验收后进行，承包人应编制扫尾工作清单。承包人完成扫尾工作清单中的内容应取得的费用包含在竣工结算申请及审核中，承包人未能按约定完成扫尾工作，视为承包人原因导致工程质量缺陷

第 19 章　国际工程投标报价

考点 1　国际工程投标报价构成及程序

国际工程包括我国公司去海外参与投资或实施的各项工程，也包括国际组织或国外的公司来中国投资或实施的工程。

◆国际工程投标报价组成

1. 开办费单列的投标报价
2. 开办费未单列的投标报价（开办费列入待摊费用之中）

◆国际工程投标报价程序

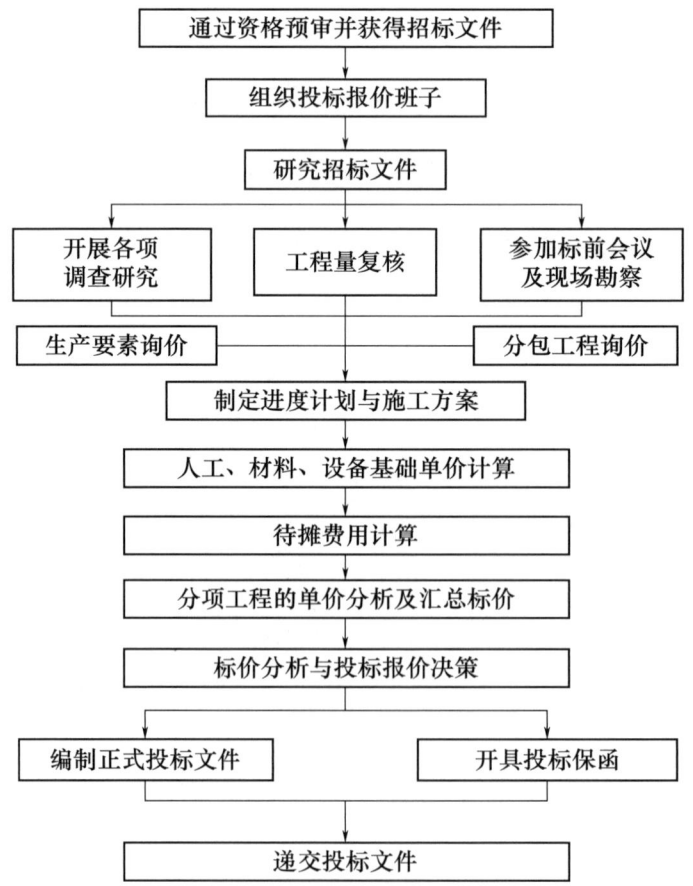

考点 2　国际工程投标报价编制

◆ 组织投标报价班子
◆ 研究招标文件
◆ 开展调查研究
★ 参加标前会议

① 对工程内容范围不清的问题应当提请说明，但不要表示或提出任何修改设计方案的要求。
② 对招标文件中图纸与技术说明互相矛盾之处，可请求说明应以何者为准，但不要轻易提出修改技术要求。如果自己确实能提出对业主有利的修改方案，可在投标报价时提出，并做出相应的报价供业主选择而不必在会议中提出。
③ 对含糊不清、容易产生歧义理解的合同条件，可以请求给予澄清、解释，但不要提出任何改变合同条件的要求。
④ 投标人应注意提问的技巧，不要批评或否定业主在招标文件中的有关规定，提问的问题应是招标文件中比较明显的错误或疏漏，不要将对己方有利的错误或疏漏提出来，也不要将己方机密的设计方案或施工方案透露给竞争对手，同时要仔细倾听业主和竞争对手的谈话，从中探察他们的态度、经验和管理水平

◆ 现场勘察
★ 工程量复核

当发现遗漏或相差较大时，投标人不能随便改动工程量，仍应按招标文件的要求填报自己的报价，但可另在投标函中适当予以说明

299.【2022】 国际工程投标中，投标人在投标截止日前发现招标工程量清单中某分部分项工程的工程量有计算错误，宜采取的做法是（　　）。
A. 按照投标人自行修正的工程量填报单价，另在投标函中予以说明
B. 电话咨询招标人，根据招标人口头认可的工程量填报单价
C. 按照原招标文件的工程量填报单价，可另在投标函中予以说明
D. 按照施工中可能发生的工程量填报单价，另在投标函中予以说明

【答案】C
【解析】本题考查国际工程投标报价中工程量复核的要求，是高频考点。
在国际工程投标报价中，投标人应根据图纸，认真复核工程量清单中的各个分项。如果招标的工程是一个大型项目，投标时间又比较短，不能在较短的时间内核算全部工程量，投标人应当重点核算那些工程量大和影响较大的子项。当发现遗漏或者相差较大时，仍按照招标文件的要求填报自己的报价，但可另在投标函中予以说明。

300.【2020】 下列投标人在国际工程标前会议上的做法，正确的是（　　）。
A. 对招标文件中图纸与技术说明矛盾之处，提出己方的修改意见
B. 提出对业主有利的设计方案修改意见

C. 详细阐述己方施工方案的优势和竞争力

D. 对工程内容范围不清的问题，请业主做出说明

【答案】D

【解析】本题考查现场标前会议的注意事项，是高频考点。

标前会议是招标人给所有投标人提供的一次答疑机会，有利于加深对投标文件的理解。参加标前会议的注意事项见上文。

A选项错误，对招标文件中图纸与技术说明互相矛盾之处，可请求说明应以何者为准，但不要轻易提出修改技术要求。如果自己确实能提出对业主有利的修改方案，可在投标报价时提出，并做出相应的报价供业主选择而不必在会议中提出。

B选项错误，对工程内容范围不清的问题应当提请说明，但不要表示或提出任何修改设计方案的要求。

C选项错误，投标人应注意提问的技巧，不要批评或否定业主在招标文件中的有关规定，提问的问题应是招标文件中比较明显的错误或疏漏，不要将对己方有利的错误或疏漏提出来，也不要将己方机密的设计方案或施工方案透露给竞争对手，同时要仔细倾听业主和竞争对手的谈话，从中探察他们的态度、经验和管理水平。

◆生产要素询价

◆分包工程询价

◆工日基价计算

工日基价——国内派出的工人和在工程所在国招募的工人，用每个工作日的平均工资。

1. 工日基价的计算——加权平均两项（①出国工人工资单价；②当地雇用工人工资单价）

2. 材料、半成品和设备预算价格——加权平均三项（①当地采购——施工现场交货价格；②国内供应；③从第三国采购）

◆材料、半成品和设备预算价格的计算

1. 当地采购——在工程所在国当地采购材料、设备，其价格应为施工现场的交货价格
材料、设备价格＝市场价＋运输费＋采购报关费

2. 国内供应
材料、设备价格＝到岸价＋海关税＋港口费＋运杂费＋报关费＋运输保管损耗＋其他费用

3. 从第三国采购（类似于国内供应）

◆施工机具使用费的计算

1. 施工机械使用费
由基本折旧费、场外运输费、安装拆卸费、燃料动力费、机上人工费、维修保养费以及保险费组成

2. 仪器仪表使用费＝工程使用的仪器仪表的摊销费＋维修费

★待摊费

1. 现场管理费	① 工作人员费；② 办公费；③ 差旅交通费；④ 文体宣教费；⑤ 固定资产使用费；⑥ 国外生活设施使用费；⑦ 工具用具使用费；⑧ 劳动保护费；⑨ 检验试验费；⑩ 其他费用
2. 其他待摊费	① 临时设施工程费；② 保险费；③ 税金；④ 保函手续费；⑤ 经营业务费；⑥ 工程辅助费；⑦ 贷款利息；⑧ 总部管理费；⑨ 利润；⑩ 风险费

301.【2023】国际工程投标报价中，现场管理费应列入（　　）
A. 分包报价　　　　B. 开办费　　　　C. 待摊费用　　　　D. 暂定金额
【答案】C
【解析】 本题考查国际工程投标报价中的待摊费的组成，是高频考点。
待摊费是指在国际工程投标报价的组成中，没有单独列项，需将其分摊到工程量清单的各个报价分项中去的费用项目。待摊费包括现场管理费和其他待摊费用，具体组成见上表。故选择 C 选项。

302.【2021】下列国际工程投标报价组成中，属于现场管理费的是（　　）。
A. 工程辅助费　　　B. 检验试验费　　　C. 临时设施工程费　　D. 工程保险费
【答案】B
【解析】 本题考查国际工程投标报价组成中待摊费的组成，是高频考点。
现场管理费是指由于组织施工与管理工作而发生的各种费用，涵盖费用项目较多，主要包括十个方面（见上文）。故选择 B 选项。

303.【2020】国际工程投标报价时，下列施工现场办公费的处理方式正确的是（　　）。
A. 按照其费用性质分别计入相应分项工程的人工费、材料费或机具费
B. 作为待摊费分摊到工程量清单的各个报价分项中
C. 作为待摊费单列并计入投标总报价
D. 作为开办费单列并计入投标总报价
【答案】B
【解析】 本题考查国际工程投标报价中待摊费的处理，是高频考点。
施工现场办公费属于待摊费。在国际工程投标报价中，待摊费项目不在清单中出现，而是作为报价项目的价格隐含在每项综合单价之中。故选择 B 选项。

◆开办费

开办费指正式工程开始之前的各种现场准备工作所需的费用。
如果招标文件没有规定单列，则所有开办费都应与其他待摊费一起摊入工程量表的各计价分项价格中。单列或摊入，应根据招标文件的规定计算

★暂列金额

暂定金额是业主在招标文件中明确规定了数额的一笔资金。每个承包商在投标报价时均应将此暂定金额数计入工程总报价，但承包商无权做主使用此金额，这些项目的费用将按照业主工程师的指示与决定，全部或部分使用

304.【2022】国际工程中业主在招标文件中规定的暂定金额正确处理方式（　　）。
A. 计入投标总价，由承包人决定使用
B. 不计入投标总价，实际发生时业主支付
C. 计入投标总价，但承包人无权自主使用
D. 不计入投标总价，由工程师决定使用

【答案】C
【解析】本题考查国际工程投标报价中暂定金额的使用，是高频考点。

★分项工程的单价分析及汇总标价

分项工程单价又称工程量单价，指工程量清单上所列项目的单价，分项工程单价通常是综合单价，包括直接费、间接费和利润。

单价分析就是对工程量清单中所列单价进行分析和计算，确定出每一分项的单价与合价。

步骤	
	1. 计算分项工程的单位工程量人、料、机费用 单位工程量人、料、机费用 a=单位工程量人工费+单位工程量材料费+单位工程量施工机具使用费 本分项工程人、料、机费用=本分项工程的单位工程量人、料、机费用 a×本分项工程量 分项工程的人、料、机费用的常用的估价方法有： ① 定额估价法（一般拥有较可靠定额标准的企业）； ② 作业估价法（机械设备所占比重较大、适用均衡性较差，机械设备搁置时间过长而使其费用增大）； ③ 匡算估价法（工程量不大，所占比例较小）
	2. 计算整个工程项目的人、料、机费用 $\sum A$
	3. 计算整个工程项目的待摊费用 $\sum B$
	4. 计算分摊系数 β 和本分项工程分摊费 B $\beta=\dfrac{\sum B}{\sum A}$；$B$=本分项工程人、料、机费用 A×分摊系数 β 本分项工程的单位工程量分摊费 b=本分项工程人、料、机费用 a×分摊系数 β
	5. 计算本分项工程的单价 U 和合价 S U=本分项工程的单位工程量人、料、机费用 a×（1+分摊系数 β） 本分项工程合价 S=本分项工程单价 U×本分项工程量 Q
	6. 编制单价分析表
	7. 汇总标价 总标价=分项工程合价+分包工程总价+暂列金额

305.【2023】估价师根据以往实际经验获得有关资料，直接估算出分项工程中人工、材料的消耗量，从而估算出分项工程的直接费单价，这种方法称为（　　）。

A. 经验估算法　　　　　　　　　　　B. 匡算估价法
C. 定额估价法　　　　　　　　　　　D. 作业估价法

【答案】 B

【解析】 本题考查国际工程投标报价中分项工程单价分析的方法。

在国际工程投标报价中，分项工程单价又称工程量单价，指的是工程量清单上所列项目的单价。单价分析就是对工程量清单中所列分项单价进行分析和计算，确定出每一分项的单价和合价。分项工程人、料、机费用常用的估价方法有定额估价法、作业估价法及匡算估价法。其中，匡算估价法是指估价师根据以往的实际经验或有关资料，直接估算出分项工程中人工、材料、机具的消耗量，从而估算出分项工程的人、料、机单价。采用这种方法，估价师的实际经验直接决定了估价的准确程度。因此，匡算估价法往往适用于工程量不大，所占费用比例较小的那部分分项工程。故选择 B 选项。

考点3　国际工程投标报价的技巧

★报价可高一些的工程

① 施工条件差的工程；
② 专业要求高的技术密集型工程，而本公司在这方面有专长，声望也较高；
③ 总价低的小型工程以及自己不愿做、又不方便不投标的工程；
④ 特殊的工程，如港口码头、地下开挖工程等；
⑤ 工期要求急的工程；
⑥ 竞争对手少的工程；
⑦ 支付条件不理想的工程

★报价可低一些的工程

① 施工条件好的工程；
② 工作简单、工程量大而一般公司都可以做的工程；
③ 本公司目前急于打入某一市场、某一地区，或在该地区面临工程结束，机械设备等无工地转移时；
④ 本公司在附近有工程，而本项目又可利用该工地的设备、劳务，或有条件短期内突击完成的工程；
⑥ 非急需工程；
⑦ 支付条件好的工程

306.【2021】具有下列特点的国际工程项目中，投标报价适宜采用低价策略的是（　　）。

A. 工作简单且支付条件好的工程　　　B. 专业要求高且工期要求急的工程
C. 竞争对手少且施工条件差的工程　　D. 技术复杂且投资规模大的工程

【答案】 A

【解析】 本题考查国际工程投标报价技巧，是高频考点。

适宜采用低价策略的是 A 选项，其余选项适宜采用高价策略。

★适当运用不平衡报价法

在总价基本确定后，调整内部各个项目的报价，以期既不提高总价从而影响中标，又能在结算时得到更理想的经济效益。

① 能够早日结账收款的项目（如开办费、土石方工程、基础工程等）可以报得高一些，以利资金周转，后期工程项目（如机电设备安装工程、装饰工程等）可适当降低。

② 经过工程量核算，预计今后工程量会增加的项目，单价适当提高，这样在最终结算时可获得超额利润，而将工程量可能减少的项目单价降低，工程结算时损失不大。

③ 设计图纸不明确，估计修改后工程量要增加的，可以提高单价，而工程内容说明不清的，则可降低一些单价

◆注意计日工的报价

如果是单纯对计日工报价，可以报高一些，以便在日后业主用工或使用机械时可以多盈利。但如果招标文件中有一个假定的"名义工程量"时，则需要具体分析是否报高价，以免提高总报价。总之，要分析业主在开工后可能使用的计日工数量确定报价方针

◆注意暂定工程量的报价

暂定工程量分三种：

① 业主规定了暂定工程量的分项内容和暂定总价款，并规定所有投标人都必须在总报价中加入这笔固定金额，允许将来按投标人所报单价和实际完成的工程量付款。

（投标时应对暂定工程量的单价适当提高）

② 业主列出了暂定工程量的项目和数量，但并没有限制这些工程量的估价总价款，要求投标人既列出单价，又按暂定项目的数量计算总价，当将来结算付款时可按实际完成的工程量和所报单价支付。

（这类工程量可以采用正常价格。如果承包商估计今后实际工程量肯定会增大，则可适当提高单价，使将来可增加额外收益）

③ 只有暂定工程的一笔固定总金额，将来这笔金额做什么用，由业主确定。

（对投标竞争没有实际意义，按招标文件要求将规定的暂定款列入总报价即可）

第20章 工程计价数字化与智能化

考点 1 BIM 在工程计价中的应用

◆建筑信息模型（Building Information Modeling，BIM）概述

定义	BIM 技术是在计算机辅助设计（CAD）等技术基础上发展起来的多维模型信息继承技术，是在建设工程及设施全生命周期内，对其物理特征和功能特征性信息进行数字表达，并依此设计、施工、运营的过程和结果的总称。 BIM 技术是一种应用于工程设计、建造、管理的数据化工具，通过对建筑的数据化、信息化模型整合，在项目策划、运行和维护的全生命周期过程中进行共享和传递，使工程技术人员对各种建筑信息做出正确理解和应对，为设计人员以及包括建设、运营单位在内的各方主体提供协同工作的基础，在提高生产效率、节约成本、缩短工期方面发挥重要作用。 BIM 技术以三维建模为基础，通过整合建筑物的几何形状、材料、构件和设备信息实现全方位的建筑数据管理
软件	BIM 软件是对建筑信息模型进行创建、使用、管理的软件。 ① 设计建模 BIM 软件 ② 计算分析 BIM 软件 ③ 实景建模 BIM 软件 ④ 管理协调 BIM 软件

307.【模拟练习】 BIM 的含义是（   ）。

A. 信息管理系统　　　　　　　　　B. 建筑信息模型
C. 建筑信息管理　　　　　　　　　D. 建筑信息技术

【答案】B

【解析】BIM 是 Building Information Modeling 的首字母缩写，通用的译法是"建筑信息模型"，BIM 是在计算机辅助设计（CAD）等技术基础上发展起来的多维模型信息继承技术，是在建设工程及设施全生命周期内，对其物理特征和功能特征性信息进行数字表达，并依此设计、施工、运营的过程和结果的总称。

308.【模拟练习】 BIM 技术可以帮助工程师完成以下哪些任务（   ）。

A. 三维建模　　　　　　　　　　　B. 数据管理
C. 工程协调　　　　　　　　　　　D. 以上都有

【答案】D

【解析】BIM 技术是一种应用于工程设计、建造、管理的数据化工具，通过对建筑的数据化、信息化模型整合，在项目策划、运行和维护的全生命周期过程中进行共享和传递，使工程技术人员对各种建筑信息做出正确理解和应对，为设计人员以及包括建设、运营单位在内的各方主体提供协同工作的基础，在提高生产效率、节约成本、缩短工期方面发挥重要作用。BIM 具有以下几点特征：①应用于全寿命周期；②数字化设计；③数据库动态变化；④各方协同工作的平台。

309.【模拟练习】 BIM 中的信息是指（　　）。

A. 建筑材料的详细信息　　　　　B. 建筑构件的位置和尺寸信息
C. 建筑项目的进度和成本信息　　D. 以上都有

【答案】D

【解析】BIM 中的 I（Information）不仅包括建筑物的物理特征，比如几何信息、专业属性及状态信息等，也包括一些功能特征性信息，比如进度、成本信息、空间、运动行为等信息。

◆BIM 在工程计价中的应用

BIM 在建设项目的应用涵盖决策、设计、招标投标、施工和竣工验收等阶段。

BIM 对工程计价的影响	1. 提高数据一致性和准确性 2. 提高计价效率 3. 支持价值工程
BIM 在工程计价中的应用场景	1. 在工程计量中的应用 主要有三种路径：①导入传统软件法；②借助插件映射输出工程量；③建筑信息模型直接输出净量
	2. 在投资估算中的应用
	3. 在设计概算中的应用
	4. 在施工图预算中的应用 典型流程：①开始→②创建施工图预算模型→③确定工程量清单项目→④计算工程量→⑤单项计价→⑥总价计算→⑦结束
	5. BIM 在竣工结算中的应用
BIM 在工程计价中应用的挑战	① 数据质量和一次性管理 ② 缺乏标准化 ③ 变更管理 ④ 协同工作

310.【模拟练习】BIM 可应用于以下（　　）领域。
A. 建筑设计　　　　　　　　　　　B. 结构设计
C. 设备设计　　　　　　　　　　　D. 以上都有

【答案】D

【解析】BIM 中的 B（Building）是广义上的建筑物，这里的建筑物不仅包括房屋建筑物，还可以是园林设计或者桥梁设计，也包括结构和设备的设计。

考点 2　人工智能在工程计价中的应用

◆ 人工智能概述

1. 定义（AI）	人工智能是一种模拟和实现人类智能的技术，通过分析和处理大量的数据，自动学习和优化模型	
2. 分类	① 弱人工智能；② 强人工智能；③ 超人工智能	
3. 标准体系	① 基础共性标准 ② 支撑技术和产品标准 ③ 基础软硬件平台标准 ④ 关键通用技术标准 ⑤ 关键领域技术标准 ⑥ 产品与服务标准 ⑦ 行业应用标准 ⑧ 安全/伦理标准	
4. 技术标准	① 关键通用技术标准（机器学习标准、知识图谱标准、类脑智能计算标准、量子智能计算标准、模式识别标准）	
	② 关键领域技术标准（自然语言处理标准、智能语音标准、生物特征识别标准、虚拟现实/增强现实标准、人机交互标准）	

◆ 人工智能在工程计价中的应用

人工智能主要利用知识表示与推理、机器学习、图像识别、自然语言处理技术，通过与各个学科交叉结合形成多种算法，通过自动化处理和分析大量的工程数据，有利于提高工程计价的效率和准确性。

1. 对计价的影响	① 提高计价精度和效度；② 提供智能决策支持；③ 强化设计和施工协同
2. 在工程计价中的应用场景	① 在投资估算中的应用 ② 在设计概算中的应用 ③ 在施工图预算中的应用 ④ 在工程量清单计价中的应用 ⑤ 在竣工结算中的应用

3. 在工程计价中应用的挑战	① 大量敏感数据，使用不当容易引发法律问题； ② "黑盒子"算法，决策过程难以解释； ③ AI 技术的应用需要进行模型的训练和调优

311.【模拟练习】 人工智能对工程计价的影响主要有（　　）。

A. 提高计算的精度和效度　　　　B. 提供智能决策支持
C. 强化设计和施工协同　　　　　D. 以上都是

【答案】D

【解析】人工智能是一种模拟和实现人类智能的技术，通过分析和处理大量的数据，自动学习和优化模型。人工智能对工程计价的主要影响有：

① 人工智能提高了计价的精度和效度。人工智能能够消除人为因素对计价过程的影响，避免手动计算和处理中可能出现的错误和不一致性。

② 提供智能决策支持。人工智能可以分析大量的工程数据、历史记录和成本数据库，辅助进行决策。

③ 强化设计与施工协同。人工智能可以在建筑模型中进行冲突检测，识别设计和施工之间的冲突，并提供优化方案。

考点3　大数据在工程计价中的应用

◆ 大数据概述

1. 定义	为更经济地从高频率、大容量、不同结构和类型的数据中获取价值而设计的新一代架构和技术
2. 特征（4V）	① 规模性；② 多样性；③ 价值性；④ 时效性
3. 处理流程	① 数据抽取与集成→② 数据分析→③ 数据解释

◆ 大数据在工程计价中的应用

1. 大数据对工程计价的影响	① 提高计价准确性和效率 ② 数据来源的多样化 ③ 实时数据应用
2. 工程计价行业大数据库的建立	① 项目可行性研究数据信息库 ② 工程设计指标数据信息库 ③ 消耗量指标信息库 ④ 人、料、机价格信息库 ⑤ 清单计价综合单价信息库

续表

3. 大数据在工程计价中的应用场景	① 在估算中的应用 ② 在设计概算中的应用 ③ 在施工图预算中的应用 ④ 在投标报价中的应用 ⑤ 在竣工结算中的应用
4. 大数据在工程计价中应用的挑战	① 数据安全与隐私保护 ② 数据整合与标准化 ③ 工程项目的变化和时效性

312.【模拟练习】以下选项中，大数据的特征有（　　）。

A. 数据规模庞大　　　　　　　　　B. 数据类型多样
C. 所有数据价值都很大　　　　　　D. 数据价值密度较低
E. 数据需要快速处理

【答案】ABDE

【解析】大数据是为更经济地从高频率、大容量、不同结构和类型的数据中获取价值而设计的新一代架构和技术。大数据具有 4V 特征：

① 规模性：网络应用、科学研究产生的数据，以及这些数据衍生出来的数据，非常庞大。

② 多样性：数据来源渠道多，数据类型多，大数据不仅包括结构化数据，还包括非结构化和半结构化数据。

③ 价值性：大量的数据中只有一小部分数据具有价值，对大数据进行分析，目的就是要提取出对业务决策有帮助的信息，实现价值。

④ 时效性：大量的数据要求对数据快速处理，实时分析，及时解释及预测事物的发展。